Klaus Schenck

VOM ENGAGEMENT-LEHRER ZUM LEHRER-ZOMBIE

Über den Autor:

Klaus Schenck unterrichtete bis 2018 als Oberstudienrat die Fächer Deutsch, Religion und Psychologie an einem Beruflichen Gymnasium in Baden-Württemberg. Der Schwerpunkt seiner eigenen Homepage (**www.KlausSchenck.de**) ist Deutsch für die Oberstufe, besonders für die Abiturvorbereitung. Der Schüler-Artikel-Kanal **www.schuelerzeitung-tbb.de** stammt noch aus Zeiten der ehemaligen Schülerzeitung, der YouTube-Kanal **www.youtube.com/user/financialtaime** ist spezialisiert auf Unterrichtspräsentationen und Deutsch-Interpretationen, besonders die der verschiedenen Werke der Pflichtlektüre. Alle Kanäle werden engagiert von Klaus Schenck und von ehemaligen Schülern und Redaktionsmitgliedern weiter betrieben.

Hinweis: Weiterführende Links und Artikel finden Sie unter **www.KlausSchenck.de**

1. Auflage 2020
ISBN: 978-3-8044-1398-6
© 2020 by Klaus Schenck, Tauberbischofsheim. Alle Rechte vorbehalten!
Lektorat: Carina Orf
Umschlag: Mara Löffler
Layout: Thomas Will
Vertrieb durch: C. Bange Verlag GmbH, Marienplatz 12, 96142 Hollfeld

INHALT

Liebe Leserin, lieber Leser!

Ich bin Klaus Schenck, seit 2018 pensionierter Lehrer und Anhänger der motivierenden Leistungsschule. Ich finde Leistung toll, Leistung an sich! Letztendlich liebte ich meinen Lehr-Beruf, hatte ständig neue Ideen, die ich konsequent durchzog. Ich war oft unbeliebt, hatte aber andere Ziele, als mich bei Schülern einzuschleimen, um sie als Tankstelle für fehlendes Selbstbewusstsein anzuzapfen. Ich habe nicht das „Ja" der Schüler gesucht, sondern meine Verantwortung für junge Menschen wahrgenommen – mit oder ohne „Ja".

© Stefanie Geiger

Ich habe sie als Individuen gesehen, die in mir Spuren hinterließen, oft lange nach der gemeinsamen Zeit. Ihre Fortschritte, ihre Leistungen bedeuteten mir viel. Meine drei Säulen Ehrgeiz, Wille, Fleiß wurden stärker von den nicht so Begabten geschätzt. Und wenn aus schlechten Schülern durch Ehrgeiz, Wille, Fleiß plus ständige Ermutigung mittelmäßige, im Deutsch-Abitur sogar gute Schüler wurden, begeisterte mich das. Mein Unterricht war durchorganisiert, klar strukturiert – mit Abitur und Studienfähigkeit als Ziel.

Dennoch wollte ich mehr, ich wollte durch anspruchsvolle Aufgaben von Hausarbeiten bis zu Präsentationen den Entschlossenen zeigen, wozu sie fähig sind, und so ihre Grenzen Schritt für Schritt verschieben. Meine Schüler sollten am Ende der gemeinsamen Zeit an sich glauben, Wagnisse eingehen, Niederlagen ein- und wegstecken und mit klarem eigenem Kompass ihr Leben nach dem Abitur anpacken. Keine Jammerlappen, sondern entschlossene „Täter" des eigenen Lebens – im Dienst für andere!

Wer dieses Buch liest, wird vielen Veröffentlichungen, manchen ausgefallenen Ideen, einem Power-Unterricht begegnen – überall mit Verlinkungen zu meinen drei Internet-Kanälen, ganz zeitgemäß durch die „Hybrid"-Lektüre:

> **„Hybrid"-Lektüre – Kombination von Buch und Internet**
> Alle ergänzenden Links finden Sie auf meiner Homepage (**www.KlausSchenck.de**) in dem Ordner „Lehrerbuch". Sie gehen dort nur auf das entsprechende Kapitel des Buches und schon können Sie innerhalb von Sekunden den entsprechenden Zusatz-Link anklicken, haben die Datei oder die entsprechende Sendung vor sich.

Trotz aller Widrigkeiten, trotz Missgunst, Neid, Antipathie bin ich dankbar für die Lehrerzeit und will, dass dieses pädagogische Engagement-Leben andere inspiriert, die Schule als Ort der Lebendigkeit anzupacken und in diesem anpackenden Tun Sinnerfüllung zu finden, die dann zur Kraftquelle wird.

All meine Ideen sind machbar, und zwar innerhalb unseres Schulsystems, die Beweise sind hier. Ich träumte nicht von einer anderen Schule, ich krempelte meine Lehrer-Ärmel hoch und machte meine Träume zu Taten, Taten gemeinsam mit Schülern und Kollegen!

Ich diente jungen Menschen, ich gab ihnen Raum an sich zu wachsen, an sich zu glauben, sich zu vertrauen. Darin sah ich den Sinn meines Schul-Engagements.

Bedanken möchte ich mich bei meiner Lektorin Carina Orf (Mainbernheim) für ihre kluge, hilfreiche Kritik, bei Uli Ammon (Hamm/Sieg) für die inhaltliche Begleitung bei Buch und Artikeln, bei Cornelia Putzker (Rostock) für ihre Korrekturen und bei unserer FT-YouTube-Administratorin Mara Löffler (Lauda) für das Layout des Covers.

Zur leichteren Übersichtlichkeit sind alle Fremdtexte grau hinterlegt, meine eigenen Ausführungen nicht.

Klaus Schenck, OSR. a.D.
Fächer: Deutsch, Religion, Psychologie (Wahlfach)
Klaus.Schenck@t-online.de

Internet-Kanäle:
www.KlausSchenck.de
(Schul-Material)
www.youtube.com/user/financialtaime
(Schul-Sendungen)
www.schuelerzeitung-tbb.de (Schüler-Artikel)

1. KAPITEL: PÄDAGOGIK UND WERTE

Schüler fürs Leben fit machen will wohl jeder Lehrer. Klaus Schenck, pensionierter Ober-studienrat, ging da noch – mindestens – einen Schritt weiter.[1]
Tauberbischofsheim. Mit Schwung öffnet er die Wohnungstür, sein Händedruck ist fest, sein Blick hellwach. Kurz vorher, erzählt Klaus Schenck, hat er seine täglichen Trainings-einheiten auf dem Trampolin absolviert. Später soll es mit dem Rad rausgehen, und die nächste Psychologie-Sendung muss auch noch produziert und online gestellt werden. Wollte man Klaus Schenck und sein Wirken in einem Satz beschreiben, würde man viel zu viele Kommata verschleißen.

Da wäre zum Beispiel sein Unterricht. Von 2003 bis vergangenes Jahr lehrte er Deutsch, Religion und Psychologie am Wirtschaftsgymnasium in Tauberbischofsheim. Er liebte diese Fächer: „Mathelehrer gehen genauso schlau aus dem Unterrichtsraum wie sie ihn betreten haben. Ich verließ ihn oft als ein anderer, bereichert durch die Fragen der Schüler und die gemeinsame Suche nach Antworten."

Einer seiner Schüler war Tobias Haas, heute Fernsehredakteur bei Pro7 in München. „Bei Klaus Schenck habe ich Kameraerfahrung und den Mut bekommen, meinen Weg zu gehen", sagte er im FN-Gespräch (wir berichteten).[2]

Klaus Schenck war es auch, der das Fach „Psychologie" am Gymnasium eingeführt hat. „Zwei Stunden pro Woche wollte ich so unterrichten, wofür ich eigentlich Lehrer geworden bin. Dieses Fach sollte einzig und allein den Schülern dienen", erzählt er und fährt fort: „Wir hatten Schweigepflicht vereinbart, um einen Freiraum der persönlichen Gespräche zu schaffen. Jeder Schüler konnte zeigen, was er kann, aber dazu musste er seine Kom-fortzone verlassen. Sich vor einer Videokamera zu präsentieren, erfordert nämlich Mut. Am Ende machte sie das zu neuen Menschen, zu selbstbewussten, an sich glaubende." Sätze, die Tobias Haas sofort unterschreiben würde.

Die Komfortzone zu verlassen, die eigenen Grenzen zu verschieben, das ist eines der vie-len Lieblingsthemen des Klaus Schenck, der auch Pädagogik-Kolumnen für den „Rheinischen Merkur" und „Eltern Family" geschrieben hat. Denn das verlangte er nicht nur von seinen Schülern, sondern am allermeisten von sich selbst. Stillstand ist ein Gräuel für ihn, sowohl im sportlichen als auch im übertragenen Sinn. Offen gibt der gebürtige Heidelberger unter anderem zu: „Meine Welt waren stets die Bücher. Was Computer betraf, war ich total unter-belichtet. Ich hab' ja nicht mal gewusst, was eine Homepage ist, was sich hinter You Tube oder Wikipedia verbirgt. Das lernte ich alles von meinen Schülerzeitungs-Redakteuren."

---

1 Sabine Holroyd: *Ich weiß, was es heißt, Schüler zu sein.* In: *Fränkische Nachrichten*, 13. Juli 2019.
2 http://www.KlausSchenck.de/ks/downloads/g81-tobiashaas-1-fn-artikel.pdf

Die Schülerzeitung: Die mehrfach preisgekrönte „Financial T('a)ime" (FT) hat eine Erfolgsgeschichte hingelegt, die ihresgleichen sucht. Schenck rief sie im Schuljahr 2003/04 zunächst als Printausgabe ins Leben. 2008 folgte die FT-Homepage, zwei Jahre später die FT-Sendungen auf YouTube, zusätzlich ist noch seine Deutsch-Homepage integriert. Dieses vollgepackte „Gesamtpaket" kommt bis heute täglich auf rund 2000 User.

Der gute Ruf der Schülerzeitung hallte bis nach China. Dort fand die FT an der Elite-Schule von Shenzhen, einer der innovativsten Städte der Welt, eine Partner-Redaktion, deren Mitarbeiter auch einmal zu Besuch an der Kaufmännischen Schule in Tauberbischofsheim, zu der das WG gehört, weilten. Im Bereich „Deutsch als Fremdsprache" erlangte die Zeitung zudem weltweite Bekanntheit an Goethe-Instituten und Auslandsschulen.

Ab 2010 war die FT mit ihren Handbüchern zu ActivInspire national führend. Damals wie heute finden Schüler auf der Homepage alles, wirklich alles, was sie wissen wollen und was ihnen weiterhilft – sowohl persönlich als auch auf die Zukunft bezogen.

Die „Abi-Retter"-Videos auf YouTube, bei denen es unter anderem auch um die baden-württembergische Pflichtlektüre geht, sind da nur ein Beispiel von vielen. Selbst Klaus Schenck ist erstaunt, wie viele Links es auf der Homepage mittlerweile gibt: „Die Verästelung ist gigantisch. Unser Material, das wir selbst erarbeitet haben, dient nun auch anderen Schülern." An anderer Stelle meint er: „Ich wollte meinen Schülern für ihr Leben so viel bieten wie es nur geht."

Die Qualität seiner Referate zur Pflichtlektüre sprach sich schnell herum. Unter anderem fragten angehende Abiturienten aus Nordrhein-Westfalen bei ihm an: „Können Sie nicht auch Kleists ‚Marquise von O' machen?" Das packte Schenck auf die Schnelle nicht, versprach aber, in den nächsten Jahren auch die Pflichtlektüren der anderen Bundesländer vor der Kamera zu interpretieren. Mit Hesses „Steppenwolf" hatte Schenck, der E-Books nicht mag, „große Probleme": „Das ist eigentlich eine Zumutung für Teenager. Für diese Sendung in meiner Reihe „Couch-Tipps" brauchte ich drei Anläufe. Ich habe sie mir richtig abgerungen." Schenck vermittelt hier in einer Stunde einen inhaltlichen Überblick mit ersten Interpretationsansätzen zum „Steppenwolf", der neuen Pflichtlektüre in Baden-Württemberg. Mit Erfolg: „Vielen Dank für Ihre Arbeit, Herr Schenck! Sie ist eine wahre Bereicherung für einen jeden Abiturienten, eine sehr hilfreiche Darstellung des Werkes!", schreibt ein User.

Die Produktion der Schülerzeitung, die dann in diesen virtuellen Überflieger überging, war für alle ein Erlebnis, sagt er im Rückblick. Auch für ihn selbst. Denn um mit seinen Schülern so erfolgreich zu werden, musste er auch immer wieder seine eigene Komfortzone verlassen. Als Lehrer anfangs zuzugeben, von etwas wie Computern keine Ahnung zu haben, war für ihn kein Problem. Er nennt es die „Umkehrung des Lehrer-Schüler-Verhältnisses": „Ich sagte immer: Leute, erklärt es mir, damit ich es allein machen kann." Und er meint: „Ich weiß sehr wohl, was es heißt, ein Schüler zu sein."

Auch die Anzeigenakquise übernahm er selbst, nennt sie eine Win-win-Situation: „Wenn ich etwas von jemandem will, muss ich mich erst fragen, was er selbst davon hat – sonst ist es Ausbeutung."

Das tiefergehende Fachwissen bezog der begeisterte Tennisspieler durch seinen FT-Computerspezialisten. „Nach meinen Besuchen bei ihm war ich immer überglücklich. Ich hatte jedes Mal unglaublich viel gelernt. Meine eigenen Grenzen haben sich ständig erweitert."

Der 65-Jährige umarmt Herausforderungen, statt ihnen auszuweichen. Das liegt vielleicht an seiner Kindheit: „Ich war sehr kränklich, bin nicht gewöhnt, alles so zu können wie andere. Das hat sich in einer großen Beharrlichkeit ausgewirkt. Wenn ich mich auf etwas konzentriere, dann zu 100 Prozent." Möglicherweise sind seine Sätze deshalb auch so geschliffen. „Ich höre sehr präzise zu und versuche exakt zu antworten", sagt er. An anderer Stelle meint er: „Ich bin ein absoluter Flow-Typ. Deshalb betrachte ich die sozialen Medien als Mörder meiner Konzentration, meines Flows."

Dass er nicht überall ankommt, weiß er ganz genau: „Ich bin umstritten. Entweder liebt oder hasst man mich." Mit beidem kann er gut leben. „Mein Ziel", sagt Klaus Schenck und beginnt seine Geräte für die nächsten „Couchtipps" aufzubauen, „war immer, so hoch zu fliegen, dass mich die Pfeile von Neid, Missgunst und Bosheit nicht mehr treffen können".

Zum Nachgrübeln hat er sowieso, auch jetzt im Ruhestand, nicht viel Zeit. Denn seine „Couchtipps" in Psychologie wollen stets gepflegt sein. Mit ihnen bringt er für Schüler umsetzbar psychologische Tipps und Fragestellungen auf den Punkt. Zu jeder Sendung liegt außerdem ein zweiseitiges Manuskript vor. Anfangs verließ er dafür eine weitere eigene Komfortzone, heute ist das Alltag für ihn. „Du bist ganz allein, nur die Kamera schaut dich an. Am Anfang stellte ich mir Leute vor. Die erste Sendung machte ich viermal. Heute produziere ich vier, fünf Sendungen am Stück." Er erklärt: „Ich wähle aus, was ich interessant finde und mir einleuchtet, und betätige mich nur als Wissens-Vermittler, gleich einem Lautsprecher, denn ich bin ja kein Psychologe."

Sich selbst beschreibt er als „Powertyp". Er ist jemand, der mit dem Fahrrad zum Motorradgottesdienst nach Bronnbach fährt, der für seine Berichte über die Medenspiele der TSV-Tennisabteilung 1000 Bilder schießt und auf der Jugendseite der FT-Abi-Plattform in „TBB aktuell" die „Schattenkinder" etabliert hat: „Damit will ich engagierte Kinder würdigen, die meist nur im Schatten der Sieger stehen, doch sind diese ‚Schattenkinder' die Basis, aus der sich dann die Sieger nach vorne kämpfen und öffentlich wahrgenommen werden."

Erfolgreiche Bücher schreibt Klaus Schenck übrigens auch. Seine „Königs Abi-Trainer" stecken randvoll mit Wissen.

Zum Schluss kommt Schenck nochmals auf seine Polarisierung bei den Schülern zu sprechen. „Sympathie und Wertschätzung zu mir stiegen proportional mit der zeitlichen Nähe zum Abitur. Ich wollte einfach, dass meine Schüler irgendwann sagen: ‚Wow, beim Schenck haben wir viel gelernt!'"

Billig-Noten-Anstalten – der Bildungs-Fluch

Der Schwimmkurs „Halligalli-Locker-Flockig" kann sich vor Anmeldungen kaum retten. Aus allen Schwimmbädern der Umgebung kommen die Schwimm-Schüler. Der Schwimmlehrer ist 'ne coole Socke, der Geschäftsführer stets guter Laune und Zertifikate gibt es auch: „Schwimmer in Bronze", „in Silber" usw. Kinder und Jugendliche betteln ihre Eltern an, doch hier schwimmen lernen zu dürfen, wer in den anderen Bädern lernt, ist einfach nur blöd! Der Ansturm ist enorm, die coole Lehrer-Socke braucht ein Megaphon, das Becken platzt aus allen Nähten, dicht gedrängt die Massen – im Planschbecken. Im kniehohen Wasser werden in der Luft zu Powermusik Schwimmbewegungen gemacht. Wer eine viertel Stunde durchhält, bekommt den „Schwimmer in Bronze", bei einer halben den „Schwimmer in Silber" und wer dabei noch mit den Füßen irgendwie strampelt, den „Schwimmer in Gold". Stolze Kinder, stolze Eltern, glücklicher Geschäftsführer! Nach ein bis zwei Jahren sind die meisten Schwimm-Schüler von ihren Schwimmfähigkeiten felsenfest überzeugt, zertifiziert ist zertifiziert. Ein paar hundert Meter vom „Halligalli-Locker-Flockig-Bad" fließt ruhig und behäbig ein breiter Fluss. Zu ihm eilen die zertifizierten Schwimmer mit breiter Brust und blind vertrauend der eigenen Fähigkeit und stürzen sich lachend in die Fluten. Das war's!

Nicht anders das Geschäftsmodell der Billig-Noten-Schulen. Sie schießen wie Pilze aus dem Boden, wie Fliegenpilze, von außen lustig anzusehen, aber pädagogisch tödlich. Erst stürzt unser Bundesland Baden-Württemberg schon fast auf Bremen-Niveau, dann wird vor kurzem festgestellt, dass – im Gegensatz zu anderen Bundesländern – genau der Bildungsprimus von damals auch als Bildungssitzenbleiber nicht vom Fleck kommt. „Spieglein, Spieglein an der Wand, wie heißt die billigste Anstalt im Land?" Und mit immer neuen „Halligalli-Locker-Flockig"-Ideen wird geworben, was das Zeug hält, abgeworben, wo immer es geht. Und die Kunde springt von Schülermund zu Schülermund: Wer nicht zu „Halligalli-Locker-Flockig" geht, ist einfach nur blöd! Lockere Noten, glückliche Kinder, stolze Eltern und gut gefüllte Billig-Noten-Anstalten.

Eltern, die nur auf geschönte Noten starren, Schüler, die für jeden Mist noch mindestens ein „Ausreichend" erwarten, Lehrer, die dies bieten, um keinen Stress zu haben, und Schulleitungen, die diesen Betrug fördern oder wenigstens augenzwinkernd die Richtung signalisieren. Der Bildungsfluch geht tief: Eltern und Lehrer, die nicht mehr Eltern und Lehrer sein wollen, sondern als Kumpel und Freund sich der Jugend anbiedern, in peinlicher, entwürdigender Weise, um die jungen Menschen tanzend fragen: „Bin ich nicht gut, bin ich nicht gut? Ihr liebt mich doch?!" Beliebtsein, der neue pädagogische Maßstab, wird erschlichen – nicht zum Wohl des Schülers, sondern zum „Gutgefühl" von Eltern und Lehrern, die verschleierteste und damit hinterhältigste Form der Ausbeutung junger Menschen!

Meine beiden Triaden sind „out": Ehrgeiz, Wille, Fleiß und Disziplin, Entschlossenheit, Beharrlichkeit. Ich erreichte Schüler nicht mehr, die in Gleichgültigkeit, Desinteresse und Faulheit Lebenszeit gelangweilt totschlugen – eine Gleichgültigkeit, die mein Engagement tötete, um nicht zu sagen mordete. Die Gnade der frühen Geburt ließ mich regulär in die Pensionierung flüchten – wie andere engagierte Lehrkräfte durchhalten wollen, ist mir ein Rätsel.

Vor kurzem traf ich in der Fußgängerzone eine ehemalige Schülerin meines „Psychologie-Kurses". Sie ging freudestrahlend auf mich zu und rief: „Stellen Sie sich vor, Herr Schenck, keiner hat es mir zugetraut, ich schließe gerade mein Magister-Studium ab – und das verdanke ich zum Teil Ihnen!" Ich erinnerte mich gut, als sie ein Jahr nach ihrem Abitur nach Unterrichtsschluss in meine Klasse kam, mich umarmte und sagte: „Vor meiner ersten Psychologie-Präsentation habe ich drei Tage gekotzt! Vor der zweiten nur einmal! Und dann habe ich in Neuseeland auf Englisch präsentieren müssen, das hat mir null ausgemacht – und das verdanke ich Ihnen!"

Diese Schülerin kam in meinem Psychologie-Unterricht an ihre Grenzen, diese Schülerin erfuhr, wozu sie fähig ist, diese Schülerin lernte sich zu vertrauen, zu kämpfen und Ziele zu erreichen. Ihr wuchsen in der Schulzeit Kraftquellen zu, weil sie im Grenzbereich ihrer Möglichkeiten ihre Grenzen verschob und zu neuer Stärke, zu neuem Selbstbewusstsein und Selbstvertrauen fand, und das bestimmte ihr weiteres Leben! Dieser Schülerin rufe ich zu: „Ich habe stets an dich geglaubt! Ich bin stolz auf dich!" Arme Schülerinnen, arme Schüler, die in unserer Billig-Noten-Welt nie an ihre Kraftquellen geführt werden, die nicht im Grenzbereich von Anforderung, Verzweiflung und Gelingen zu Persönlichkeiten reifen, reif für ein gelingendes Leben. Arme Schüler![3]

--- --- ---

3   Veröffentlicht in: *BLV-Magazin*. Berufsschullehrerverband. 5-2018.

Erwachsene, ihr Feiglinge, werdet endlich wieder Erwachsene!

„Oh selig, oh selig, ein Kind noch zu sein!" Der Refrain aus Lortzings *Zar und Zimmermann* ist zum Refrain unserer Gesellschaft geworden, die in zwei Gruppen zerfällt: die einen sind es und die anderen wollen es wieder werden. Wir, die Erwachsenen, die Lehrer und Eltern, wir gieren nach jugendlichen Prädikaten: „lässig, cool, gechillt". Albern, Blödeln mit Jugendlichen, für Zeit wieder jung sein, macht für beglückende Momente das Vergangene gegenwärtig. Aber Jugendlichkeit als ersehnter, gar gelebter Dauerzustand macht uns Erwachsene zu Eindringlingen in eine Welt, der wir entwachsen sind – wir äffen nach, um als das zu gelten, was wir nicht sind. Wir sind Lehrer, Eltern, doch tun alles, als solche nicht wahrgenommen zu werden.

Warum erwachsen werden, wenn ihr nicht erwachsen sein wollt, warum eure Werte annehmen, wenn nicht 'mal ihr zu euren Werten steht, warum sich mit euch auseinander setzen, wenn ihr euch stets zu uns setzt, warum sich auf die Erwachsenenwelt vorbereiten, wenn ihr nichts Besseres zu tun habt, als ihr zu entfliehen! Hallo, ihr Erwachsenen, ihr Lehrer, was wollt ihr? Werdet wie wir: lässig, cool, gechillt. Euch muss man nicht darum bitten, ihr lechzt doch danach, ihr Vorbilder! Vorbild von was, ihr Kopien von uns? Wer sind denn die Vorbilder von heute: wir – nicht ihr! Wir geben den Rhythmus vor, nach dem ihr tanzt! Zu feige zum Nein, zu faul zum Fordern, zu träge zum Widerstand, euch ernstnehmen, wofür? Euch hat nicht zum Manne, zur Frau geschmiedet die allmächtige Zeit, ihr seid nur gealtert, aber nicht gereift. Jetzt hackt ihr euch in unsere Welt, weil ihr es nicht ertragt, das zu sein, was ihr seid: Lehrer, Eltern, Erwachsene! Ihr Vorbilder? Kopien seid ihr, elende Möchte-Gern-Jugendliche, ihr Botschafter der Erwachsenenwelt, aus der ihr euch ständig verkindlichen wollt! „Wenn ihr nicht werdet wie die Kinder …", wir haben schon das Himmelreich, um das ihr euch so bemüht! Willkommen im Club, ihr Kostümierten mit eurer falschen Jugendlichkeit, werdet erst 'mal erwachsen, damit wir euch ernstnehmen!

Und Recht haben sie! Warum halten wir „lässig, cool, gechillt" nicht unsere Werte entgegen: verlässlich, verantwortungsvoll, engagiert! Unsere Werte verbinden uns mit unseren Mitmenschen, unsere Werte sind auf ein tätiges Miteinander ausgerichtet, unsere Werte sind das Fundament einer lebenswerten Gesellschaft. „Lässig, cool, gechillt" heißt doch nichts anderes als Verweigerung der uns gestellten Aufgabe. „Lässig, cool, gechillt" sind die Werte der Egomanen, die emotionslos um sich kreisen und an ihrer Gleichgültigkeit fast krepieren! Mit denen ist kein Staat zu machen! Lasst uns wieder zu Widerständlern gegen „lässig, cool, gechillt" werden. Einfach 'mal Nein sagen zu „billig, banal und blöd", einfach 'mal mutig Ja sagen zu unserer Erwachsenenwelt, zu unserer Aufgabe als Lehrer und Eltern: Widerstand zum Auslebewahn, Widerstand zum Minimalistischen – Widerstand zu dem Gleichgültigen, was uns Tag für Tag im Unterricht um die Ohren geklatscht wird. Widerstand ändert nicht unbedingt die Jugend, sie hat ein Recht, Widerstand dem Widerstand zu leisten. Aber genau an diesem Widerstand entsteht Persönlichkeit, Reife, eigene Position. Mit geschönten Noten, verlogenem Gelobe und feigem Geschone schonen wir unsere Nerven, aber drücken uns vor unserer Aufgabe. „Per aspera ad astra", durch das Raue zu den Sternen, durch Fordern zur Persönlichkeit – in Menschlichkeit und Hilfsbereitschaft.

Unsere Aufgabe ist nicht, uns zum Jugendlichen zu legen, um von ihm gestreichelt zu werden, sondern seine ausgestreckte Hand zu ergreifen und ihm aufzuhelfen, ihn zu ermutigen, nach oben zu ziehen, zu unseren Werten, in unsere Welt – behutsam, entschlossen und glaubwürdig: Du gehörst zu uns, wir stehen zu dir![4]

---

4   Leserbrief in: *Fränkische Nachrichten*, 1. Oktober 2016.

Wertevermittlung durch „Werte-Bekenntnis"

Werte fallen nicht vom Himmel, sie entstehen im erfahrenen Alltag. Von Schülern zu erwarten, dass sie Werte verinnerlichen, aber als Erwachsener nicht bereit zu sein, die eigenen Werte zu benennen und dann auch aktiv zu leben, ist eine Mischung aus Gleichgültigkeit und Feigheit, die Schüler selbstverständlich als Entwertung der Werte wahrnehmen und konsequent umsetzen, indem sie ihren eigenen Vorteil, ihren eigenen Spaß, ihre eigene Verantwortungslosigkeit ausleben.

Den Werteverlust fördern zwei Aspekte der Erwachsenenwelt: Sie, die Erwachsenen, wollen „cool" rüberkommen, auf Jugendniveau sich einschleimen, um dort die Anerkennung zu erschleichen, die ihr im Alltag angekratztes Ego sonst nicht bekommt, das ist der einleuchtende Ansatz von Dr. Winterhoff (siehe Seite 68). Es gibt aber nicht nur die Jugend-Hinterherhechler, sondern auch werteorientierte Erwachsene, deren Problem: Es findet kein Gespräch zwischen den Generationen mehr statt, ein Gespräch, das über die Alltagsorganisation hinaus geht. In Blick auf die Erwachsenen, sie nehmen sich meist keine Zeit mehr, und die Jugendlichen, sie suchen bewusst nicht mehr den tiefen Austausch mit Erwachsenen, sondern verhindern gezielt genau diese Anstrengung. Die Werte-Prägung übernehmen Peer-Gruppen und das Internet.

Diese Erkenntnis ist nicht neu, ich wollte 2008 gezielt gegensteuern. So suchte ich Kollegen, die bereit waren, ihre persönlichen Werte vor Schülern zu benennen, um so in ein Gespräch zu kommen. Zwei Kollegen spielten mit, das war's dann aber auch. Es ist natürlich leichter, im abgeschotteten Lehrerzimmer sich als „Werte-Held" in Szene zu setzen: Lehrerzimmer-Klageweiber haben in vertrauter Runde ihre Claqueure und jeder weiß die Klage-Suppe mit Erlebnissen der letzten Tage zu bereichern, bis alle in der Klage-Brühe stehen und tief erleichtert dann beim Klingeln den Klage-Pool in der Erkenntnis verlassen: Es war gut, dass wir wieder miteinander geklagt haben!

Gegenentwurf: Gleich in der ersten Woche den neuen Klassen klarmachen, das sind meine Regeln, das sind meine Werte, ich halte sie ein und ihr auch! Punkt! Das ist dann die erste Runde: nicht reden, sondern Werte klar benennen und als Vorbild leben. In einem späteren Schritt kann dann die schriftliche Form erfolgen, wie ich sie 2008 meinen Schülern gab. Werte entstehen nicht im luftleeren Raum, sondern im Alltagsleben eines Heranwachsenden, auch Lehrer waren mal Heranwachsende, was diese gerne vergessen und die Schüler ihnen gar nicht zutrauen. Ein Mensch steht vor der Klasse und kein Unterrichtsroboter in menschlicher Hülle. Und Menschen sitzen vor diesem Unterrichtsmenschen. Wenn der Mensch vorne sich den Menschen vor ihm ein wenig als Mensch outet, ohne einen Seelenstriptease hinzulegen, wird ein wechselseitiges Verständnis stattfinden, was ganz überraschende Gespräche nach sich zieht. Es fordert aber zunächst Mut vom Erwachsenen, aber dafür ist er auch der Erwachsene!

Liebe Schülerinnen und Schüler,

nun liegt es auch an mir, die Werte zu nennen, die mich begleiten, zu erklären, wie sie entstanden und was sie mir bedeuten. Das fordert viel Ehrlichkeit vor sich, aber auch vor euch.

Natürlich werdet ihr feststellen, dass Zentrales fehlt: der Halt und das Getragenwerden in der Familie, auch in den Jahrzehnten nach der Kindheit, die Bedeutung von Freundschaft und von treuen Freunden und die Prägung durch den Sport, dort besonders der Umgang mit Niederlagen. Gemäß meinem eigenen Brief stelle ich stärker Werte des Persönlichen in Blick auf Anforderungen ins Zentrum.

Verlässlichkeit durch Konsequenz und Liebe

Nein, leicht habe ich es meinen Eltern nicht gemacht. Vater Richter, Mutter Hausfrau/Künstlerin – und ich: extrem kränklich, chaotisch und ließ kaum eine Gelegenheit aus, meine Eltern zu blamieren. Meine Mutter bekam Geschäftsverbot, weil ich den Schlüssel zum Haushaltswarengeschäft hinter einen Schrank warf, der Laden war über längere Zeit blockiert, während ich einen Sauerkrautständer herunterzog. Meinen Vater brachte ich fast ins Gefängnis, als ich einem Ziegel von einem Turmsims einen Stoß versetzte, sodass er in eine Festgesellschaft direkt unterhalb des Turmes krachte, glücklicherweise nur auf den Tisch. Dazu meine extremen Allergien, Krankheiten und Verletzungen aufgrund meiner Wildheit. Was das alles für meine Eltern bedeutete, erfuhr ich erst Jahrzehnte später, als ich über einen frechen Jungen in einem Fernsehfilm ablästerte und meine Mutter nur sagte: „Und du warst noch viel schlimmer!"

Mein Vater erzog mich in Konsequenz und Liebe, wie er zu sagen pflegt. Der Freiraum war groß und die Grenzen klar. Aber es war diese Geborgenheit, diese Verlässlichkeit, aber auch diese Liebe, die mir geschenkt wurde, was immer ich auch gemacht hatte, die prägten. Diese Verlässlichkeit durch Konsequenz und Liebe ist mein persönliches Fundament.

Von daher bin ich noch heute fassungslos ob der täglich mir begegnenden Unzuverlässigkeit, sie stellt noch immer eine Verletzung meines Vertrauens dar, aus dem heraus ich lebe.

Aus Selbstverantwortung: Ehrgeiz, Wille, Fleiß

Es ist nicht leicht, Sohn des Richters in einer Kleinstadt zu sein, das habe ich mit Pfarrerskindern gemeinsam. Nein, es kann richtig zur Last werden, wenn man immer im Schatten seines Vaters steht und die Erwartungen entsprechend sind.

Also, ich legte einen Schulstart hin, der wohl in Baden-Württemberg einmalig ist: Ich marschierte freudig Hand in Hand mit dem Sohn meiner zukünftigen Lehrerin zur Grundschule, aber flog schon nach einer Woche wieder raus in den Kindergarten, was mir nichts ausmachte, aber für meine Eltern nicht unbedingt ein Ruhmesblatt war.

Beim nächsten Versuch blieb ich länger in der Grundschule, die ganz junge Lehrerin mühte sich redlich um mich. Doch das Schreiben und das Lesen war nicht mein Fach gewesen, wie es in einer Operette heißt. Nein, mein Vater verzweifelte nicht. Er diktierte mir stinklangweilige Texte unten in seinem Dienstzimmer (wir wohnten im Amtsgericht), während er nebenher Urteile in das Diktophon sprach. Ich blickte einfach den Unterschied zwischen „dass" und „das" nicht, viele von euch werden jetzt natürlich lachen, wenn sie an meinen Deutsch-Unterricht denken!

Dann die Frage: welche weiterbildende Schule? Ich wurde getestet, ich stand zwischen Realschule und Gymnasium. Und in diese Diskussion hinein fiel der entscheidende Satz meines Vaters: „Ich bin für die Realschule. Aber wenn du aufs Gymnasium willst, bekommst du von mir jede Unterstützung!" Der Sohn des Richters auf die Realschule, für meinen Vater kein Problem, aber für mich. Meine Verwandtschaft, fast alle Akademiker. Ich, das Problemkind vom Dienst, nun noch auf die Realschule? Ich schrieb als kleiner Pimpf in meiner Krakelschrift groß auf ein Blatt Papier: „Ich will aufs Gymnasium. Ich trage die Verantwortung. Es ist mein Wille!" Dieses Blatt bewahrte ich in meiner Schreibtisch-Schublade ganz tief unten auf.

Na ja, leicht fiel die neue Schule mir nicht. Jeden Morgen hörte mich mein Vater vor Unterrichtsbeginn ab, meist englische, später französische Vokabeln. Aufgrund meiner langen Leitung gestalteten sich die ersten zwei Jahre nicht berauschend, doch dann zog ich ab. Lob, Preis,

Zeugnisse mit vielen Einsern, ich platzte fast vor Stolz – auch, alle Zukunftsprognosen zu meiner Schulkarriere Lügen gestraft zu haben.

Ehrgeiz, Wille, Fleiß waren meine „Waffen", als nicht so Begabter mithalten zu können und manchen Begabten um Längen zu schlagen.

Deshalb gilt mein besonderes Interesse, mein besonderer Einsatz den eher schwächeren Schülern, die nicht bereit sind, bei ihrer Schwäche stehen zu bleiben. Deshalb auch die Aufsatz- und Prüfungsstrategien, um gerade diesen Schwächeren die Chance auf ein gutes Abitur in „Deutsch" zu geben, hierin liegt mein Ehrgeiz und das sind dann die Erfolge, auf die ich wirklich stolz bin.

Aus Achtsamkeit: Lob, Dank, Anerkennung

Mein Vater hatte die für uns oft ziemlich peinliche Marotte, dass er nach einem sehr guten Essen den Koch an den Tisch rufen ließ und sagte ihm: „Ich möchte mich bei Ihnen bedanken, Sie haben das alles so schön angerichtet und es schmeckte ausgezeichnet!" Das Staunen des Kochs war meist unbeschreiblich, aber auch seine Freude. Meine Schwester und ich wurden darauf getrimmt, besonders das Tun einfacher Menschen wahrzunehmen und ihnen dafür zu danken.

Lob, Dank, Anerkennung begleiteten uns im Familienalltag. Sie spornten uns nicht nur an, sondern lehrten uns auch, mit der gleichen Wertschätzung anderen zu begegnen. Dazu zählte dann auch das Grüßen, worauf mein Vater ungemein Wert legte. Nicht zu grüßen war fast schon etwas „Barbarisches", was aus seiner Sicht etwas zwischenmenschlich Verletzendes an sich hatte, ich sehe dies bis heute so. Nicht grüßende Schüler sind mir ein Gräuel, sie verletzen elementare Regeln des Zwischenmenschlichen.

Die Klimaerwärmung ist das eine Problem, die zwischenmenschliche Klimavereisung das andere. Ohne Lob, Dank, Anerkennung vegetieren wir freudlos vor uns hin. Das Lob ist der Sonnenschein in den so grauen Alltag, der Dank die Ermutigung weiterhin anderen Gutes zu tun, aus der Anerkennung schöpfen wir die eigene Wertschätzung und all diese Grundwerte menschlicher Existenz werden heute mit Füßen getreten. Wir leben in einer Zeit, die nach Anerkennung giert, aber wir versäumen Anerkennung anderen zukommen zu lassen. Ein Strudel, der uns in die zwischenmenschliche Eiszeit saugt!

Erfolg dank Durchhaltevermögen, Entschlossenheit und Selbstdisziplin

Kränklichkeit in der Kindheit lehrt durchzuhalten. Die Gegenwart wird immer stark von der Zukunft bestimmt. Das Heute bedeutet Einschränkungen, um eines höheren Zieles willen, nämlich der Gesundung. Wer seine „Minderwertigkeit", und so habe ich es teilweise als Kind empfunden, auszugleichen entschlossen ist, wird zum Steher, wird zum Kämpfer.

Es ist nicht lustig, immer wieder zurückstehen zu müssen, nicht das auf Anhieb wie andere leisten zu können, oft das Bett zu hüten oder in Kinderheimen zu sein, aber diese „Minderwertigkeit" setzt Kräfte der Entschlossenheit frei, ein Ziel erreichen zu wollen, ja zu müssen, alles dafür zu geben, auch wenn es Wochen, Monate, gar Jahre dauert.

Durchhaltevermögen und Entschlossenheit werden zur zweiten Natur, die in Selbstdisziplin gelebt wird. Ich hatte keine andere Wahl!

Ich weiß natürlich, wie über Gewissenhafte abgelästert wird, bis der eine oder andere erkennt, dass genau diese Gewissenhaften zu einem stehen, während andere sich verdünnen.

Getragensein im Gottvertrauen

Nein, ich war als Kind nicht sehr fromm und bin auch nicht fromm erzogen. Als Schüler machten mich die Frommen aggressiv und ich griff sie entsprechend verbal an. Ich hatte einen tollen Religionslehrer, der auch nicht fromm rüberkam, aber der reflektierte, hinterfragte und uns zum Denken animierte. Diese denkerische Herausforderung faszinierte mich. Ich wollte es wissen, deshalb studierte ich Theologie und war begeistert, auf dieser hohen Reflexionsebene Bibel, Glauben und Wissen begegnen zu können. Ich lernte von meinen brillanten Professoren, dass Forschen, Denken und Glauben sich nicht ausschließen. So wurde ich gläubig im Studium, eine sehr seltene Variante.

Je länger ich studierte, desto überzeugter war ich vom christlichen Glauben. Viele meiner Fragen wurden jetzt nicht durch Wissen gelöst, sondern durch Vertrauen, also durch eine andere Haltung in Blick auf Antworten.

In den Jahren erfuhr ich durch die mir vermittelte Achtsamkeit, wie immer wieder Dinge passierten, die vieles positiv für mich veränderten, auch wenn ich es im Augenblick oft nicht so sah. Ich weiß, damit kann man keine Schüler überzeugen, mich als Schüler schon gar nicht, aber dieses Gottvertrauen ist etwas, was mich trägt, zu mir gehört, was mir in meinem Leben, besonders in dunklen Zeiten, sehr wesentlich wurde und woraus ich viel Kraft schöpfe. Ich vertraue, Vertrauen bedarf keiner Beweise, sondern persönlicher Erfahrung!

Aus Realismus: Selbstannahme

Das soll nun mein letzter Punkt sein, da er erst in Jahrzehnten in mir wuchs. Ich nehme mich an, wie ich bin, mit allem Positiven und Negativen. Ich bin es, es gehört zu mir und ohne dieses wäre ich nicht ich! Ich sage Ja zu meinen Stärken, aber auch zu meinen Grenzen. Und in diesen Grenzen, aber mit diesen Stärken kann ich mich verwirklichen, glücklich und erfolgreich sein. Selbstannahme gilt neuerdings in der Psychologie als Weg zum Glück! Ich empfinde Selbstannahme als etwas Befreiendes von Neid. Entweder ich hänge mich rein und schaffe das Ziel oder ich akzeptiere, dieses Ziel nicht schaffen zu können, dann wird es auch nicht mein Ziel, auf jeden Fall nicht auf lange Sicht!

Aus der Selbstannahme schöpfe ich Kraft, Energie und Willen zur Veränderung, aber sie macht auch gelassen. Ich will kein anderer sein, ich will ich sein und als Ich die Chancen meines Lebens entschlossen und in innerer Begeisterung anpacken! Ich kann mein eigenes Leben leben und viele meiner Träume verwirklichen, dafür bin ich dankbar!

So, liebe Schülerinnen und Schüler,
vermutlich werdet ihr mit einigen Punkten nur wenig anfangen können, dann unterscheidet ihr euch in nichts von mir als Schüler!
Ich habe ehrlich meine Antworten gegeben und überlasse nun euch, ob ihr in ihnen Antworten für euren Lebensvollzug findet – vielleicht nicht heute, später ... lasst euch Zeit!

Dankbarkeit – die neu entdeckte Tugend

„Dankbarkeit macht das Leben erträglicher und lebenswerter. Durch Dankbarkeit registrieren wir das Gute, was uns widerfährt. Man darf sich nicht nur auf die eigenen Probleme konzentrieren. Doch nun merkt man langsam, dass diese Gesten und Werte dahinschmelzen und verloren gehen. Ich finde das sehr schade. Denn ohne Dankbarkeit gibt es auch keine Freuden im Leben. Durch Dankbarkeit teilt man sein Glück … **Aufrichtige Dankbarkeit ist menschliche Größe.**" (Fadi in der Stellungnahme zu seiner Psychologie-Hausarbeit, WG 13, Thema: „Dankbarkeit – wenn dir Gutes widerfährt")

Als Fadi in meinem Psychologie-Seminar sein Referat über „Dankbarkeit" hielt, wurde er ungläubig gefragt: „Warum hast du dir dieses Thema ausgesucht?" Die Antwort findet sich zu Beginn seiner Stellungnahme: „Ich habe dieses Thema gewählt, weil ich es sehr wichtig finde, dankbar zu sein. Es sind die kleinen Dinge, die das Leben schöner machen. Ich finde es schön, wenn man sich für eine gute Tat oder Hilfe von ganzem Herzen bedankt … Es ist toll, wenn man, nachdem man einem Freund oder Freundin geholfen hat, ein Feedback bekommt … Wenn man sich bedankt, gibt man der anderen Person auch ein Zeichen dafür, dass man sie nicht ausnutzt."

„Dankbarkeit" – eine alte Tugend wird neu entdeckt. Vor kurzem hörte ich in SWR2 *Fünf vor Sechs* eine Reihe zum Thema „Wertschätzung", Begrifflichkeiten, die wie aus einer alten Zeit uns entgegenwehen. Es ist aber keine Nostalgie, Dankbarkeit, Wertschätzung, Grüßen, Bitte und Danke wieder ins Bewusstsein zu rücken, es ist die Erkenntnis, immer stärker auf eine zwischenmenschliche Eiszeit zuzusteuern, während gleichzeitig durch die Klimaerwärmung die Eiskappen schmelzen. Wärme dringt aus allen Ritzen unserer Häuser, Kamine, Fabriken in die Atmosphäre, während wir immer stärker erkalten, das Zwischenmenschliche in Minusgraden gemessen wird, eine Eiszeit unter uns beginnt. So fühlen es viele Jugendliche, ich lese das regelmäßig in zahlreichen Schul-Aufsätzen.

Es wird kalt um uns, eiskalt, zwischenmenschliche Begegnungen lassen uns frösteln, kein Gruß, kein Bitte, kein Danke, keine Wertschätzung, keine Anerkennung, Tiefkühlschränke können sich kaum noch kälter begegnen. Gerade in der Begegnung mit Mitmenschen, nicht nur Schülern, weht dieser eisige Wind der Egozentrik: Jeder bei sich, bei seinen Problemen. In sich isolierte Individuen wanken an einem vorbei. Nicht mal zum Gruß für den eigenen Lehrer reicht es am Morgen, wenn ich die „Frühwache" in der Eingangshalle schiebe. Ich sehe den menschlichen Eisklötzen nach und habe bis heute nicht gelernt, diese Kälte einfach wegzustecken. Sie hat etwas Verletzendes an sich, der Beziehungsfaden zu diesem jungen Menschen wird für kurze Momente zerschnitten. Nachher wird er mich im Unterricht haben, mein Engagement, meine Fähigkeit, meine Hilfsbereitschaft benutzen, ausnutzen, gebrauchen, um voranzukommen, eine gute Klassenarbeit zu schreiben, ein erfolgreiches Abi zu packen. Er wird es normal finden, dass ich ihm nach dem Unterricht noch dies oder das erkläre, dass ich bei Problemen per E-Mail für ihn erreichbar bin und am gleichen Tag noch antworte. Meine Mails, wenn sie der anderen Seite keinen sofort erkennbaren Nutzen bringen, bleiben oft unbeantwortet, keinen Dank für Hilfe, für beigelegte Fotos, Vorträge, Fernsehhinweise, sogar Grußkarten versinken im Schlund der Gleichgültigkeit. Es hat etwas Entwürdigendes, jedes Menschlichen beraubt und nur noch auf Verwertbarkeit reduziert zu werden, einer Maschine gleich, die weder eines Grußes noch eines Dankeschöns bedürftig ist. Die zwischenmenschlichen Eisgletscher fressen sich langsam, aber stetig voran – auch in mir. Die Freude, mit der ich früher Aufmerksamkeiten Schülern mailte, weicht immer stärker der Frage: Wofür? Das Berechnende greift immer stärker in mir Raum, die

Welt der Danklosigkeit tötet zwischenmenschliches Engagement, nimmt die Freude, Freude zu machen. Ohne Anerkennung, ohne Wertschätzung, ohne Dankbarkeit wird der Mensch der Kraft für den Menschen beraubt!

Umgekehrt formuliert: Gerade Dank aktiviert, motiviert und wird zur Voraussetzung, weiterhin Gutes zu tun. Der Dank ist oft der Impuls für eine Kette des Engagements, er pflanzt sich fort von einem zum anderen, springt über und verändert!

In der Tat gibt es auch die andere Seite, die ich täglich erlebe, für die ich nicht den Blick verloren habe: der herzliche Gruß, das freudige Winken, das Lachen, die sympathische Begegnung, die Ermutigung durch Gesten und Worte. Und dann die Mails von ehemaligen Schülern, die jetzt im Eiswasser der Unis bibbern, welche Anerkennung, Wertschätzung, Dank sprechen aus Zeilen von Menschen, von denen ich diese Worte nie erwartete, die kritischen bis distanzierten Geister meines damaligen Schulalltags. Schlagartig kann ich mit den gegenwärtigen Geistern besser, anders, angemessener umgehen. Auch Eisklötze im Klassenzimmer bekommen plötzlich ein menschliches Gesicht, vielleicht wird er mir in paar Jahren auch eine Dankesmail schicken, was weiß ich von ihm. Möglicherweise haben seine Eltern ihn zum Eisklotz werden lassen, ihm die Bedeutung von Grüßen, von Bitte und Danke nicht gelehrt, geschweige denn im Familienalltag spüren lassen. Es ist meine Aufgabe, keine „mission impossible", ihm mit menschlicher Zuwendung zu begegnen, ohne gleich Dank und Anerkennung zu erwarten. Die Dankesmails Ehemaliger, die mich in letzter Zeit erreichen, verändern meine Gegenwart, machen mich meinen Mitmenschen gegenüber toleranter. Worte der Anerkennung von verschiedenen Seiten lassen mir ein dickes Fell gegen erlebte Kälte wachsen; Zeilen des Dankes bestärken mich im Tun für andere; gespürte Wertschätzung raunt mir zu: *Geduld, Lehrer, nicht so ungestüm, warte doch, hab doch nur ein wenig Geduld, lass gute Worte wachsen, gib dem Samen menschlicher Zuwendung Zeit.*

Ja, es macht Sinn, gegen eine erkaltende Zeit anzuleben, ihr in Gelassenheit und Beharrlichkeit zu begegnen, es macht Sinn die Herausforderung zugunsten von Wertschätzung, Dankbarkeit und Ermutigung anzunehmen, der Wärme zu vertrauen, weil wir Menschen sind – die Kälte kann also niemals das letzte Wort haben![5]

Silvia: Ermutigungsmail

Hier eine Ermutigungsmail von Silvia, sie studierte 2009 im sechsten Semester in Freiburg. Ich hatte sie damals in den Fächern „Deutsch", „Religion" und „Psychologie". Wir verstanden uns sehr gut, die „Chemie" stimmte.

Ich bekam diese Mail an dem Tag, als ich ziemlich frustriert eine Klasse verließ. Es ging ums Präsentieren vor der Klasse mit dem Ziel einer angemessenen Perfektion, bei vielen nur Unverständnis und Ablehnung, bei mir das Gefühl der Sinnlosigkeit meines Lehrerberufs.

Diese Mail von Silvia ist nicht nur für mich eine Ermutigung, sie ist eine Ermutigung für all meine engagierten Kolleginnen und Kollegen: der Einsatz lohnt sich – auch in danklosen Zeiten!

---

5   Unterrichtspräsentation, 2013.

Weswegen ich Ihnen eigentlich schreibe ...

Ich wollte mich mal bei Ihnen bedanken ...

Ich glaube, ich bin nicht die Einzige, die sich während der Schulzeit gedacht hat – oh nein, warum müssen wir so was lernen, wozu brauch ich das überhaupt – aber ich bin so was von froh, Sie als Deutschlehrer gehabt zu haben. Gerade was Hausarbeiten schreiben angeht. Es gibt Kommilitonen, die noch nie in ihrem Leben eine Hausarbeit geschrieben haben und jetzt vor der Zula stehen und nichts wissen. Genauso beim Präsentieren. Niemand hat von der TTT-Regel gehört oder in welcher Art und Weise ich eine Präsentation halte, wie ich stehe oder wie ich eine Präsentation anfange oder beende.

All diese Dinge sind mir in den letzten 3 Jahren immer wieder aufgefallen und da hab ich immer wieder gedacht, das muss ich dem Herrn Schenck berichten ... ich will damit nur sagen, dass Sie diese Art und Weise, wie Sie den Unterricht machen, bloß beibehalten sollen. Es wird jedem irgendwann einmal klar werden, wie hilfreich es gewesen ist.

Vielen Dank nochmals!!!!

Verena: Das Resultat aus drei Jahren Herr Schenck

Die erste Deutschstunde bei Herrn Schenck wird wohl jeder so auf seine Weise in Erinnerung behalten. Jedenfalls gibt es nicht viele Menschen, die die Fähigkeit besitzen, innerhalb weniger Sekunden so viel Autorität zu versprühen, dass die Schülerschaft sich nicht einmal mehr traut, den direkten Augenkontakt zum Lehrer aufzunehmen. Angespannt saß man auf seinem Stuhl, bemüht, möglichst unauffällig in der Masse unterzugehen, der Atem war flach und das Herz schlug bis zum Hals. Folien wurden aufgelegt, in 15 Minuten das gesamte Lehrplankonzept auf Wochen verteilt erläutert. Es roch nach Stress und harter Arbeit. „Deutsch" bei ihm sei kein Zuckerschlecken, spätestens jetzt hatten das auch die besonders Lockeren unter uns verstanden. Der Kopf rauchte. Herr Schencks Sprechtempo war überdimensional schnell, sein Auftreten zackig. Wer nicht pünktlich zu Unterrichtbeginn an seinem Platz saß, wurde ausgesperrt. Einfach von innen abgeschlossen. Blicke trafen sich. Augen sprachen Bände. Erste Zweifel kamen auf.

Die ersten 45 Minuten vergingen wie im Flug. Zurück blieben Kopfschmerzen, Angespanntheit und die Gewissheit, mit diesem Energiebündel kein leichtes Los gezogen zu haben. Doch, wie das Leben so spielt, nahm auch diese Geschichte allen Erwartungen zum Trotz eine andere Wendung.

Durch seine Art, die anfangs niemand einschätzen konnte, brachte Herr Schenck die Faulen zum Arbeiten, die Fleißigen zum Denken und die Unpünktlichen zum Pünktlichsein. Über „Homo Faber" wurde erst gelesen, dann studiert, referiert, reflektiert. Hausarbeiten wurden verfasst, Stunden, Tage, Wochen der freien Arbeit. Die Neugier war geweckt, der Ehrgeiz geboren. Herr Schencks Strenge wurde von nun an aus anderen Blickwinkeln betrachtet. Er verstand es, gute Leistungen zu honorieren und schlechten mit seinem Feingefühl auf den Zahn zu fühlen. Gemeinsam wurden Probleme erörtert, Lösungen gesucht und Mahnungen ausgesprochen. Vielen half er weiter zu denken, neue Tore zu öffnen, ihren Gedanken freien Lauf zu lassen und erzielte somit oftmals überraschende Leistungen in schulischer Hinsicht. Hier sei besonders auch ‚seine'„carpe diem" zu erwähnen, durch die er, von seiner unbändigen Begeisterung und seinem Engagement angesteckt, viele seiner Schüler/innen dazu bewegte, mitzumachen und gemeinsam im Team etwas auf die Beine zu stellen. Ungeahnte Talente wurden entdeckt, Interessen konnten ausgelebt und etliche Preise eingeheimst werden.

Vielen seiner Schützlinge gab Herr Schenck den Stoß in die richtige Richtung, war angesehene Lehrkraft und Ansprechpartner zugleich. Durch seine über mehrere Schularten und Altersklassen übergreifende Unterrichtserfahrung zählte er zu den wenigen, die in der Lage waren, ihr Wissen und ihr Können den Bedürfnissen den verschiedensten Schülern anzupassen. Und gerade das war es, was uns alle, von Bürotechnik bis Oberstufe, verband: Die Freude an ansteckender Offenheit, Unkompliziertheit und der Energie, mit der er es schaffte, uns jeden Tag aufs Neue zu motivieren.

Nach Klasse elf bestand für viele kein Zweifel, mit der Wahl des Leistungsfaches „Deutsch" bei Herrn Schenck den richtigen Schritt getan zu haben. Die Meinungen spalteten sich. Und so gab es welche, die es bewusst zu vermeiden wussten, auf der Klassenliste dieses Lks[6] zu stehen.

Nach dem ersten literarischen Aufsatz kamen dann jedoch einige Zweifel, in Form von Unterkursen, auf. Doch die falsche Kurswahl oder ungenügende Vorbereitung? Herr Schenck analysierte, schaffte, motivierte, „jetzt bloß nicht lockerlassen". „Kämpfen" war sein Wort, das Schlüsselwort, an das sich von nun an geklammert wurde. Der Erfolg kam nicht sofort. Aber wir wollten ihn schnell. Die Zeit drängte. Studium, Ausbildung oder doch lieber Party? Wir wussten es selber nicht.

Iphigenie, *Tauben im Gras*, abtauchen in den Großstadtroman, zurückgerissen, Schluss mit Emotionen! BWL ist wichtig! Wichtiger als Deutsch? Ungewissheit.

Die Lage besserte sich. Langsam kehrte Ruhe ein. Die Noten wurden besser. Durch Herrn Schencks Hilfe oft eine Steigerung um 250%. Mahnende Worte seinerseits hinsichtlich des Abiturs. Für uns noch unerreichbar weit entfernt. Noch zählen wichtigere Dinge im Leben. Auf der Studienfahrt und in den Ferien auf der Suche nach dem kurzfristigen Glück, das uns in schulischer Hinsicht oft versagt blieb.

Start 13.1.: Start mit Döblins *Berlin Alexanderplatz*. Herr Schenck hatte in den Ferien Vorarbeit geleistet. Lektüretests wurden geschrieben, von unserem Energiebündel vorsorglich aufs Abitur mit Rechtschreib- und Kommaregeln gespickt, Referate wurden gehalten, Sekundärliteraturen gelesen, gelernt, verstanden, diskutiert, analysiert – Franz Biberkopf, wir kennen ihn in- und auswendig!

Literarische Aufsätze folgten. Sechs Stunden Konzentration, sechs Stunden Wissen verarbeiten, so viel Wissen, dass die Hauptaufgabe darin bestand, das Wissen auf die zeitlich genau abgestimmte Länge zu kürzen. Zeitpläne wurden ausgehandelt, von Herrn Schenck genauestens durchdacht.

Erst jetzt, einige Wochen vor dem großen Auftritt wird uns bewusst, was Herr Schenck über drei Jahre hinweg leistete, arbeitete oft bis spät in die Nacht, um uns nicht „auflaufen zu lassen". Wir fragten nie, ob er immer Lust hatte, sich um uns und unsere Deutschzukunft zu sorgen, sich unermüdlich zu kümmern, wenn's mal nicht so lief. Irgendwie war dies eine Selbstverständlichkeit. Schließlich ist er der Lehrer.

---

6   Lk: Leistungskurs

Doch, lieber Herr Schenck, man kann im Sinne der ganzen Schule, Ihres Deutsch-Lks und der „carpe diem"-Redaktion sagen, dass wir froh sind mit einem einzigartigen Menschen, wie Sie es sind, drei Jahre verbringen zu dürfen. Denn: Ein Lehrer wird in seiner Laufbahn nicht von einzelnen Schülern geprägt, ein Schüler jedoch von einem einzelnen Lehrer!

Wir wünschen Ihnen alles erdenklich Gute für Ihre Zukunft, in schulischer sowie in privater Hinsicht und hoffen, dass sie immer wieder gerne an die Zeit mit Ihren Schülern zurückdenken werden![7]

Berufsschülerin: Lehrer-Glaube versetzt Schüler-Berge

Wie oft sagen die Schüler: „Ich habe schlechte Noten, weil ich mit dem Lehrer nicht zurechtkomme!" Ausrede oder Tatsache? Klar, manchmal ist es definitiv eine Ausrede, weil man einfach zu faul zum Lernen ist. Ich bin aber auch das lebende Beispiel dafür, dass es nicht immer nur eine faule Ausrede ist. Zwei Beispiele von meinen Hassfächern.

In „Englisch" habe ich noch nie zu den Besten gehört, aber eigentlich auch nicht zu den Schlechtesten. Meine Noten waren immer abhängig, ob ein Lehrer an mich glaubte oder nicht. Erst hatte ich nur Fünfer. Nach meinem Schulwechsel stand ich plötzlich auf einer guten Drei, obwohl es der gleiche Anspruch war, und dann kam wieder ein Lehrerwechsel und ich stand wieder auf einer Fünf. Mein Lernaufwand war meistens gleich oder wurde sogar größer.

Nach meinem Abitur wollte ich endlich arbeiten. Ich habe die Berufsschule gehasst, gerade die Fächer „Englisch" und „Deutsch". Jeder hat versucht mir zu erklären, dass ich die Berufsschule mit Links machen werde, weil ich doch Abitur habe. Keiner konnte sich vorstellen, warum ich panische Angst vor den Klausuren hatte.

Mein Deutschlehrer wusste damals, wohin er uns bringen möchte und was er für einen Durchschnitt bei der Abschlussprüfung anstrebte, dementsprechend hat er uns auch gefordert. Schlecht? Nein, wenn man verstanden hat, warum er das alles macht. Am Anfang dachte ich mir aber: „Na toll, jetzt habe ich auch noch einen strengen Lehrer in dem Fach, in dem ich immer schlecht war." Ich habe mir sogar schon vorgestellt, was ich machen würde, wenn ich wegen „Deutsch" meine Ausbildung nicht bestehe.

Kommasetzung war noch nie meins. Ich dachte mir irgendwann, dass ich einfach zu blöd dafür bin und die Lehrer haben mir das auch oft genug bestätigt. Also habe ich aufgegeben und habe mich Jahr für Jahr durch das Fach durchgeboxt.

In der ersten Klausur in „Deutsch" ging es um „kreatives Schreiben". Ich kann sowas überhaupt nicht, dachte ich zumindest. Ich kann mich an diese Situation erinnern, als wäre sie erst gestern passiert. Ich gab meine Klausur ab und sagte zu meinen Eltern: „Mama, ich bin glücklich, wenn es eine Vier wird!" Wie man so schön sagt: „Vier gewinnt." Als wir unsere Klausur zurückbekommen hatten, hieß es: „So, jetzt wird die beste Arbeit vorgelesen, hört gut zu, so will ich das haben." Als ich meinen Namen gehört hatte, war

---

7   Aus der Abi-Zeitung 2003.

ich völlig perplex und sprachlos. Ich und die beste Note und dann noch keinen einzigen Kommafehler? Ich hätte vor Freude schreien und gleichzeitig weinen können.

Was möchte ich damit sagen? Ganz einfach, klar spielt auch oft der innere Schweinehund eine Rolle. Ich bin ehrlich, ich war auch oft einfach zu faul, aber wenn ich mich hinsetzte und den Ehrgeiz hatte, hatte ich auch gute Noten. Nur irgendwann hat mir meine Prüfungsangst immer einen Strich durch die Rechnung gemacht. Die Angst wurde Jahr für Jahr schlimmer und ich habe mir selbst nichts mehr zugetraut, egal wie viel ich gelernt habe.

Ich möchte durch meinen Text zeigen, dass nicht immer nur die Faulheit schuld ist, sondern auch, wie man von seinen Lehrern behandelt wird. Lehrer sind Pädagogen und sollten aufbauen und helfen und nicht runtermachen, wenn wir etwas nicht können, nur weil es ihnen leicht erscheint.

Mein Deutsch-Lehrer hat mir immer gezeigt und oft gesagt, was er von mir hält und dass ich gut bin in dem, was ich mache. Ich wollte es nie glauben, aber er gab nicht auf – bis heute nicht. Nur durch den Rückhalt und den Glauben an mich hatte ich fast nur noch Einser und Zweier und habe schlagartig die Kommasetzung beherrscht.

Deutsch-Lehrer-Kommentar dazu:

Jetzt habe ich schriftlich, was sie mir mündlich bereits andeutete, und ich bin verblüfft: „Deutsch" ihr Hassfach – und ich war überzeugt, es sei ihr Lieblingsfach! Bei der ersten Begegnung kam sie mir nicht unbedingt freundlich rüber, aber sie war mündlich richtig engagiert mit guten Beiträgen, dass ich folgerte, die liebt „Deutsch"! Und das Schreiben fließt nur so aus ihrer Feder. Es war dieses nicht hinterfragte Grundvertrauen in die Fähigkeiten eines jungen Menschen, und letztendlich hatte sie es mir auch in jeder Klassenarbeit bestätigt. Ich war einfach überzeugt von ihr – ohne einen Hauch des Zweifels. Der Text oben überrascht mich, ich hätte ihn so nicht erwartet. Aber mein Grundvertrauen in sie ändere ich dennoch nicht!

> „Das ist das Geheimnis aller Pädagogik, junge Menschen so zu stärken, dass sie an ihre eigene Begabung zu glauben lernen. Der Glaube an sich selbst und das Selbstbewusstsein, etwas zu können, lassen den Einzelnen über sich hinauswachsen und befähigen selbst den mittelmäßig Begabten zu Taten, die einem Begabteren, der nicht an sich glaubt, nicht möglich wären."
>
> Aus: Bernhard Bueb: *Lob der Disziplin*[8]

8 Berhard Bueb: *Lob der Disziplin – Eine Streitschrift*. 8. Auflage. Berlin: Ullstein, 2017. S. 161.

Debora: Von einer Hauptschülerin zur Doktorandin – offener Brief

Liebe Hauptschülerinnen und Hauptschüler,

etwa in der siebten Klasse kam es im Rahmen von Zukunftsperspektiven zu einer Diskussion in meinem Klassenzimmer. Ein Mitschüler brachte es auf den Punkt: Wir sind nur Hauptschüler, jeder weiß, dass wir nichts können. Wir sind der Abschaum der Gesellschaft. Meine Klassenlehrerin war empört, sagte, dass wir so etwas nicht denken dürften.

Ich denke, es ist zumindest das, was die meisten von uns fühlten. Es war das, was uns von außen entgegengebracht wurde. Wir schämten uns an der Bushaltestelle einer Hauptschule in den Schulbus einzusteigen zu all den Anderen. Als es darum ging, eine Praktikumsstelle für ein Pflichtpraktikum im Rahmen der Orientierung zu finden, prallte die Realität auf mich ein. Ich hatte Ziele, andere nannten es womöglich Träume. Wir nehmen keine Hauptschüler, hieß es von mehr als fünf Unternehmen. Letztendlich nahm mich ein Arbeitgeber für die Hälfte der Zeit, weil man meine Familie schließlich gut kenne. Für die zweite Woche ging die Suche weiter. Gefrustet fragte ich letztendlich wahllos bei Geschäften in der Innenstadt.

Heute promoviere ich in einem naturwissenschaftlichen Bereich und es ist einsam hier für Leute wie mich. Wenn es heute überhaupt noch dazu kommt, dass ich aus meiner Hauptschulzeit erzähle, treffen mich verwirrte Blicke. Es scheint nahezu unvorstellbar zu sein für mein Gegenüber. In den meisten Fällen geht das Gespräch weiter mit der ungläubigen Frage, wie ich auf eine Hauptschule kam.

Die Antwort ist schlicht, dass meine Grundschullehrer mir nicht mehr zugetraut haben. Dem folgt fast ausnahmslos die Feststellung, dass ich dann wohl gehörig falsch eingeschätzt wurde und ob ich es meinen Lehrern übelnehme. Ein Gesprächsverlauf, der nun mich verwirrt. Mein Gegenüber scheint es tatsächlich nicht für möglich zu halten, dass ein Hauptschüler unter normalen Umständen einen Universitätsabschluss erlangen kann. Ich weiß nicht, was mich mehr kränkt: Die Missachtung der Anstrengung meines Weges durch Zielstrebigkeit und Lernbereitschaft oder die Botschaft, die hinter eben dieser Aussage steckt. Wir können nichts, und wenn wir etwas können, sind wir wohl ein Fehler im System. Nun ist mir klar, weshalb ich hier so gut wie nie auf Andere von uns treffe.

Ich weiß nicht, warum es bei mir funktioniert hat, aber wäre ich heute hier, wenn es anders gelaufen wäre? Hinter mir liegen fünf Jahre Hauptschule, ein Jahr Werkrealschule, drei Jahre Wirtschaftsgymnasium, fünf Jahre Studium. Ich nenne es gerne den dritten Bildungsweg und erinnere mich mit positiven Gedanken zurück an die Zeit auf meiner Hauptschule. Als eine meiner Lehrerinnen auf dem Gymnasium fragte, wo ich etwas gelernt hatte, das sie beachtenswert fand, sagte ich: „Ich war auf einer Hauptschule. Da wird viel Wert auf sowas gelegt." Es ist nicht alles schlecht, man wird einfach nur auf ein anderes Arbeitsgebiet vorbereitet. Es ist nicht verwunderlich, aber am Schwersten fiel mir später der Englischunterricht. Trotzdem habe ich vor wenigen Monaten meine Masterarbeit auf Englisch verfasst. So stellt sich jedem die Frage, wo er einmal hinwill. Die Frage stellt sich Gymnasiasten ebenso wie Hauptschülern. Wo willst du hin, wenn der Horizont ebenso weit sein könnte wie der eines jeden Schülers?

Wenn ich heute ehemaligen Klassenkameraden von damals begegne, bin ich erneut bedrückt. Es ist mir unangenehm zu erzählen, was ich heute mache. Denn, es ist ihnen unangenehm mir danach zu erzählen, was aus ihnen geworden ist. Es bedrückt mich, dass sie ihren Weg als so viel schlechter empfinden als meinen. Als sei es schlecht, dass sie bereits seit acht Jahren Geld verdienen – und ich eben nicht. Ich bin nichts Besseres, ich hatte doch einfach nur andere Ziele als sie und etwas Glück, dass es niemand geschafft hat mich zu entmutigen.

Ich war nicht auf der falschen Schule, ich hatte einfach nur gute Lehrer, also Lehrer, die mir meine wohl irrsinnig erscheinenden Träume nicht ausgeredet haben. Ich sage nicht, dass es leicht war, aber es war möglich. Also, lass es doch zu, dass deine Träume zu Zielen werden.

„Hybrid"-Lektüre: Artikel des **1. Kapitels** und weitere Beiträge finden Sie schnell und unkompliziert unter
www.KlausSchenck.de/ks/lehrerbuch

Brief zum Zeugnis-Tag

1999 verfasste ich zusammen mit zwei Religionsklassen einen Elternbrief zum Zeugnistag, veröffentlicht wurde der „Brief" im Juli 1999 in *ELTERN for family*.

Liebe Mama, lieber Papa,

bevor Ihr mein Zeugnis lest und beurteilt, möchte ich Euch gern ein paar Dinge sagen. Ich glaube, danach fällt es Euch leichter, mich zu verstehen:

1. Es ist mein Zeugnis, aber nicht ich wurde benotet, auch nicht Ihr, sondern meine Leistungen!

2. Ihr fallt jetzt vielleicht aus allen Wolken, weil meine Noten nicht ausgefallen sind wie erwartet. Aber auch mir geht es heute schlecht, wirklich schlecht. Seid jetzt bitte für mich da. Habt Zeit für mich, heute brauche ich Euch!

3. Ich möchte Euch sagen, wie ungerecht diese oder jene Note ist. Auch wißt Ihr nicht, wie schwer der Start an einer weiterbildenden Schule, in der neuen Klasse war; es war nicht nur alles neu, sondern auch die Ansprüche waren andere. Früher holte ich locker meine Zwei, heute kämpfe ich manchmal um eine Vier.

4. Bitte vergleicht mich jetzt nicht mit anderen, die besser sind. Der Vergleich tut mir weh.

5. Was jetzt auch nicht weiterhilft, ist die Schilderung Eurer guten Noten in der Schule. Kanntet Ihr wirklich keine Angst vor Klassenarbeiten, vor Lehrern, das Gefühl, einer Aufgabe nicht gewachsen zu sein?

6. Schaut bitte nicht nur auf die schlechten Noten. Ein aufbauendes Wort, eine ermutigende Geste, dafür wäre ich jetzt dankbar. Glaubt bitte auch jetzt an mich, auch wenn Ihr meine Noten seht.

7. Noch eine letzte Bitte: Wenn ich in Zukunft von der Schule komme, fragt mich bitte nicht nur in einem Nebensatz: „Wie war's?", sondern fragt mich so, daß ich merke: Es interessiert Euch!

8. Verlangt von mir keine Wunder, aber helft mir, meine eigenen Ziele zu erreichen.

Ich danke Euch, daß Ihr jetzt zu mir steht.

Eure/Euer…

Dieser Brief wurde entworfen von Schülerinnen und Schülern eines Wirtschaftsgymnasiums und eines technischen Gymnasiums in Kirchheim/Teck

ELTERN for family **41** ▶

Briefe an Schüler, Eltern und Kollegen

Begeben Sie sich mit mir auf eine pädagogische Zeitreise. Da das Schreiben meine Form der Kommunikation und der Verarbeitung des Erlebten darstellt – ich hatte beim Abitur bereits rund vierhundert Artikel für die Lokalzeitung verfasst – lagen Veröffentlichungen im Pädagogik-Bereich nahe. Mein erster deutschlandweiter Artikel schlug 1998 in ganz unerwarteter Weise ein, bei *ELTERN for family, Rheinischer Merkur, Familie&Co,* und brachte mich sogar zur Talkshow bei Ilona Christen *Früher war alles besser?*. Seitdem gehörte das versprachlichte Erleben des Schulalltags, das Veröffentlichen in deutschen Zeitungen zu mir. Fast immer stand eine konkrete Begegnung, ein konkretes Ereignis dahinter, das dann pointiert dargestellt, gedeutet und am Ende ins Positive verkehrt wurde.

Dieses Schreiben – für einen Artikel brauchte ich um die acht Stunden, die längste Zeit für das ständige Korrigieren und Feilen – dieses Schreiben also hatte für mich eine psychohygienische Funktion, im Schreiben verarbeitete ich nicht nur das Erlebte, sondern fand stets eine Deutung am Ende, die das negative Erleben zu einer positiven Erfahrung für mich machte. Das war die Botschaft eigentlich aller Artikel.

Die nachfolgende Auswahl meiner Artikel spiegelt meine Erfahrungen genau in diesem Moment wider, sie zeigen mein Ringen mit ihnen, meine Emotionen, meine Wut, meine Freude und natürlich meine persönliche Deutung. Es ist nicht der abgeklärte Rückblick eines pensionierten Lehrers, der in Altersweisheit, Gelassenheit und Schonung auf sein Lehrerleben zurückblickt – im Gegenteil, in jedem Artikel wird das damalige „Heute" spürbar, das macht den Reiz der Artikel aus.

Offener Brief an meine Schüler

Liebe Schülerinnen und Schüler,

nun bin ich über eine Hand voll Jahre an Eurer Schule und habe alle fünf Schularten einer Kaufmännischen Schule kennengelernt. Der idealistische Lack ist ab, die Freude am Unterrichten gegen alle gemachte Erfahrung ist geblieben, aber auch mein innerer Protest, über manche Eurer Verhaltensweisen nicht zu schweigen.

Ihr messt mit zweierlei Maß, das ist mein Vorwurf! Was Ihr von uns fordert, können wir nicht von Euch erwarten. Für viele Dinge, die an unserer Schule schieflaufen, folglich von Euch kritisiert werden, seid Ihr mindestens zur Hälfte selbst verantwortlich, für manches habt Ihr sogar die Ursache gesetzt.

Ihr legt großen Wert darauf, als Menschen, als Individuen behandelt zu werden. In der letzten Schülerzeitung ist zu lesen: *„Es scheint, als zähle nicht mehr der Mensch an sich, sondern nur noch dessen Leistung."* Akzeptiert, aber wie weit zählt denn der Lehrer als Mensch für Euch Wirtschaftsgymnasiasten? Er wird doch eiskalt auf seinen Nutzwert reduziert. Kleine Verdeutlichung: Bei mir ging ein Schüler, der mich nicht ausstehen konnte, dem mein Fach noch nie etwas bedeutete, der meinen Unterricht laufend kritisierte, ins mündliche Abitur und auf meine Frage, warum er ausgerechnet bei mir ins Mündliche wolle, antwortete er: *„Ich habe es mir ausgerechnet, bei Ihnen hole ich die meisten Punkte!"* Vom Vorbereitungszimmer bis in den Abiturprüfungsraum nannte er mir die taktisch kluge, genau berechnete Punktzahl, die seinen Gesamtnotenschnitt hebt. Menschlicher Kontakt, wenn es ihn überhaupt gibt, zählt nichts.

„Wir sind Schüler und keine Menschen, vergessen Sie das nicht!" Dieser Satz aus der Anfangszeit an dieser Schule hallt in mir wider. Von vielen Oberstufenschülern werde ich zum Stoffeintrichter degradiert, wobei ich nur dann vielleicht noch erfolgreich bin, wenn dieser Stoff von Notenbedeutung ist, ansonsten meist Fehlanzeige. Ihr fordert einen guten Unterricht, einen engagierten Lehrer, der am besten noch auf Eure persönlichen Befindlichkeiten eingeht. Was tut denn Ihr, um unser Engagement zu bewahren? Ihr knallt uns Euer Desinteresse um die Ohren, dass uns Hören und Sehen vergeht. Ihr habt keinen Schimmer davon, was es heißt, Tag für Tag das, was uns viel bedeutet, unser Fach, unsere Gedanken, unsere Ideen und Ideale, den Bach der Gleichgültigkeit hinuntergehen zu sehen. Und wenn wir unseren Unterricht nach den Jahren nur noch abspulen, habt Ihr Euch dann 'mal gefragt, wer dafür die Ursache gesetzt hat? Ihr hängt in Eurer Konsumentenhaltung auf den Stühlen, es ist ja megacool, wenn einem alles am Hintern vorbeigeht, wir aber sollen Euch mit unserem Unterricht vom Hocker reißen. Wo ist denn Euer Beitrag, was bringt denn Ihr ein, damit der Unterricht wirklich spannend werden kann? Ihr seid oft so langweilig, dass ich Euch am liebsten meine Bücher ins Gesicht werfen und den Unterricht verlassen möchte. Ihr zeigt mir gnadenlos Euer Desinteresse, damit habt Ihr keinerlei Recht, mich und meine Kollegen zu kritisieren. Zwar werden wir bezahlt, stimmt, aber Ihr seid freiwillig auf dieser weiterbildenden Schule, das stimmt genauso! Fordert von uns nicht die Verantwortung für den Unterricht, die Ihr nicht bereit seid, selbst zu erbringen. Ihr habt uns zu dem gemacht, was wir sind, packt Euch an Eurer Nase! Wenn Ihr einen anderen Unterricht wollt, tragt Euren Teil dazu bei und Ihr werdet staunen, wie toll Unterricht sein kann.

Was ich noch skandalös bei Euch finde, ist Euer zwischenmenschliches Verhalten. Wir sollen Euch als Menschen unabhängig von den Noten achten. Und Ihr? Ich habe Schüler längere Zeiten im Unterricht gehabt, sie sind nicht in der Lage, einen zu grüßen. Die primitivsten Regeln eines gedeihlichen Miteinanders werden von Euch mit Füßen getreten. Ihr aber reagiert empört, wenn ein Lehrer Euch vermeintlich nicht gegrüßt hat. Wir sollen bei Euch den kleinsten Lernfortschritt mit Lob feststellen und fördern, Ihr selbst seid aber nicht einmal in der Lage, Bitte und Danke zu sagen.

Viele meiner Kollegen legen sich mit Schnuppertagen, Schullandheimaufenthalten, Studienfahrten usw. ins Zeug. Wisst Ihr, was es heißt, für Euch die Verantwortung zu tragen, keine Nacht durchzuschlafen, jeden Tag Eurer Trägheit, Nörgelei, Desinteresse ausgesetzt zu sein? Teilweise ist es Euren Eltern zu stressig, Euch in Urlaub mitzunehmen, uns Lehrern werdet Ihr aber im „Großpack" zugemutet: Super-Individualisten, oft von erzieherischen Grenzen in der Familie unbeleckt; ganz zu schweigen, jemals einen Mülleimer ausgeleert, einen Teller gespült oder sein eigenes Bett gemacht zu haben. Eure Betten im Schullandheim sehen aus, als hätte sich gerade eine Wildsau darin gesuhlt, das ganze Zimmer gleicht einem Schweinestall. Ihr fordert von uns Toleranz, Verständnis für Euer intolerantes, verständnisloses, teilweise asoziales Verhalten. Habt Ihr Euch schon 'mal gefragt, warum immer weniger Lehrkräfte Lust haben, mit einer Ansammlung verwöhnter Egoisten sich eine Woche um die Ohren zu schlagen. Und dann am Bus nach der Fahrt: Das kleine Wörtchen „Danke" kommt Euch nicht, aber meist auch nicht Euren Eltern über die Lippen. Wenn Ihr aber wieder in der Schule den Stuhl Eures Nachbarn 'raufstellen sollt, müssen wir zweimal Bitte und dreimal Danke sagen. Ihr seht nicht mehr, was viele von uns für Euch tun, seid aber Mimosen, wenn Ihr glaubt, dass Euch ein Minkelchen abgeht.

Es gibt aber noch eine andere Seite an der Schule. Es sind die Schüler, die einen freundlich am Morgen grüßen, die einen noch als Menschen wahrnehmen, folglich auch selbst als Menschen wahrgenommen werden. Bei diesen möchte ich mich ganz herzlich bedanken. Sie wissen gar nicht, welche Freude sie mir am Morgen bereiten, sie geben mir Kraft, den Unterrichtsfrust wegzustecken, sie signalisieren mir, dass es sich lohnt, noch Engagement zu zeigen, und dass dieses auch wahrgenommen wird. Oft sind es Schüler, die notenmäßig schwach sind, dafür menschliche Qualitäten haben, die ich bei anderen Schülern schmerzlich vermisse. Auch wenn Ihr vielleicht das Schuljahr nicht packt, ich habe Euch gern!

Respekt und Dank den Tagebuchordnern und Klassensprechern. Ihnen geht es nicht besser als uns Lehrern. Sie legen sich oft voll ins Zeug für ihre Klasse, werden jedoch bei der kleinsten Kleinigkeit von Teilen genau dieser Klasse angefeindet, kassieren den Ärger, können es keinem recht machen, stehen zwischen Klasse und Lehrer und werden in extremen Fällen fast zwischen den Fronten zerrieben. Ohne den Klassensprecher könnte man als Klassenlehrer einpacken. Ihr bekommt von Euren Mitschülern keinen Dank, ich weiß, aber, was Ihr für das schulische Miteinander leistet, dafür ein herzliches Dankeschön von mir!

Auch finde ich es großartig, dass noch immer Schüler bereit sind, als Schulsprecher, SMV-Aktivist und als Schülerzeitungsredakteur für Engagement an unserer Schule zu sorgen. Ihr gebt Eure Freizeit, um dann von den vielen, die natürlich alles schon im Voraus besser gewusst haben, aber zu keinerlei Mitarbeit bereit sind, kritisiert zu werden. Ihr könnt es nachfühlen, wie es mir und sicherlich vielen meiner Kollegen Tag für Tag geht, Ihr seid das Schwungrad an unserer Schule, und wenn ich solche Schüler wie Euch erlebe, weiß ich, mein Engagement ist nicht umsonst, Eures letztendlich auch nicht! Packen wir's gemeinsam an und ermutigen wir uns gegenseitig![9]

> „[...] zwar schwächt das Schicksal uns von Zeit zu Zeit,
> doch stark ist unser Wille, zu streben, zu suchen,
> zu finden und nicht zu verzagen!"

> Aus:
> Alfred Lord Tennyson: *Odysseus* (1833)

---

9 In: *Familie & Co* (Juli 1998) und *ELTERN for family* (September 1998). Ebenfalls als Zentrale Abschlussprüfung der Kaufmännischen Berufsschulen in Baden-Württemberg, Sommer 2000, Aufgabenstellung: Texterörterung/Stellungnahme.

Hybrid-Lektüre: Weitere Schriften zu diesem Themenkomplex online
→ **www.KlausSchenck.de/ks/lehrerbuch**:

→ *Streitgespräch* (*Stern*, 1999).
→ *"Eltern, fallt uns nicht in den Rücken!"* (*ELTERN for family*, Juni 1999)
→ *Stoppt die Ellenbogen-Kinder!"* (*ELTERN for family*, Okt. 1999)

Elternbrief 1

Liebe Eltern,

kennen Sie die Geschichte vom Esel, der zwischen zwei Heuhaufen steht, sich nicht entscheiden kann und jämmerlich verhungert? Daran muss ich ab und zu in meinem Schulalltag denken.

Oft erlebe ich Schüler genau so: Sie „verhungern" zur Entschlusslosigkeit vor lauter Möglichkeiten. Sie erfassen nicht, dass durch Schulwahl, Klassenwahl, Sprachenwahl Entscheidungen fallen, die das spätere Leben bestimmen können und sicherlich auch werden. Sie erfassen nicht die Bedeutung eines aktiven Schülerlebens in Blick auf Lehrstellen und Berufschancen.

Konkretes Beispiel: Eine Schülerin kam vor kurzem zu mir mit ihrem Bewerbungsbogen. Darin wurde nach ihrem Engagement, ihren Ehrenämtern, ihren Team-Aktivitäten während der Schulzeit gefragt. Sie wusste keine zu nennen. Bei vielen Schülern zerrinnt Lebenszeit, Jugendzeit, „Chancenzeit". Langeweile, Leerlauf, verplemperte Zeit in einer Epoche der überquellenden Möglichkeiten. Ich möchte diese jungen Menschen am liebsten wach rütteln und ihnen zurufen: *„Die Welt wartet auf euch, packt das Leben an, es ist voller Chancen! Werdet nicht von eurer Passivität, Langweiligkeit, Entschlusslosigkeit gelebt, beherrscht, um Chancen beraubt!"*

Die meisten von Ihren Kindern, liebe Eltern, sind noch in der Schule. Heutige Schulen bieten oft eine Fülle von Aktivitäten, vom Schüleraustausch bis zur Multimedia-AG, von Theater- und Musikaufführungen bis zu Kunstausstellungen, unsere Schulen sind nicht tot! Aber lebendige Schulen brauchen lebendige Schülerinnen und Schüler, die die ihnen gebotenen Möglichkeiten mit innerem Engagement ergreifen, diese Möglichkeiten in ihrem Geist gestalten, dadurch teilweise sich Zukunftschancen eröffnen, von denen sie im Augenblick noch gar nichts ahnen.

Aber es gibt auch Schüler, die gleich kleinen Managern mit innerer Begeisterung intensiv Schule, weit über das rein Unterrichtliche hinaus, leben, zusätzlich noch Aktivitäten entwickeln vom Jugendgemeinderat bis zum Leistungssport. Faszinierend, was diese jungen Menschen auf die Beine stellen. Sie wissen, was sie wollen, und tun es auch mutig, kraftvoll, entschlossen. Wir bewegen uns folglich auf eine Zweiklassenjugend zu von extrem Engagierten und vollkommen Passiven. An vielen scheint die Erkenntnis dieser Entwicklung komplett vorüber zu gehen.

Kritische Frage an die Gesellschaft, deren Produkt die jungen Menschen sind: Leben wir Erwachsenen entschlossen? Zeigen wir klare Linien in unserem Lebensvollzug, woran junge Menschen sehen können, was konsequente Lebensgestaltung nicht nur ist, sondern auch positiv für die Zukunft von Menschen bedeutet? Wieweit gestalten wir unsere Zeit, füllen sie mit unserem Willen zum Handeln, Tun, Verändern?

Im Film *„Der Club der toten Dichter"* führt der engagierte Lehrer Keating seine Schüler vor die uralten, vergilbten Klassenfotos in der Eingangshalle, von den abgebildeten Schülern sind schon viele tot. In diese Spannung von Jugend und Tod stellt Keating das diese beiden Extrempole Verbindende: *Carpe diem*, nutze den Tag! An seine Schüler gewandt, die intensiv die alten Fotos betrachten: *„Sie sehen gar nicht so anders aus als ihr. Die Welt steht ihnen offen, sie glaubten, sie seien für Großes vorherbestimmt, ebenso wie viele von euch. Aus ihren Augen spricht Hoffnung, ebenso wie aus euren. Haben sie nicht gewartet, bis es zu spät war, um in ihrem Leben auch nur ein Jota dessen wahr werden zu lassen, wozu sie fähig waren?"*

Hier nun meine schriftlich formulierte Aufgabe an meine Schülerinnen und Schüler, mit der viele nichts anzufangen wissen und gelangweilt an ihrem Kuli kauen. Sie ahnen nicht oder wollen es nicht wahrhaben, dass die Antwort, unabhängig davon, wie sie ausfällt, dass die Antwort auf die folgende Anfrage lebensentscheidend sein könnte: ***„Welche Träume, welche Ideale, welche Ideen deiner Jugend willst du nicht aufgeben? Was gedenkst du zu tun, um sie auch später zu bewahren und auch zu verwirklichen? Begründe deine Ansicht."***

Wir stehen vor einer Wende, einer Zeitenwende, einer Jahrtausendwende. An den verrücktesten Orten wird gefeiert. Es wäre für viele sinnvoller, in diesen Tagen in sich zu gehen, als vor sich selbst mit Weltreisen zu flüchten. Welche Richtung soll das eigene Lebensschiff auf dem Ozean der Lebenschancen einschlagen? In welchen Zielhafen möchte ich gegen Widerstände von „Wind und Wasser" einlaufen? Wende, Jahrtausendwende, aber wohin? Wir Erwachsenen, wir Eltern und Lehrer sind gefragt, gefragt durch uns selbst, gefragt noch mehr von unseren Kindern und Schülern: Wende, Jahrtausendwende, aber wohin?[10]

**Uns eine Jahrtausendwende, die auch in Blick auf unser Leben dieses Wort verdient!
Packen wir's gemeinsam!**

Elternbrief 2

Liebe Eltern,

vielleicht haben Sie es schon erlebt, wenn nicht, stellen Sie es sich vor: Elternabend in einer sechsten Klasse. Der Klassenlehrer formuliert klar und deutlich, dass aufgrund der zahlreichen Störungen von einigen Chaoten zwanzig bis dreißig Prozent des Stoffes der vorherigen Klasse nicht geschafft wurde. Der Mathe-, Englisch- und Deutschlehrer bestätigt die Aussage des Klassenlehrers, wobei der Deutschlehrer neu ist, der vorherige weigerte sich, in dieser Chaotenklasse nochmals zu unterrichten. Ein jüngerer wird also an die Front geschickt. Sechste Klasse, die Eltern staunen, manche sind fassungslos, sechste Klasse, Pubertät mit allen Problemen kommt erst noch, die Chaos-Clubs hießen früher achte, neunte Klasse.

Einige Chaoten, eine absolute Minderheit, meist so drei bis vier, nicht mehr, paar Mitläufer und eine schweigende Mehrheit, eingeschüchtert von der großen Klappe, der Gossensprache und der Muskeln dieser Störer. Ihnen, den Störern, geht der Unterricht „am A..." vorbei, ihre Eltern sieht man weder an diesem Elternabend noch an dem Elternsprechtag einige Monate später. Hinter dem Phänomen der „Zwei-Klassen-Jugend", was teilweise das Unterrichten aufgrund der

---

10 In: *ELTERN for family*, Februar 2000.

Extreme fast schon verunmöglicht, hinter dieser „Zwei-Klassen-Jugend" steht ein „Zwei-Klassen-Elternhaus", das genau in die gleichen zwei Extreme zerfällt: hoch motivierte und vollkommen gleichgültige Elternhäuser, eine Klasse, zwei Welten und eine hilflose Lehrerschaft dazwischen.

Liebe Eltern, vergessen Sie die beliebten Patentrezepte uns gegenüber: „Mit so ein paar Burschen werden Sie doch wohl fertig werden!" Sie ahnen nicht, was drei bis vier Störer anrichten können, da läuft bald kein Unterricht mehr. Die gesamte Konzentration der Lehrkraft gilt allein diesen drei, vier Störern, sie sahnen die gesamte Aufmerksamkeit ab, sie stehen im Mittelpunkt und werden teilweise ob ihrer Unverschämtheiten noch bewundert. Die Lehrkraft steht dagegen allein, das ist Psycho-Krieg, die schweigende Mehrheit schweigt, die Klasse wird zur Arena, der Kampf beginnt, die Spannung gilt allein der Frage: Wie reagiert der Lehrer-Typ da vorne auf die Provokationen? Wann rastet er aus? Was haben die Störer noch in petto? Aus Unterricht wird eine Menschenjagd mit einigen Wölfen und vielen Zuschauern. Nur, auf der Strecke bleibt nicht nur der Lehrer, sondern auch die vielen Schülerinnen und Schüler, die letztendlich etwas lernen wollen. Von daher sind Lehrer allein nicht gefragt, sondern Eltern, die gemeinsam mit der Schule zum Wohle ihrer Kinder am gleichen Strang ziehen.

Hier eigene Strategien nach leidvollen Erfahrungen: Lehrer, Eltern, Schulleitung, werdet zur „Kampfgemeinschaft" für einen guten Unterricht, diesen guten Unterricht gibt es nicht zum Nulltarif, aber er kann öfter durchgesetzt werden, als man denkt.

Vorschläge: Vom ersten Schultag an wird jedes deutliche Fehlverhalten ins Tagebuch eingetragen, hier wird juristisch abgesichert eine Klassenkonferenz mit späterem Schulausschluss systematisch vorbereitet, aber alle Lehrer müssen mitziehen. Klassenbucheinträge müssen zu Konsequenzen führen vom Arrest bis zur Klassenkonferenz, dies schon in den ersten sechs Wochen. Wichtig ist, jeden Anfängen vom Zuspätkommen bis zum Schwänzen und Stören sofort zu wehren!

Hinter den Disziplinarmaßnahmen muss eine Schulleitung stehen, die die beschlossenen Sanktionen mitträgt und Richtung Oberschulamt notfalls verteidigt. Da Schulleitungen meist sehr sensibel auf Elternwünsche reagieren, beginnt hier die Aufgabe der Eltern. Bitten Sie die Schulleitungen um Unterstützung der entschlossenen und straffen Lehrkräfte, aber spielen Sie die Lehrkräfte nicht gegeneinander aus.

Die engagierten Eltern beschließen in der Elternversammlung gemeinsam mit den Lehrkräften Sanktionsmaßnahmen und Verhaltensregeln, diese werden dann von Eltern und Lehrern getragen; oft dann zusätzlich noch von dadurch ermutigten Schülern. In meiner Klasse haben die Eltern gefordert, dass jede zurückgegebene Klassenarbeit von den Eltern unterschrieben werden muss, wobei die Schulerfahrung lehrt, dass „Elternunterschriften" nicht unbedingt von den Eltern zu stammen brauchen, Unterschriftsfälschungen sind in vielen Klassen gang und gäbe und oft nur schwer erkennbar. Weiter kam die Bitte, bei Fehlverhalten des Kindes sofort angerufen zu werden. Gemeinsam getragene Sanktionen wären z.B. Strafen bei bestimmten Verhaltensweisen: Wer dreimal zu spät kommt, hat am Freitagnachmittag Arrest. Jede Klasse hat ihre Problempunkte, wichtig sind klar abgestimmte Regeln und ihre konsequente Durchsetzung.

Schule darf nicht zerfallen in widerstreitende Interessen von Schülern, Eltern, Lehrer. Schule muss zu einem Ort der Engagierten, der Entschlossenen, der Interessierten werden, das ist das Verbindende von Schülern, Eltern, Lehrer und dieses Verbindende muss gegen Widerstände durchgesetzt werden![11]

Packen wir's gemeinsam!

———

11 In: *ELTERN for family*, März 2000.

Elternbrief 3

Liebe Eltern,

wieder neigt sich ein Schuljahr seinem Ende zu. Bei mir reiht es sich wie Perlen an eine Kette. Im Rückblick verwischen sich die Schülerjahrgänge, die Erinnerungen an Einzelne tauchen ab in die Zeitlosigkeit: wann war es, welches Fach, ach ja, ich erinnere mich: Menschen, Schüler werden vor dem inneren Auge sichtbar, jetzt Männer und Frauen. Nicht Noten bleiben im Gedächtnis, sondern Gespräche, Gefühle, kleine Erlebnisse.

Lehrerdasein heute, wegen der Ferien wird gelästert, manchmal geht es mir auf den Geist, doch dann kommt der Nachsatz: *„Ich beneide Sie nicht um Ihren Beruf, Sie tun mir leid!"* Meist widerspreche ich nicht groß, ich gehe weder auf die Ferienthematik noch auf das Bedauern ein, lass es einfach stehen, das üblich belanglose Geschwätz der Leute mit einem Lehrer zu Schuljahresende. Doch wenn ich darüber nachdenke: eigentlich sind beide Aussagen falsch! Ich habe noch nie Ferien (korrekt: unterrichtsfreie Zeit) erlebt, in der ich nichts für die Schule (von Korrekturen bis Unterrichtsvorbereitungen) getan hätte.

Korrekturen, besonders Aufsätze, nein, sie sind nicht nur eine Plage. Plötzlich begegnet man Ideen junger Menschen, Sichtweisen, über die man noch nie nachgedacht hat, kleine Überraschungen, Begegnungen mit Schülern, geschrieben, reflektiert mit persönlicher Note und man erkennt als Lehrer, gegen allen Schein, es war nicht umsonst das Mühen, das Erklären, das Wiederholen. Und mancher Aufsatz ändert meine Sicht des Schülers, er gewinnt in den Aufsatzseiten Konturen, wird unterscheidbar: ein Individuum.

Unterrichtsvorbereitungen, besonders für die Oberstufe, mich kann das richtig begeistern, ich liebe meine Fächer „Deutsch" und „Religion" verbunden mit Psychologie. Nein, meine Fächer sind nicht abgeschlossen, sondern spannend offen. Was ich in den Jahren alles gelernt habe, ich hätte es nie für möglich gehalten. Ich tat es für die Schüler, doch, wenn ich ganz ehrlich bin, ich tat es für mich. Meine innere Freude am Wissenserwerb werde ich meinen Schülern im Schulalltag nur begrenzt vermitteln können, diese Erkenntnis musste ich aber erst lernen, aber als gelehriger Schüler meiner selbst kann ich vielleicht einen Abglanz dieser Freude in die Schulroutine hinüber retten und dann kommt ganz unverhofft am Ende einer Stunde ein Schüler, eine Schülerin und sagt: *„Das war heute aber echt interessant!"* Ein einziger Schüler, ein einziger Satz und doch welch innere Freude, welche Ermutigung, welch ein Durchbrechen des Üblichen – des Gemotzes und Kritisierens.

Lehrer heute, ein Horror-Job! Sicherlich gibt es Schulen, auf die dies zutrifft. Ich jedoch bin gerne Lehrer und von Jahr zu Jahr macht es mir mehr Freude. Ohne Junglehrerblütenträume sind die Glücksmomente, aber auch die brutalen Niederlagen relativ selten, es tritt eine Zufriedenheit ein, die man in seinen Anfangsjahren als langweiliges Funktionieren im System weit von sich wies.

Lehrer heute, ein bedauernswertes Geschöpf? Nein, Sie wissen nicht, welche Freude es machen kann, in interessierten Kursen mitten unter den Schülern zu sitzen, dem Schülerreferat zu lauschen, dabei auf neue Gedanken gebracht, intellektuell gefordert zu werden, in der Diskussion dann sein Wissen einbringen zu können, ergänzt um das der Schüler und dieses ist oft differenziert und bereichernd. Ich genieße diese Stunden. Reflexionen, Ideen sprudeln. Ein, zwei oder gar drei Schülern bedeutet dieses Vertiefen durch Nachdenklichkeit in dieser Sekunde auch etwas, ihnen, diesen Interessierten, verdanke ich, in dieser Sekunde hundert Prozent Konzentration, hundert Prozent Reflexion, kurz: hundert Prozent ich selbst sein zu dürfen.

Lehrer gestern, Lehrer heute, Welten liegen dazwischen, doch eines verbindet sie: Ob gestern, ob heute, ob morgen, wir haben es mit Schülern zu tun, die, falls wir dazu bereit sind, im Laufe der Zeit uns zu Menschen werden, die uns erfreuen, die uns verletzen, die in uns Spuren hinterlassen. Ausschließlich durch Routine kann man vieles nur ertragen und meistern, aber letztendlich ist fast kein Schultag Routine und dafür all meinen Schülerinnen und Schülern ein herzliches Dankeschön![12]

Ihren Kindern und mir wünsche ich
Distanz, Erholung und frischen Mut!

Brief an den neuen, jungen Kollegen

Lieber Kollege,

willkommen in unserem Lehrerkreis. Sie sind jung, Sie sind neu, Sie haben „power" und Begeisterung, wir brauchen Sie!

Integration in einem Kollegium gleicht einem Hürdenlauf, dessen Erschwernis darin gipfelt, dass die Hürden sich unsichtbar, in sich wandelnden Höhen Ihnen entgegenstellen. Hier ein geschriebenes „Nachtsichtgerät", das einige Hürden, natürlich nicht alle, schemenhaft erkennbar macht. Ein wichtiger Teil des Hürdenlaufs besteht jedoch darin, „auf die Schnauze" zu fliegen, aber nicht liegen zu bleiben, sondern mit einer leicht variierten Taktik, mit einer ausgereifteren Technik weiter zu laufen, wobei das Ende des Hürdenlaufs unklar hinter einer Kurve liegt.

Erster Schultag, Sie werden vor versammelter Lehrermannschaft vom Schulleiter willkommen geheißen: sich nicht täuschen lassen, Worte sind wie Schall und Rauch, Höflichkeit als Nebelkerze der Schulrealität! Indem Ihre Fächerkombination bei der Vorstellung genannt wird, wird genau diese Fachabteilung aufhorchen, kritisch bis ängstlich: Die in sich oft Zerstrittenen einigen sich in Sekunden auf Pfründe- und Privilegiensicherung, so dass die Schädigung durch den Neuen durch Beschäftigungstherapien wie Gerätebetreuung, Verantwortung für die Lehrerbibliothek oder Kopierwart sich im Rahmen bewegt.

Suchen Sie in den ersten Wochen die über den Lehrergruppen schwebenden Fäden der Sympathie und Antipathie, wobei Sie der Antipathie die größere Bedeutung zumessen sollten. Also überlegen Sie gut, wem Sie was über wen erzählen und welche Konsequenz das Gespräch mit dem einen für die Reaktion des anderen hat.

Mit dem Erzählen ist es insgesamt so eine Sache. Natürlich haben Sie am Anfang Schul-Probleme, aber warum müssen Sie davon allen erzählen? Sie werden sofort hören: ich als erfahrener Kollege ..., also wissen Sie, das mache ich ganz einfach ..., Probleme, Sie?, ich kenne keine ..., da müssen Sie ... Vergessen Sie's! Suchen Sie sich ein, zwei Vertrauenspersonen, manches lässt sich auch am Telefon besprechen ohne die großen Lauscher eines Kollegiums. Gut, ich weiß, alle Lehrer jammern, aber das dürfen nur wir, die „Alten", die wir keine Ratschläge mehr füreinander haben, sondern uns nur gegenseitig die Bälle der allgemeinen Schul-Tristess und Schüler-Dummheit zuwerfen.

---

12 In: *Rheinischer Merkur*, Juli 2000.

Natürlich haben Sie neue Ideen, Ihr Referendariat liegt ja erst kurz zurück. Probieren Sie sie doch aus, aber deswegen müssen Sie sich ja nicht gleich als Beglücker der ganzen Schule aufspielen, auch Sie werden das Pädagogik-Rad nicht neu erfinden! Für Sie ist alles toll und neu und begeisternd, aber nur für Sie!

Ein Wort zu den Schülern: Lieben Sie sie nicht! Sie überfordern nicht nur sich, Sie überfordern auch die Schüler! Respekt verdienen die Schüler, oft auch Zuneigung, aber Liebe? Wissen Sie, was Sie da verlangen? Gut, ich kenne natürlich den hehren Satz, der sich für Abschiedsfeiern und pädagogisch höhere Weihen eignet: Schüler sind keine Fässer, die man abfüllt, sondern Holzscheite, die man entzündet. Persönliche Erfahrung im Rückblick: Geben Sie den jungen Menschen die Freiheit, sich entzünden zu lassen, aber auch die Freiheit, sich Ihrer Begeisterung zu entziehen. Junglehrer-Eros kann etwas sehr Einengendes an sich haben, Begeisterung schlicht und ergreifend erschlagen.

Weiterer Tipp: Machen Sie sich nicht zum Guru der Schüler! Auch sind Schüler nicht Ihre Küken, über die Sie permanent die Fittiche des Verzeihens und des Schützens ausbreiten müssen. Gieren Sie nicht permanent nach dem Lob der Schüler, es ist nur ein augenblickliches! Sie geben Schülern eine Macht, die ihnen nicht gebührt, eine Macht, die diese geschickt gegen Sie einsetzen werden, wenn nicht heute, dann morgen.

An dieser Stelle eine charmante Verführung, die Ihrem Junglehrer-Ego sehr schmeichelt: Werden Sie nicht zur personifizierten „Couch" für alle Schüler-Klagen über uns „alte Lehrer". Und wenn Sie noch eines draufsetzen wollen, dann kommentieren Sie das ganze Gemisch aus Halbwahrheiten und verfälschenden Darstellungen mit von Überschätzung aufgeblähter Brust: Die Schüler haben ihr Klagemauer-Opfer gefunden und der massive Ärger mit uns Kollegen ist Ihnen gewiss!

Also, machen Sie mal halblang! Nicht alles, was wir machen, ist falsch, auch wenn es Ihnen so erscheinen mag! Und nicht alles, was Sie machen, ist das Gelbe vom Ei, auch wenn Sie sich stets auf dem neusten Dampfer der Pädagogik wähnen. Erfahrung, Distanz, Gelassenheit sind nach den Jahren eher unsere Sache, was Sie nicht mit Desinteresse verwechseln dürfen!

Nun sind Sie nach diesen Zeilen „gefrustet"! Aber ich möchte ehrlich enden: Ich habe in taktischer Hinsicht nahezu alles falsch gemacht und für die Tipps oben hätte ich damals nur ein von mir überzeugtes Lächeln gehabt. Da ich gleich allen Menschen nur e i n Leben habe, würde ich in der Rückschau alle Fehler wieder machen, wie wüsste ich denn sonst, was möglich ist und was nicht? Und wenn in Ihnen Ideen, Visionen und Träume brennen, dann leben Sie sie jetzt und heute aus, wann denn sonst? Wenn Sie warten, bis Sie klug und weise sind, ist das Feuer in Ihrem „Pädagogik-Ofen" aus, es wäre schade um Sie und um uns!

Herzlich willkommen in unserem Kollegium! Für den Hürdenlauf wünsche ich Ihnen, immer wieder aufzustehen! Wenn Sie bei den Schülern und der Schulleitung bald „einen Stein im Brett" haben, schön für Sie, doch „kriegen" Sie irgendwann mal die Kurve auch zu uns. Wir winken nicht mit „einschleimendem" Lob und locken nicht mit Beförderungen, aber mit einem kleinen Stück Geborgenheit, Anteilnahme, mit einem Stück „Heimat". Aber jetzt laufen Sie erst mal, wir können ruhig noch ein bisschen warten![13]

---

13   In: *Rheinischer Merkur*, August 2000.

Brief an den Lehrer-Kollegen

Lieber Kollege,

der Neue ist dir ein Dorn im Auge. „Jung, dynamisch, erfolglos", so sprichst du abschätzig von ihm. Karriere- und Profilierungssucht auf Kosten der Kollegen unterstellst du ihm. Ganz aus der Luft gegriffen ist dieser Anschein aus deiner Sicht nicht. Doch habe ich meine Anfänge in den verschiedenen Schulen nicht vergessen: oft Mobbing, Bosheit, Isolation, aber ich schätze auch nach Jahren kollegiale Freundschaft, Anteilnahme, Geborgenheit. Ich bin die Brücke zwischen Jung und Alt, ich gehöre der „verlorenen Lehrergeneration" an, der Generation, die um 1985 ihr Referendariat beendete, die vor verschlossenen Schultoren stand und für viele meiner damaligen Mit-Referendare blieben die Schultore zu, der Lehrberuf ein Traum trotz hoher Qualifikation.

Ich, Teil dieser Brücken-Generation, schreibe dir. Ich bin noch jung genug, mich meiner Lehrerblütenträume zu erinnern, aber schon zu alt, um zur jüngeren Lehrergeneration zu gehören. Ich habe Distanz in beide Richtungen, von beiden gleich weit entfernt, ein ehrlicher Mittler.

Um gleich zur Sache zu kommen: Weißt du, was euch fehlt? Die Erfahrung mit neuen Kollegen! Über Jahre schmortet ihr im eigenen Saft, unbehelligt von neuen. Und wenn ein Referendar sich in eure abgesicherten Schulhallen zwangsweise verirrte, so waren dies gelebte Junglehrer-Spleens auf Zeit, die euch niemals gefährlich werden konnten, Lehrervisionen, die dank der jahrelangen Nichtlehrereinstellung sich neutralisierten und irgendwo versickerten oder vor die Hunde gingen.

Ich denke, ihr versteht von uns nichts und von den Neuen schon gar nichts. Ihr kennt nicht den Kampf im Referendariat um Zehntelnoten, die Verzweiflung, trotz eines Schnittes von Eins-Komma nicht eingestellt zu werden aufgrund „falscher" Fächerkombinationen; hoch qualifiziert zu sein und doch auf dem „Schrotthaufen" außerhalb der Schule zu landen, alles gegeben und doch ausgemustert zu werden. Ihr ahnt nicht, welchen Hass wir oft in uns spürten, welch mittelmäßige Leute mit schwachen Noten teilweise in eurer Zeit eingestellt wurden, mit den 68er-Gedanken von „locker, flockig, leicht" durchdrungen: die Sekundärtugenden auf den Misthaufen der Geschichte und dann sich auf einem breiten Lehrerhintern bequem gemacht. Ihr ward zur rechten Zeit am rechten Ort und nach dem Scheitern eures Schul-Wolken-Kuckucksheims und des jetzt festgestellten Leistungs- und Niveau-Desasters an deutschen Schulen rettet ihr euch gedanklich in die Pensionierung und andere müssen nun zurückrudern, um wieder voranzukommen.

Vereinzelt kamen aus meiner „verlorenen Lehrergeneration" einige in Kollegien. Schon diese hatten eine ganz andere Lebenserfahrung hinter sich als ihr, sie kamen in eure Kollegien damals, weil fachlich brillant, brachten aber auch Dinge mit, die ihr nicht kanntet, weil ihr sie nicht brauchtet, nämlich Leistungsbereitschaft, Durchhaltevermögen, Entschlossenheit, Ehrgeiz und einen pädagogischen Realismus. Die Zeit der Pädagogik-Träumerei war vorbei, aber ihr hattet es nicht bemerkt und wenn, flüchtet ihr euch in die Resignation und das Gejammer über eine Schülergeneration, die ihr uns geschaffen habt. Wir kamen als einzelne und hatten einen brutal schweren Stand, aber dies liegt nun auch fast ein Jahrzehnt zurück.

Nun kommen wieder Neue und eure Fremdheit diesen gegenüber ist noch größer, denn ihr seid wie ich müder geworden, ausgelaugter, der Ideale beraubt. Nun kommen sie in Scharen wieder in die Kollegien, die Junglehrer; andererseits: manche Bundesländer haben Probleme mit dem Schulbeginn, da Lehrer fehlen, verrückte Welt!

Jetzt lasst sie, die Junglehrkräfte, um Himmels willen in aller Ruhe ihre Erfahrungen und Fehler machen. Verschwendet eure geringen Kraftreserven nicht damit, diesen Neuen permanent als „geschlossene Gesellschaft" Knüppel zwischen die Beine zu werfen. Meist ist deren Ansatz weitaus realistischer als eurer damals. Sie räumen teilweise den Pädagogik-Trümmerberg ab, den ihr aufhäuftet, indem sie straffer durchgreifen, klar Leistung fordern und einen Ehrgeiz mitbringen, der euch Angst macht!

Ihr und ich, wir werden schmerzlich lernen müssen, dass den Neuen nicht nur wegen des Alters, sondern auch wegen ihrer neuen Ideen, Methoden und Kenntnissen die Sympathie vieler Schüler gehören werden. Dieser Verlust an Schülersympathien wird weh tun.

Das Kluge, was einige tun, ist, sich mit diesen Jungen zu verbinden. Die Alten erkennen jetzt viele Fehlentwicklungen, spüren das Scheitern ihrer Ideen, die Ferne zu der heutigen Schülergeneration und finden in den Jungen ganz überraschend Verbündete, die nun daran gehen, ohne ideologischen Ballast das zu verwirklichen, was Eltern fordern und Schüler brauchen: eine motivierende Leistungsschule mit klaren Regeln und einer Lehrerschaft, die dies entschlossen gegen alle Widerstände durchsetzt.[14]

> Die vor uns liegenden Aufgaben sind groß!
> Den Neuen eine Chance, euch Neuen viel Kraft!

Brief an meine Schüler

Liebe Schülerinnen und Schüler,

es sei „cool" nicht zu grüßen, erklärte mir vor kurzem einer von euch, es ist folglich „cool" sich asozial, also gemeinschaftsfeindlich zu verhalten. Ich habe es nach vielen Jahren immer noch nicht gelernt grußlos meinen eigenen Schülern, mir bekannten jungen Menschen zu begegnen.

Aber jetzt mal die Frage: Warum tut ihr es? Teilweise wisst ihr es von zuhause nicht besser, teilweise seid ihr stolz auf eure asoziale „Coolness".

Bei Wanderungen in den Bergen fällt mir auf, dass oft noch eure Eltern grüßen, aber ihr „stoffelt" nebenher. Warum schweigen eure Eltern dazu? Mein Vater schwieg damals nicht: Die Achtung vor dem Mitmenschen hat sich als unauslöschbare Spur in meine Seele eingebrannt. Im Gruß nehme ich den anderen als Menschen wahr, im Gruß schenke ich ihm ein Stück Würde, der Gruß macht für Momente aus den isolierten „Ichs" ein Wir, ein schönes Gefühl.

Die asoziale „Schul-Coolness" hat ihre ganz eigenen Gesetze, die ich natürlich kaum durchschaue. Ihr, besonders Schülerinnen, findet euch besonders toll, je nach allgemeiner Beliebtheit des Lehrers ihn mal zu grüßen, mal nicht. Gruß als Sympathie-Barometer, meist aber im Sinne eines gruppenangepassten Verhaltens: „Seht her, ich grüße doch diesen Lehrer nicht!" Kleine Gegenfrage: Wie würdet ihr reagieren, wenn ich die selbstverständliche Achtung nach euren Schul-Noten euch entgegenbringe, der Gruß als Noten-Barometer? Der Mensch beginnt mit der Vier, darunter ist, ja was?

Eure Argumente habe ich schon mehrfach zu hören bekommen: Die Lehrer grüßen doch auch nicht, sollen die doch zuerst grüßen, wenn es ihnen wichtig ist, dann grüße ich schon zurück! Diese Mischung aus Arroganz und Selbstüberschätzung macht mich sprachlos. Wofür haltet ihr euch? Ihr, die ihr glaubt, wie Götter über alle menschlichen Regeln euch erheben zu können, ihr, der Nabel der Welt, um den Lehrer, Arbeitgeber, die gesamte Gesellschaft sich dreht? Ihr könnt

---

14   In: *Rheinischer Merkur*, Oktober 2000.

noch so euer männliches oder weibliches „Macho-Gehabe" an den Tag legt, ihr steht nicht über dem menschlichen Gesetz der Achtung vor dem Mitmenschen!

Und noch was, ihr reagiert oft wie Mimosen, wenn ihr nur den Hauch von Eindruck habt, euch werde die von euch reklamierte Achtung von uns Erwachsenen nicht entgegengebracht. Ihr Möchtegern-Tiefkühlkids, hinter eurer Coolness-Maske versteckt sich oft doch nur Unsicherheit und der paradoxe Appell: Habt mich gern! Und das lässt mich hoffen!

Für ein Stück menschlicher Wärme an unseren Schulen sind wir alle verantwortlich. Ich weiß, nicht jeder Lehrer wird dieser Aufgabe gerecht. Ich weiß, es gibt „Gruß-Barbaren" unter den Lehrern, doch wir Kollegen reagieren darauf mit der gleichen Aggressivität wie ihr.

Asoziale Erwachsene beobachte ich leider immer häufiger, in Rambo-Manier treten sie auf, hoppla, jetzt komm' ich, kein Blick, kein Gruß, nur Ellenbogen. Sie verbreiten menschliche Kälte und merken nicht, dass die „Erfrierungen" zunächst bei ihnen beginnen.

Möglicherweise fordern wir Lehrer, wir Erwachsenen von euch etwas, was wir selbst missachten: angemessenes Sozialverhalten. Wenn es so wäre, hier ein Vorschlag: Kopiert doch diesen Artikel und legt ihn anonym dem entsprechenden Lehrer ins Tagebuch, gebt ihn auch an eure Mitschülerinnen und Mitschüler weiter. Dann grabt eben ihr den „verschütt" gegangenen Schatz des zwischenmenschlichen Grußes wieder aus: zwei, drei Worte, ein Lächeln, damit habt ihr den Schatz geöffnet und ein wenig Geduld, die Wirkung kommt, hundert Pro!!![15]

Euch grüße ich ganz herzlich!
Uns allen an der Schule die menschliche Wärme, die wir brauchen, weil wir Menschen sind!

Brief an die Schul-Fee

Liebe Schul-Fee,

ich weiß, du bist in Eile, die Weihnachtsaktivitäten der Schulen beginnen, deshalb nur diesen kurzen Brief an dich. Und verstehe mich bitte richtig, Wünsche zu haben heißt nicht, in vollkommener Tristesse zu leben, ganz im Gegenteil: Wünsche stehen für Träume, für Hoffnung, für das Ja zum Leben, deswegen schreibe ich dir.

Was mir als Lehrer ziemlich zu schaffen macht, ist die Einsamkeit, nein, nicht im Kollegium, es ist die Einsamkeit bei den Schülern, nicht nur vor der Klasse, sondern auch in Gesprächen mit ihnen. Einsam zu sein vor und in einer Schar junger Menschen, die man nicht mehr erreicht, die sich nicht mehr erreichen lassen, sich innerlich dem Engagement, der Freude des Lehrers entziehen, die desinteressiert, stumpf mit leeren Augen einen ansehen, wenn überhaupt, diese Einsamkeit in der Gemeinschaft, die keine mehr ist, diese Einsamkeit schmerzt.

Die Aura der Freudlosigkeit lässt einen frösteln und die Kälte kriecht langsam Tisch um Tisch nach vorne. Die Wesen, die vor einem still, gelangweilt oder lärmend sitzen, sie entrücken, werden fern, immer ferner ... Die Einsamkeit ummantelt einen wie eine eisige Mauer. Gedanken, Theorien, Regeln werden abgespult. Womit die Motiv-Stumpfen, die nicht wissen, warum sie hier sitzen, die nicht wissen, was sie wollen, womit diese Motivlosen motivieren? Motivation setzt Offenheit, Gespanntsein voraus, Bereitschaft, sich entzünden zu lassen.

---

15 In: *Rheinischer Merkur*, November 2000.

Schul-Fee, versteh' mich, ich möchte wieder den jungen Menschen begegnen, wegen derer ich Lehrer wurde, deren Interesse mich vorantreibt, deren Freude mich beflügelt, deren Engagement mich staunen lässt.

Schul-Fee, manchmal beobachte ich junge Leistungssportler, mit welcher Hingabe, mit welchem Vertrauen sie ihren Trainern begegnen. Trainer und Sportler, eine Einheit, Sportler und Sport, eine Einheit, Sport und Leistungswille, eine Einheit, Leistungswille und Freude, eine Einheit. Ich stehe am Rande des Stadions und beneide beide, Trainer und Sportler, um ihre Einheit.

Schul-Fee, du liebst sicherlich auch wie ich Musik, klassische, und hast schon öfters in die beglückende Konzentration junger Musiker geblickt, in ihre Nervosität vor dem Auftritt, in ihre gesammelte Anspannung und in ihren Jubel danach, wenn der Applaus aufbraust, ja, Dirigent eines solchen Orchesters, das muss ein Stück Himmel auf Erden sein.

Schul-Fee, ich weiß, bei aller Sportbegeisterung, zum Trainer reicht es nicht und zum Dirigenten schon gar nicht. Und begeisterungsfähige fünfte Klassen aus meiner Gymnasiumszeit kannst du mir auch nicht an meine Berufliche Schule zaubern.

Schul-Fee, vielleicht habe ich nun doch einen Wunsch: Bewahre mir noch viele Jahre die Fähigkeit, das Aufblitzen des Interesses in Schüleraugen zu sehen, das Vertrauen, das Einzelne mir entgegenbringen, zu spüren, das große „Dennoch" gegen Kälte, Stumpfheit, Verschlossenheit zu leben, nicht nachzulassen in der Überzeugung: das Gute tun ohne Dank, Widerhall und Reaktion heißt Säen, heißt Spuren legen, Denken prägen, Leben formen und dann loslassen – die Zukunft, das Aufgehen der Saat in andere Hände geben.

Schul-Fee, Weihnachten ist das Fest des großen Dennoch, das Fest des Lichtes in der allgegenwärtigen Dunkelheit, in Weihnachten steckt die Ermutigung zum Leben. Dir, Schul-Fee, wünsche ich in den nächsten Wochen offene Ohren, offene Herzen für diese Botschaft. Dir, mir, uns allen die notwendige Kraft zum notwendenden Dennoch![16]

Silvesterbrief an meine Abiturienten

Liebe Abiturientinnen und Abiturienten,

wir stehen vor der Jahreswende, gar der wirklichen Jahrtausendwende, auf jeden Fall Zeit des Innehaltens. Silvester, mein Blick in das sprühende Feuermeer um null Uhr: diese wenigen Minuten zwischen altem und neuem Jahr gehören allein mir, meinen Gedanken, Wünschen und Träumen. Welche Richtung soll mein Lebensschiff auf dem Lebensozean der Möglichkeiten und Begrenzungen einschlagen? In welchen Zielhafen möchte ich gegen Widerstände von „Wind und Wasser" einlaufen? Wende, gar Jahrtausendwende, aber wohin? Wir Erwachsenen, wir Eltern und Lehrer sind gefragt, gefragt durch uns selbst, gefragt noch mehr von euch: Schulwende, Jahreswende, Jahrtausendwende, aber wohin?

Ob das Wissen, das ich euch in den wenigen Schuljahren bis zum kommenden Abitur gebe, vor der Zeit bestehen kann, glaube ich weniger. Mehr vielleicht die Fähigkeiten, die ich euch zu vermitteln versuche, eine Hausarbeit selbständig über Wochen zu erstellen, ein Referat angemessen zu präsentieren, Lern- und Lebensstrategien zu entwickeln usw.

---

16 In: *Rheinischer Merkur*, Dezember 2000.

In den letzten Jahren lehrtet ihr mich, das Gespräch jenseits allen Methodenzaubers wieder in den Mittelpunkt zu rücken. Ihr batet mich, den Abiturstoff in Religion im Lehrervortrag ganz, ganz schnell durchzuziehen, um Zeit zu haben für das, worüber ihr im Augenblick reden wollt, meist psychologische Themen. Und ich spüre, wie bedeutsam euch die Begegnung von Mensch zu Mensch, von Lehrer zu Schüler, wurde und wird. Es sind suchende Fragen, keine kritischen, ihr fragt mich und seid ganz bei euch, ihr hört mir zu mit der Offenheit des Herzens. Eine oft beklemmende Stille legt sich über die Unterrichts-Stunde, eine Kon-Zentration, ein Hinwenden auf den Mittelpunkt eines jeden von uns. Und noch etwas fällt mir in diesem Schuljahr auf: Im Gegensatz zu euren Vorgängern sucht ihr das Nachgespräch, wartet, bis eure Klassenkameraden den Schulraum verlassen haben. „Herr Schenck, vor kurzem träumte ich ..." „Diese zwei Unter-richtsstunden waren schwer für mich, denn in meiner Familie ..." Oder ein Mail erreicht mich, im Betreff steht „confusing".

Nein, die Begriffe „Vorbild" oder „Autoritätsperson" klingen mir zu anmaßend, auch zu kalt und abgehoben. Ihr sucht in mir das, was sich in meinem Leben bewährte, also auch in eurem sich bewähren könnte. Für wenige Momente verschmelzen zwei unterschiedliche Generationen im Denken, Fühlen, Leben, immer auf dem Weg zu persönlicher Antwort auf die Fragen: Wer bin ich? Wohin gehe ich? Was verleiht mir Sinn?

Ich möchte euch in diesem Brief nicht antworten, welche Werte ich euch vorschlage, sondern nur schreiben, welche Lebenssichten mich tragen, was mir Sinn gab und gibt.

Sinn schenken mir zunächst mal eure Fragen! Ich fühle mich als Mensch, der in Beziehungen gestellt wird, wenn auch meist nur vorübergehende, und im Suchen nach Antworten für euch bin ich ganz bei mir! Allgemeiner formuliert: im Dienst für andere wird in besonderer Weise mir eine Würde, kurz Sinn geschenkt. Diese Beziehung zu Menschen, in Blick auf die Schüler keine langfristigen Bindungen, diese Beziehungen sind mir ein wichtiger Wert.

Und neben den vielfältigen sozialen Kontakten ist mir ein weiterer Wert bedeutsam: mit mir allein sein zu können, verbunden mit Eigenverantwortung und der Fähigkeit, aus mir zu schöpfen, in der Stille meinen Rhythmus, also mich zu finden. Mit diesem zweiten Wert habt ihr so eure Schwierigkeiten, der Wert der Stille, des Rückzugs ist euch noch fremd, aber je älter ich werde, desto zentraler wird dieser in meinem Leben. „Was wird, muss still werden", so ein Zitat aus einem Psychologie-Vortrag.

Nun noch einen dritten Wert: Offenheit. Oder anders ausgedrückt: Staunen können – Beginn jeder Philosophie. Offenheit und staunen können heißt aber in besonderer Weise der Buntheit des Lebens zu begegnen, dieses glitzernde Farbenmeer in sich aufleuchten, also letztendlich sich vom Leben formen, nicht verformen, zu lassen.

Diese drei Werte mögen denkerisch für die wenigen Minuten des Silvester-Feuerwerks reichen, ein dreifachen Ja: Ja zu mir, Ja zum Anderen, Ja zur Welt.[17]

       Für dieses dreifache Ja alles Gute und Gottes Segen für die Zukunft!

---

17   In: *Rheinischer Merkur*, Januar 2001.

Brief an die Lehrer

Liebe Kolleginnen und Kollegen,

„Sie sind wohl Lehrer", sagte vor kurzem ein Berliner Universitätsprofessor auf einer Reise zu mir. „Sie sprechen wie die Schüler, aber Ihre Aufgabe wäre es, die Schüler zu Ihrer Sprache zu heben und nicht zu der Schülersprache hinabzusteigen!" Dieser Vorwurf traf mich ins Mark. In mir hallte ein Satz aus einem Radio-Vortrag über Hannah Arendt wider: „Wer selbst nicht mehr so recht weiß, wo er hingehört, taugt schlecht, um der nachfolgenden Generation den Weg zu weisen und sich ihr als Partner anbieten zu können."

Ich wurde nachdenklich. Selbstkritisch ließ ich meine versteckten Sehnsüchte, meinen Schul-alltag Revue passieren. Sind wir Versager? Wir machen uns zu Versagern, weil wir uns als Er-wachsene den Schülern versagen!

Wir gieren wie Süchtige nach dem Lob der Schüler und lassen uns ihren Lebensstil aufdrücken. Forderungen nach Spaß-Schule, „fun"-Unterricht, welch irre Erwartungen an eine Schule; Spaß-Schule, ein Widerspruch in sich und doch, wir sind so verführbar, uns feige diesem Kriterium der Schüler unterzuordnen, um dann als „mega-cooler" Lehrer gelobt zu werden.

Wir versagen als Lehrer, weil wir oft versuchen, uns als Freunde den Schülern an die Brust zu werfen, anstatt es als Erwachsene auszuhalten, nicht mehr zur Jugend zu gehören. Wir äffen nicht nur ihre Sprache nach, wir kleiden uns wie sie und sind mächtig stolz, wenn uns die Schüler auf die Schultern klopfen und uns als die ihren betrachten, wenigstens für einige Momente.

Wir versagen als Schule, weil wir unfähig sind, eine gemeinsame Erziehungslinie zu finden und diese dann auch durchzuziehen. Wir lassen uns ausspielen von den Schülern und viele von uns brechen bewusst gemeinsam getroffene Disziplinar-Abmachungen aus den unterschiedlichsten Gründen: „Einschleimertum" bei den Schülern, Faulheit, Resignation oder fehlende Autorität. Wir sind der Spiegel der Gesellschaft: Wie diese unfähig zu klaren Erziehungsvorstellungen ist, so sind wir nicht in der Lage, selbst einen minimalen Erziehungskonsens zu leben.

Wir versagen in einer Gesellschaft, die aberwitzige Anforderungen an uns stellt – Aufgaben, für die wir nicht ausgebildet wurden. An manchen Orten verkommt Schule zu einem sozialthe-rapeutischen Aufbewahrungsort für junge Menschen, wobei man schon so weit resigniert hat, dass man gar keine große Wissensvermittlung mehr anstrebt, sondern nur noch fehlendes Sozi-alverhalten korrigiert.

Wir versagen aufgrund von Elternhäusern, die weder bergendes Haus noch erziehende Eltern bieten. Wir werden zerrieben zwischen Eltern, die sich vollkommen mit ihren Sprösslingen iden-tifizieren und diese von einer Aktivität zur anderen hetzen, und Eltern, die ihre Kinder in absoluter seelischer Verwahrlosung vor sich hinvegetieren lassen, folglich auf Schule mit vollkommener Gleichgültigkeit reagieren.

Wir versagen aufgrund von bürokratischen „Schuloberen", die uns nicht mehr die Sicherheit einer Fürsorgepflicht geben, so dass in uns die stete Angst ist, im Zweifelsfall allein und verlassen vor dem Schul-Kadi zu stehen.

Wir versagen, weil wir uns oft als wehleidige Waschlappen in der Öffentlichkeit darstellen, zu Klageweibern der Nation gerieren, anstatt in Selbstachtung, Stolz und Würde vor Schüler und Eltern zu treten, selbstbewusst unsere großen Leistungen, die wir Tag für Tag alle erbringen, zu präsentieren. Wir jedoch nehmen unsere eigenen Leistungen nur noch bekrittelnd und voll Selbstmitleid wahr.

Trotz allen Scheiterns, trotz aller Probleme: Wir, die Engagierten, wir sind keine Versager! Ich erbringe jeden Tag einen meist erfolgreichen Einsatz für meine Schüler, für die Gesellschaft, der mich mit Freude erfüllt, auf den ich stolz bin. Zusammen mit meinen Schülern schaffe ich oft Top-Leistung und Sie, liebe Kolleginnen und Kollegen, auch! Sagen wir es doch endlich![18]

Brief an ein Elternpaar

Liebes Elternpaar,

Sie haben vor kurzem den Prozess vor dem baden-württembergischen Verwaltungsgerichtshof gewonnen. In der 8. Klasse eines Gymnasiums wurde für die Schul-Lektüre 9,90 D-Mark von Ihrem Sohn verlangt. Sie pochten auf die Lernmittelfreiheit, also Rückgabe des Heftchens am Ende der Lektüre an die Schule, und gewannen. Nein, ich gratuliere Ihnen nicht, ich finde weniger das Urteil einen Skandal, das wird sicherlich seine juristische Richtigkeit haben, Ihr Vorgehen ist der Skandal.

Was haben Sie nun erreicht, worauf Sie und bestimmte andere Gruppierungen so mächtig stolz sind? Der Städtetag beziffert die Mehrkosten für die Kommunen auf fünfzig bis sechzig Millionen Mark. Allein das macht Ihren Sieg fragwürdig, doch dies ist nicht meine Argumentation als Deutschlehrer.

Klar, Ihnen geht es nicht um 9,90 Mark, Ihnen geht es um das hehre Prinzip von Chancengleichheit, doch Sie haben einen Pyrrhus-Sieg gelandet! Wissen Sie, was es heißt, Bezug zu einem Buch zu gewinnen, sich in Texte zu vertiefen, sie sich zu eigen zu machen? Lektüre, besonders anspruchsvolle muss bearbeitet werden, unterstrichen, Randbemerkungen. Der neutrale Text muss zum eigenen „Gewebe" – die Übersetzung des Wortes „textus" – werden. Ich kann keinen Grass-Roman im Deutsch-Leistungskurs behandeln, dessen Seiten nach fast hundert Stunden Unterricht blank sind wie am ersten Tag.

Sie kennen wahrscheinlich auch nicht das Gefühl, mit dem Schulbuch, besonders mit der Lektüre, nach Jahren noch eine innere Verbindung zu haben, als Erwachsener Ihre krakelige, fehlerhafte Schülerschrift zu sehen mit dem Unterstrichenen, den Randbemerkungen, dem Tintenfleck vom Mitschüler, dem Eselsohr im Text – ganz kurz in Ihre eigene Biografie abzutauchen, eine Verbindung herzustellen von der Schulgegenwart Ihres Kindes zu Ihrer eigenen Schulvergangenheit. Sie werden meine Argumentation als nostalgisch und sentimental ablehnen und Ihrem Kind die Chance nehmen, „Erinnerungsmarksteine" seiner Schulzeit zu besitzen.

Was haben Sie nun Ihr Kind gelehrt? 9,90 Mark für Bildung, für ein Lektüre-Heftchen sind zu viel! Dies ist für mich die eigentlich verheerende Aussage-Wirkung: Bildung darf nichts kosten, Bildung zum Nulltarif: Erwarten, Fordern, Kassieren, Bildung auf Sozialamtsniveau! Bildung aber nicht als Forderung an einen selbst, notfalls durch Eigeninitiative Bildungsziele zu erreichen.

Was mich so empört, ist die Verschiebung von Werten, wofür das vorhandene Geld ausgegeben wird. In meiner 11. Klasse haben nur vier Schüler kein Handy! Ist es notwendig, dass per Handy orientierungslose Schüler in den richtigen Klassenraum gelotst werden oder der Unterricht individuell durch das Verschicken von „SMS" aufgelockert wird? Wie sieht es mit der Cafeteria, McDonald usw. aus? Laut Schüler kostet sie ein Wochenende über den Daumen gepeilt einhundert Mark. Wo bleibt hier Ihre Chancengleichheit? Wo kommt dieses Geld plötzlich her?

---

18 In: *Rheinischer Merkur*, Februar 2001.

Sie sind diese „Kohlhaas"-Eltern-Typen, die ich „gefressen" habe! Ihr „Recht-Auf" zerstört jeden Deutsch-Unterricht, der neue Wege gehen, der sich nach den Interessen der Schüler richten will, allein die vergammelten Lektüreheftchen im Lernmittelraum bestimmen den Plan. Ihr „Recht-Auf" spiegelt sich dann wider in irrwitzigen Forderungen der Schüler an Schule. Bildung verkommt als Versorgungsaufgabe! Bildung als persönliche Zukunftsinvestition? Fehlanzeige!

Nein, dieser Passiv-Schüler-Typ dank Passiv-Eltern-Typ ist nicht meine Lehrer-Vorstellung, sondern meine ist die von einem Schüler, der Probleme anpackt, Ideen entwickelt, Träume verwirklicht, neue Wege der Finanzierung findet, der nicht fragt, was wird mir geboten, sondern, was kann ich bieten, notfalls, was muss ich ändern. Solche Schüler spiegeln eine Elternschaft wider, die auch mal aktiv wird, die mithilft, die Probleme löst; eine Elternschaft, der es nicht genügt, als Versorgungsempfänger jeden Zuschuss-Schlupfwinkel zu finden und ihn notfalls sich rechtlich zu erstreiten, sondern als anpackende Elternschaft zum Vorbild für anpackende junge Menschen zu werden.[19]

Anpackende Eltern, anpackende Schüler, anpackende Lehrer,
das ist mein Bild von Schule!

Brief an die Eltern

Liebe Eltern,

die heutige Schule verkommt zu einem Moloch der Leistungsfeindlichkeit und Sie tragen daran ein gerüttelt Teil.

In diesem Brief wende ich mich an einen nach wie vor großen Teil der Elternschaft, den ich hier kurz charakterisieren möchte: Ihr Kind wird in einer Weise verwöhnt, dass Sie es für jede normale Leistungsanforderung untüchtig machen. Ihre Erziehung programmiert Ihr Kind zum Versager. Jede stinknormale Tat Ihres Kindes wird mit Lob überschüttet, Grenzen kennt es wenige oder keine, der Tanz um das goldene Kalb wird zum Tanz um das goldene Kind! Ihr „grenzenlos" verdorbenes Kind, das jahrelang in einem Spielzeug-Segen badete oder noch badet, mit unrealistischem Lob in permanenter Blindheit ob der realistischen Einschätzung seiner eigenen Leistung gehalten wird, mit Fernseher, Computer und Geld anästhesiert, von einer Elternschaft ins Schulleben geschickt, die alle Probleme bei der Schule, bei den Lehrern, bei den Mitschülern sieht, jedoch blind ist für das eigene Versagen, dieses Kind sitzt nun als Schüler vor mir.

Ihr von Erziehungsdefiziten geschädigtes Kind kommt an unsere weiterbildende Schule und macht nun mehrere überraschende Erfahrungen. Im Vergleich zu anderen Schülern ist es in kürzester Zeit hintendran und hat dafür viele Ausreden, die natürlich von Ihnen als bare Münze akzeptiert werden. Schon nach wenigen Monaten hat es noch weitere Probleme: Einträge wegen Zuspätkommens, Unterrichtsstörungen, Rauchen an verbotenen Orten ...

Und nun stehen Sie empört auf der „Schulmatte", aber einen „Pädagogen-Lichtblick" haben Sie ausgemacht. Beim Elternsprechtag oder vor der Schulleitung werden Sie folgenden Lehrer positiv hervorheben: Bei Lehrer X hat mein Kind nur gute Noten, Lehrer X ist verständnisvoll, denn er lässt mein Kind zu spät kommen und kommt selbst zu spät und Hausaufgaben gibt er keine auf.

---

19 In: *Rheinischer Merkur*, März 2001.

Lehrer X frühstückt regelmäßig mit seiner Klasse und über Essen und Trinken im Unterricht sieht er großzügig hinweg. Bei Lehrer X fühlt sich mein Kind wohl.

Im neuen Schuljahr übernimmt Lehrer Y die Klasse und stellt entsetzt fest: Es fehlt fast ein halbes Jahr Stoff, Ihr Kind stürzt notenmäßig ab. Auch der hoch gelobte „Fun-Unterricht" ist vorbei, es wird anstrengend, der Stoff muss aufgeholt werden, es wird Leistung gefordert und trotz Lernens sind die Noten nicht sofort wieder oben.

Bei welchem Lehrer werden Sie die Türen einlaufen, welcher Lehrer hat nun die Probleme, welchem Lehrer machen Sie notfalls an höherer Kultusstelle die Hölle heiß oder drohen es wenigstens an, bei welchem? Probleme hat der anspruchsvolle Lehrer, der leistungsorientierte, der seine Verantwortung mit Blick auf den jungen Menschen ernst nimmt.

Und was ist mit dem anderen, dem locker flockigen, so sympathischen X? Er genießt Ihr Ansehen, er wird dem engagierten, aber leistungsorientierten Lehrer vorgehalten, der „Lehrer-Laschi" wird zum Ideal, er funktioniert auf Ihrer Verwöhnebene, er anästhesiert mit guten Noten für wenig Leistung, wie auch Sie Ihr Kind anästhesierten mit Geld und teuren Spielsachen.

Mit diesem „positiven" Lehrerbild machen Sie unsere Schule kaputt! Sie stellen eine motivierende Leistungsschule auf den Kopf, bis sie zu einer Verwahranstalt auf Staatskosten verkommt. Sie fördern Lehrerfaulheit im Unterricht, Lehrerfeigheit vor Erziehungsaufgaben, Lehrerbetrug durch Notengeschenke.

Bevor Sie in das allgemeine Bildungsgejammer über unsere schlechten Schulen einstimmen, fragen Sie sich doch mal, welchen Beitrag Sie mit Ihrer Erziehung, Sie mit Ihrer Blindheit für das Versagen Ihres Kindes, Sie mit Ihrer Förderung von „faulen Lehrersäcken" zum Niedergang einer anspruchsvollen und verantwortungsvollen Schule leisten?

Fragen Sie sich: Was erwarte ich von Schule, was muss Schule für die Zukunft meines Kindes leisten, welcher Lehrer wird dieser Aufgabe gerecht, welche Erziehungsaufgaben soll die Schule übernehmen? Setzen Sie die ehrliche Antwort dieser Fragen in Taten um, langsam, Schritt für Schritt in Ihrer Erziehung, in realistischen Ansprüchen an Ihr Kind, im Lob für anspruchsvolle Lehrer. Dann wird aus Gejammer produktives Tun, aus Problem-Schulen gelöste Schul-Probleme.[20]

Springen Sie über Ihren Schatten!
Eine motivierende Leistungsschule für Ihr Kind!

Brief an einen Abiturienten

Lieber „Hoffnungs"-Abiturient,

du sitzt hinten, der Blick leer aus dem Fenster, der Unterricht fließt an dir vorbei. Motivierende Leistungsschule, zwei dir fremde Worte. Du gehst in einigen Wochen bei mir in das mündliche Abitur, die Entscheidung für das 4. Prüfungsfach fiel am letztmöglichen Tag, dein Kommentar: *„Es ist egal, in welches Fach ich hinein gehe, 'nen Durchblick hab' ich in keinen, mich interessiert's nicht!"*

Ich erinnere mich an die zurückliegenden Jahre, nichts, aber wirklich nichts brachte einen Hauch von Interesse auf dein Gesicht. Selbst ein Videofilm schaffte es nicht, dich von dem Blick aus dem Fenster abzuhalten. Und wenn ich dich aufrief, hatte ich den Eindruck, mich für dieses Tun zunächst mal entschuldigen zu müssen.

---

20   In: *Rheinischer Merkur*, April 2001.

Erinnerst du dich noch an die Diskussion über das Glück? Vermutlich nicht. Du sagtest, Glück sei, spontan zu sein, der Augenblick zähle, die Laune bestimme, „fun" muss es sein! Wahllos wählen, Programme zappen, Discos hoppen: Wochenende ist Leben, Schul-Alltag Tod. Doch in deinem Gesichtsausdruck fand ich während all der Jahre nie einen Funken des Widerscheins dieses Wochenendglücks. Frage: Hast du jemals dich an ein Interesse gebunden, ein Interesse, das dich fesselte, Leben in deine Leblosigkeit, Freude in deine Freudlosigkeit brachte?

Motivierende Leistungsschule, ich soll dich motivieren, doch du lehrtest mich: Eher lässt sich ein See von der Fackel der Begeisterung entzünden als du von irgendeinem Thema der Schule. Motivation setzt Offenheit, innere Lebendigkeit, gar Entzündbarkeit voraus. Eher hauch' ich einem Leichnam Leben ein als dir Interesse! Bin ich Gott? Ich erinnere mich an die Schöpfungsgeschichte, in der Gott Adam erschuf. Ein Gott müsste ich sein, dich zu motivieren!

Motivierende Leistungsschule, Leistung, einem Sklaven gleich erbringst du sie, widerwillig, Minimalprinzip dominiert: mit dem geringsten Einsatz den höchsten Erfolg. Hauptsache durch, egal wie, Hauptsache Abi! Gibt es ein Danach, ich meine eine Berufs-Richtung, gar Berufswahl? Achselzucken war deine Antwort! Leistung ohne Ziel und Sinn, Leistung ohne ein inneres Beteiligtsein, pervertierte Leistung!

Motivierende Leistungsschule, ein Ideal in mir, wie fern ist dir und vielen deiner Klassenkameraden dieser Gedanke. Ich erreiche dich nicht mehr. Meine Lebenserfahrung von Stetigkeit, Bindung an ein Ziel, Durchhaltevermögen, Willensstärke, Leistungsfreude prallt an dir und anderen ab, als spräche ich von meinen Erfahrungen mit grünen Männchen bei meinem letzten Mars-Besuch.

Nach mancher Stunde kriecht in mir die Resignation hoch. „Sie können da nix machen", sagen mir meine Ehemaligen, „die müssen erst mal selbst auf die Schnauze fallen!" Schade um dich, denn irgendwo hatte ich dich doch gerne, einfach so.

Motivation, Leistung, Schule – und sollte ich jemals deine Kinder im Unterricht haben, ich werde mich diebisch freuen, wenn du ihnen dann das hohe Lied von Motivation, Leistung, Schule und von deinen Lebenserfahrungen singen wirst.[21]

Mach's gut und steh wieder auf, was immer in den nächsten Monaten und Jahren auf dich zukommen wird!

Brief an die Kollegen

Liebe Kolleginnen und Kollegen,

„motivierende Leistungsschule", endlich darf man wieder diese Forderung aussprechen, ohne gegen die „political correctness" zu verstoßen. Leistung ist „in", Eltern fordern's, ehrgeizige Schüler erwarten's, nur mancher Schulmeister hat's noch nicht begriffen.

Die pädagogische „Gleichheits-Soße" ergießt sich als Forderung immer weniger über deutsche Schulen, nachdem die deutsche Schülerschaft im internationalen Vergleich nur noch im Mittelfeld herumdümpelt. Leistung ist „in", sie ist überlebensnotwendig, um international bestehen zu können. Selbst das Wort „Elite" unterliegt keinem Sprachverbot mehr!

---

21 In: *Rheinischer Merkur*, Mai 2001.

„Motivierende Leistungsschule" – wollen wir sie oder nicht? Darüber mag sich mancher Alt-Linke im rot-grünen Pädagogen-Gewand noch seine nostalgischen Gedanken machen, aber wir alle haben eine Verpflichtung der heranwachsenden Jugend gegenüber, mögen wir politisch stehen, wo wir wollen.

„Motivierende Leistungsschule" heißt, junge Menschen lebenstüchtig, überlebenstüchtig für die Leistungsgesellschaft zu machen. Die Welt draußen interessiert sich keinen „Fatz" für unsere vergangenen Lehrerblütenträume, wir müssen die Welt von draußen mit ihren Forderungen, mit ihren Gedanken, mit ihren Entwicklungen in die Schule holen, keinesfalls unkritisch, aber mit einer gewissen Offenheit für die uns immer fremder werdende Welt.

„Motivierende Leistungsschule" beginnt bei uns. Nur wer motiviert ist, kann motivieren, doch die Junglehrer-Allüren, seine Motivation allein an der Motivation der Schüler auszurichten, können wir uns „abschminken". Schulrealität: Als einzig Motivierter in der Klasse stehen, während dreißig Unmotivierte sitzen. Motivation bewahren: nicht mehr monoman auf den Schüler starren, sondern gegebenenfalls vom Schüler wegsehen, um das motivierende große Dennoch zu leben.

„Motivierende Leistungsschule": Dort, wo von innen die Motivation kommt, entsteht meist als Konsequenz Leistung. Leistung steht zunächst für Leistungsanforderung an mich. Wenn Schüler nicht unsere Leistungsfreude und Leistungsentschlossenheit im Unterricht spüren, können wir unsere Leistungsforderung vergessen, wir sind ganz einfach unglaubwürdig. Zeitgemäße Leistungsschule bedeutet aber auch, von viel Liebgewonnenem Abschied zu nehmen, zum Beispiel von dem „verbeamteten Lehrergleichheits-Ruhekissen"! Mit der Leistungsstufenverordnung wird damit aufgeräumt, auch wenn mancher Kollegiumsharmonie-Traum, der oft auf Kosten der Engagierten ging, damit zerplatzt. Es bleiben Fragen nach den Leistungskriterien, nach den Beurteilenden, doch Leistung als Richtung ist vorgegeben.

Das Leistungsprinzip hält Einzug in den Schulen, und zwar nicht nur bei den Schülern, sondern auch bei uns Lehrern. Die Welt draußen, die Leistungsgesellschaft, wirbelt mit ihrem kalten Wind die schön gestapelten Uraltblätter auf den Lehrertischen durcheinander! Die Welt draußen ist drin, im Kollegium, diese Welt – als Ellenbogengesellschaft kritisiert – wird kollegiumsintern viel verändern, oft nicht zum Guten, aber auch zum Guten, zu einem leistungsorientierten, anspruchsvollen Unterricht, zu einem Schulengagement, das sich wieder lohnt und das auch die Ungleichheit der Lehrerleistungen sichtbar macht.

„Motivierende Leistungsschule" beginnt bei uns und wird zunächst einmal für uns, auch mich, spürbar sein. Leistung wird von uns erwartet und uns wird schärfer auf die Finger gesehen. Langfristig heißt „motivierende Leistungsschule": dorthin wieder zurückzukehren, wo eigentlich die Aufgabe der Schule liegt, in der Vorbereitung junger Menschen aufs Leben! [22]

Ich wünsche Ihnen, liebe Kolleginnen und Kollegen, dass auch Sie in der Leistung die gerade dort verborgene Freude so oft wie möglich erfahren!

---

[22] In: *Rheinischer Merkur*, Juni 2001.

Offener Brief an Eltern (Erfurt, Juni 2002)

Wie ist Erfurt[23] möglich? Trauer, Fragen, Antwortlosigkeit. Ich begegne immer wieder Schüler-Hass in Augen, Worten oder in Abi-Zeitungen – mal als Betroffener, mal als Beobachter. Hass als Antwort auf ein Gekränktsein durch uns Lehrer, durch ein schulisches Regelwerk, durch Leistungsanforderungen. Hass gilt der Schule an sich, Hass einer Schul-Welt, die einer wachsenden Zahl von Schülern immer fremder wird. Also müssen sich Schule ändern, Lehrer ändern, Unterrichtsmethoden ändern, Disziplinarmaßnahmen ändern, um den Lebenserfahrungen solcher Schüler gerecht zu werden?

Wieso? Warum diskutieren wir nicht die Frage: Wie müssen sich solche Jugendlichen ändern, dass sie wieder in einen normalen Schulbetrieb integriert werden können? Viele Eltern scheinen zu vergessen, dass wir mit den Kindern arbeiten müssen, die sie bei uns abgeben! Verwahrlost, verwöhnt, verroht und teilweise asozial, also gemeinschaftsunfähig! Eine Minderheit, stimmt, aber eine wachsende!

Meine Fragen an diese Eltern: Wieso erwarten Sie von uns, dass wir Ihren Job bei dreißig Schülern hinkriegen, bei dem Sie mit ein oder zwei Kids scheitern? Wieso soll Ihrem Kind Schule wichtig sein, wenn sie Ihnen „schnurzpiepegal" ist? Wieso soll sich Ihr Kind an guten Noten freuen, wenn sie Ihnen vollkommen gleichgültig sind? Wieso soll Ihr Kind von uns erzogen werden, wenn Sie permanent unsere Autorität untergraben? Wieso soll sich Ihr Kind an eine Schulordnung halten, wenn Sie es nie zu Grenzen erzogen haben? Wieso soll Ihr Kind bei uns Leistungen bringen, wenn diese von Ihnen nie gefordert wurden? Wieso soll Ihr Kind Durststrecken durchhalten, wenn Sie es vor jeder Niederlage bewahrt haben? Wieso soll Ihr Kind nicht stundenlang vor dem Fernseher hocken, wenn Sie es an Fernsehdauer täglich noch übertreffen? Wieso soll Ihr Kind ehrlich sein, wenn von Ihnen fast jede schriftliche Abwesenheits-Entschuldigung für die Schule verlogen oder nur halbwahr ist? Wieso soll Ihr Kind über sich, seine Gefühle, über Dinge, die es beschäftigt, sprechen können, wenn Sie ihm noch nie richtig zugehört haben? Wieso soll Ihr Kind in sich Stärke haben, wenn Sie sie ihm nie gaben? Wieso soll Ihr Kind nicht auf der Straße herumlungern, wenn Sie ihm kein Zuhause bieten? Wieso soll Ihr Kind ein realistisches Bild von sich, von seinen Leistungen haben, wenn Sie es mit blindem Selbstbewusstsein vollpumpen, dass es nur noch japsen kann: Ich bin der Größte!

Grundfrage: Wieso sollen wir Lehrer Eltern für Ihre Kinder sein, wenn Sie sich mit Händen und Füßen wehren, Ihre Elternaufgabe zu erfüllen? Wieso wundern Sie sich denn überhaupt, dass im Bildungsbereich so vieles im Argen liegt? Was bei Ihnen zuhause „abgeht", das soll keine Folgen für unseren Schulbetrieb haben?

Sie haben sich Ihren Haustyrannen herangezüchtet, sei es durch Verwahrlosung, sei es durch Verwöhnen, das Ergebnis ist ähnlich, und nehmen Sie nun Ihren Haustyrannen mal zehn, mal zwanzig, dann ahnen Sie vielleicht, wie unsere Wirklichkeit in der Klasse aussehen könnte, glücklicherweise aber meist nicht aussieht, da es noch immer viele engagierte Eltern und interessierte Schüler gibt!

Viele Fragen, hier ein Lösungsansatz: neu aufeinander zugehen, uns gegenseitig zuhören, woran jede Seite leidet. Kurz: eine neue Gemeinsamkeit suchen, die verstärkt wieder die Eltern ins Schulboot holt, nicht als blinde Verteidiger ihrer Kinder gegen uns, sondern als verantwortungsvolle Förderer ihrer Kinder mit uns; als Eltern, die zusammen mit allen Beteiligten dem Schulboot wieder neu Fahrt geben.

————

23 Am 26. April 2002 erschoss ein 19-Jähriger am Gutenberg-Gymnasium in Erfurt elf Lehrer, eine Referendarin, eine Sekretärin, zwei Schüler und einen Polizeibeamten.

Die „PISA"-Studie ist ein Schock, Erfurt ein viel größerer. Erfurt hat aber bei all seinem Schrecken eine Solidarität von Schülern, Lehrern, Eltern aufleuchten lassen, die uns allen zum Beispiel werden kann: Mut eines Lehrers, gegenseitige Hilfe in der Not, gegenseitiges Trösten im Leid und die Erkenntnis, wie viel Menschsein in Lehrern, in Schülern, in uns allen steckt! Erfurt steht nicht nur für Verzweiflung, sondern auch für Hoffnung – Hoffnung auf den menschlichen Kern in uns allen.[24]

Ich bin gerne Lehrer!

Silvesterabend im Restaurant. Der Kellner platziert uns an einen großen, runden Tisch. Kurze Begrüßung der bereits Sitzenden, Nennung des Namens, erster „small talk" mit meinem Gegenüber: *„Ich habe noch zwei Stunden auf dem Hotelzimmer gearbeitet, die letzten Wochen waren ziemlich hart."* Respektvolles Erkundigen nach meinem Beruf, Antwort: Gymnasiallehrer. Aus dem respektvollen Lächeln wird ein müdes: *„Und wieso sind Sie da müde und abgeschafft?"* Hätte ich mich als Vegetarier geoutet, der in einer Metzgerei Fleisch verkauft, das irritierte Fragen wäre wohl kaum größer gewesen, Leistung und Lehrer haben scheinbar nur das „L" gemeinsam.

Ich rechne als Deutschlehrer vor: Eine Korrektur für einen Oberstufenaufsatz kostet ungefähr eine Stunde, ich habe zwanzig 13er-Aufsätze. Sind schon mal zwanzig Stunden. Jetzt habe ich aber sechs Deutschklassen, davon die Hälfte in der Oberstufe, dazu kommen noch zusätzlich dreißig Literaturhausarbeiten, also ich rechne ungefähr 80–100 Stunden Korrekturzeit bis zur Notenkonferenz im Januar, nach meinem Überschlag sind es 1500 zu korrigierende Seiten. Die Weihnachtsferien sind korrigierend gelaufen – wie jedes Jahr.

Wir unterhalten uns weiter. *„Die Schüler werden immer blöder, die Lehrer immer fauler, PISA hat es doch gezeigt, wie halten Sie denn das noch aus?"* Ich bin gerne Lehrer, ich liebe meinen Beruf! Wieso? Nun ja, um ehrlich zu sein, ich liebe nicht meine Schüler, ich liebe auch nicht meine Kollegen. Meine Schüler habe ich gern, mal mehr, mal weniger, so wie umgekehrt auch, und meine Kollegen schätze ich mit den üblichen Unterschieden. Dennoch, ich finde das Ganze einer Schule faszinierend, diese Verbindung aus Routine und Überraschendem, diese Begegnung mit jungen Menschen und der positive „Zwang", immer wieder Neues zu lernen. Vieles ist in der Tat Routine, z.B. die Aufsatzarten. Dafür sind diese Einheiten sehr gut durchstrukturiert: kurze Aufsatz-„Rezepte" auf wenigen Seiten, dazu noch Strategien und Übungsblätter. Und stets kommt eine neue Idee hinzu – wie bei einem schwäbischen Häusle-Bauer, der bastelt und klagt auch immer, strebt das fertige Haus an und wäre „todunglücklich", wenn es soweit käme.

„Und was ist mit der Baustelle ‚Schule'?" Na ja, ich konzentriere mich nicht auf das Wünschenswerte, sondern auf das Änderbare. Ich frage mich, kann ich was machen, dann tue ich es oder bemühe mich wenigstens darum. Kann ich nichts ändern, akzeptier ich es. Ein dickes (= realistisches) Fell und eine Riesenportion Humor sind schon die halbe „Lehrermiete"!

„Nochmals zurück zu Ihrer Frage nach dem Reiz der Schule für mich." Vielleicht bin ich eher Trainer denn Lehrer, Trainer im Sinne eines Sporttrainers. *„Ich will euch siegen sehen!"* Zugegeben, dieser Appell an meine Abiturienten klingt ein wenig pathetisch, trifft aber den Punkt. Ich bin ehrgeizig, ich möchte den Erfolg meiner Schülerinnen und Schüler, ich möchte Jahr für Jahr super Schnitte im Zentralabitur, ich identifiziere mich mit meinen Schülern, entwickle mit ihnen gemeinsam Strategien, lass mir immer wieder etwas Neues, noch Effektiveres einfallen, ihr Er-

---

24   In: *Profil*. Philologenverband. Juni 2002.

folg ist mein Erfolg. Das ist mir Ansporn, das treibt mich voran, mich und meine Schüler – stete Herausforderung, Jahr um Jahr.

„Und wenn sie nicht mitspielen, sich verweigern, ihnen die Prüfung gleichgültig ist, was dann?" Dann schalte ich einen Gang zurück, versuche das Mögliche und lasse mir keine zusätzlichen grauen Haare wachsen.

Wer heute als Lehrer vom „Horror-Trip" Schule spricht, braucht sich nicht zu erklären, er bewegt sich in Ausdruck und Tenor auf der Welle der publizierten Meinung, wer jedoch den Lehrerberuf als seine persönliche Berufung betrachtet, sie, diese Berufung, mit Freude und innerem Engagement lebt, muss sich erklären, Argumente nennen, auch oder besonders in Lehrerkreisen.

Ich habe einige Gründe genannt, warum ich gerne Lehrer bin, auch in der Rückschau würde ich wieder Lehrer werden und möchte diesen Beruf, solange es die Gesundheit zulässt, bis zur Pensionierung ausüben.

Ich kenne – im Gegensatz zur landläufigen Meinung – viele Lehrer, die ähnlich denken wie ich, die mit Freude Lehrer sind, ohne blind die Probleme zu ignorieren. [...] Wir müssen gemeinsam den Mut haben, gegen das veröffentlichte Lehrerbild anzuschwimmen, anzuschreiben, anzukämpfen – diese Richtigstellung sind wir unserem Stand, unseren Schülern, der gesamten Öffentlichkeit schuldig.[25]

Zwischen Schüler-Yetis und Gruß-Zombies

Schuljahrsbeginn. Ich blicke ihm ins Gesicht, er sieht mich an, Aug gegen Aug, Blick gegen Blick, er verzieht keine Miene. Ich lasse es darauf ankommen, kein' Hauch von Gruß, geschweige denn ein „Guten Tag". Lächeln? Fehlanzeige. Es sind die Coolness-Begegnungen, Begegnungen der besonderen Art, die eigentlich keine Begegnungen sind, der andere Mensch wird weggecoolt, der Egomane „machot" sich die Treppe herab, wer grüßt, hat verloren, wer lächelt, outet sich als Weichei. *„Spieglein, Spieglein an der Wand, ich bin der Macho hier im Land!"*

O Mann, was geht? Diese Frage drängt sich auf, wenn auf Band-Fotos in der Zeitung irgendwelche Musik-Fuzzis je isolierter desto besser aus der Wäsche glotzen, – wie irgendwo in die Gegend gestellt und nicht abgeholt – so dass man sich fragt, ob diese isoliert vor sich hin starrenden Ober-Macker überhaupt je miteinander Musik spielen oder gar üben.

Das Asoziale, das Gemeinschaftsfeindliche, wird zum Markenzeichen einer ganzen Generation, wird auf Fotos, wird im Alltag zelebriert! Der Assi ist so „assi", dass er gar nicht merkt, dass er assi ist! Nein, die frosty boys und girls sind nicht böse, sie sind auch nicht ungezogen, sie sind gar nicht gezogen, Wildwuchs zwischen überforderten Eltern ohne Zeit, versorgt mit Fernsehern und Computern mit Zeit, zerrissen zwischen Individualismus-Schau und Gemeinschafts-Suff. O Mann, was geht?

Als ich vor vielen Jahren an einer Kaufmännischen Schule im Großraum Stuttgart anfing, fühlte ich mich in die Eiszeit versetzt. Sprach- und gußlose Schüler-Yetis trampelten an mir vorbei, ich schaute sie an, ich kannte viele von ihnen, sie glotzten genauso wie die Musik-Fuzzis in der Zeitung. Ich kam aus der freien Wirtschaft, war Höflichkeitsformen gewöhnt und grüßte, einige grüßten zurück, andere schauten weg und der Rest blickte mich komplett überrascht an, sprachlos ob eines solchen Fehlverhaltens eines Lehrers. Ich litt förmlich unter dieser zwischenmenschlichen Eisschicht, nahm diese Grußverweigerung gar persönlich.

---

25 In: *Wirtschaftplus*. Wirtschaftslehrerverband. April 2004.

Laut Darwin überlebt nur der an seine Umwelt Angepasste: Ich legte mir ein dickes Fell zu und schaute bei der Begegnung der besonderen Art, also dem Kreuzen von Schüler- und Lehrerweg, einfach auf den Boden oder in die Ferne, so blieb die Begegnung für beide Seiten folgenlos. Die jugendlichen Gruß-Zombies waberten an mir vorüber und irgendwann nahm ich sie genauso wahr wie sie mich: nämlich gar nicht. Bei meinen Wanderungen auf zwischenmenschlichen Eisflächen wurde mir auch bewusst, dass die Coolness der Schüler und das Grußverhalten mancher Kollegen doch recht starke Parallelen aufwiesen. Bei meinen Untersuchungen des Grüßens unter Bedingung menschlicher Minusgrade bemerkte ich, dass Schularten mit eher einfach gestrickten Wesen in Blick auf Grußverhalten zur wärmeren Gattung zählen, kurz Intelligenz und Höflichkeitsformen sich umgekehrt proportional verhalten. Auch überlegte ich mir, dass mancher Hausmeister, manche Putzfrau manchem Kollegen mal erklären sollte, wie ein gesundes „Guten Morgen" klingt und dass es dem Gruß förderlich sei, dabei die Zähne auch auseinander zu bekommen.

Kurz und gut, weit über ein Jahrzehnt erlebte ich die Temperaturschwankungen der Schülergenerationen mit, dann glaubte ich meine Forschungen an neuer Stätte, unter anderen Bedingungen fortsetzen zu müssen. Ich wechselte die Schule, zog nun in die badische Provinz an der Ostgrenze unseres Landes und war nach meinem ersten Besuch an meiner neuen Wirkungsstätte nur noch sprachlos! Hier gab es tatsächlich eine Schule, die einen Minimalkonsens besaß. Im Unterricht kein Essen und Trinken, kein Kaugummi, keine Mütze und dann stand da noch: *„Die Schüler sollen bei Unterrichtsbeginn grüßen!"* Ich war einfach nur fertig, ich wähnte mich auf einer pädagogischen Südsee-Insel gelandet und träumte schon von lieblich anzusehenden Schülerinnen mit Lächeln und Gruß auf den Lippen, die in den Pausen an mir vorüber tänzeln. Ich war wohl im Paradies angekommen!

Neue Schule, neues Glück: Am Wirtschaftsgymnasium schleuderte ich in der ersten Stunde aus des Brustes Tiefe den Neuen ein gesundes „Guten Morgen" entgegen, doch die wörtliche Sprachlosigkeit grüßte zurück! Ich wiederholte noch deutlicher meinen Gruß, vielleicht hatten die Neuen ihn überhört, nun blickte ich in ihre Gesichter und hatte mein déjà-vu-Erlebnis: die glotzen ja genauso vor sich hin wie die aus dem Großraum der Schwaben-Metropole!

Ich wiederholte das Spiel mehrfach, in irgendeiner Ecke hauchte ein liebes Mädchen „Guten Tag". *Morgenstund'ist ohn'Gruß im Mund*, ich gedachte unseres Kanzlers: *„Ich habe verstanden!"* So ging mein erstes Schuljahr vorüber.

Im neuen Schuljahr war ich in der ernüchternden Realität angekommen, aber deswegen keineswegs demotiviert. Neuer Anlauf, diesmal mit innerer Distanz und klareren Vorstellungen: Ich erklärte den Neuen die Bedeutung des Grußes. Jeder laufe bei mir unter „Assi", der nicht grüßt. Nein, zu meiner eigenen Überraschung, es schien zu wirken. Natürlich der übliche Kommentar: *„Wir Schüler grüßen, aber die Lehrer grüßen nicht zurück!"* **ICH** auf jeden Fall bemühe mich, wieder ab und zu in Schüleraugen zu sehen, um Gruß bei Fuß sofort reagieren zu können. Noch immer wabern Gruß-Zombies an mir vorbei, dennoch hat sich das Grußverhalten in meiner „Einfluss-Sphäre" deutlich verbessert.

Es lohnt sich, als Erwachsener Farbe zu bekennen, für zwischenmenschliche Werte einzutreten und diese auch einzufordern. Vielleicht sind diese Schüler-Yetis nur Spiegelbilder der Erwachsenen, die unfreundlich, mürrisch und grußlos durch die Welt hasten und oft ihren Sprösslingen keine zwischenmenschlichen Werte vermitteln können, da sie sie selbst nicht besitzen, geschweige denn leben! Ein Blick in den Spiegel täte wohl manchem Erwachsenen gut, er könnte das dann mal üben mit dem Grüßen, vielleicht gar das Lächeln![26]

———

26   In: *Wirtschaftplus*. Wirtschaftsschullehrerverband. Januar 2005.

Lehrergejammer, Schülergestöhne, Elternkritik ergibt Pisa-Aktionismus

Ja, wir stehen im internationalen Vergleich ziemlich schwach da. Jetzt wird an allen Ecken und Enden gewerkelt, gemalt, Hauptsache, es ist für jedermann sichtbar, vorzeigbar und in der Presse vorführbar. Und wenn Referat, dann mit Powerpoint, da zischt's und kracht's und funkelt's und sprüht's, der Schüler muss nur noch die Maus bedienen, meist sagt er nichts, um das Geknattere nicht zu stören. Die Mitschüler sind begeistert, es kam zwar nichts rüber, aber hat unheimlich Spaß gemacht und der Erweis moderner Präsentation wurde nebenbei auch noch erbracht.

Die Aussage wird auf Comic-Niveau reduziert, denn die entsprechenden Figürchen-Programme sind auf den meisten Computern vorhanden, und wenn nicht, gibt es noch das Internet, aus dem Fehlendes herunter geladen werden kann. Je mehr Schüleraktivität desto besser, Hauptsache, der Schüler glänzt und die Augen der Mitschüler auch. Lehrerlob: Du hast zwar nichts verstanden, aber es ausgezeichnet rübergebracht! Lehrer mächtig stolz auf seine pädagogisch differenzierte Aussage, Schüler mächtig stolz auf seine Präsentation: Mitschüler mächtig gut unterhalten!

So jagen wir unsere Schüler von Projekt zu Projekt, der Schüler ist aktiv, ständig in Bewegung, irgendwo hat er immer etwas am Kochen und der Lehrer baut auf Schülereinfälle aus heiterem Himmel und lässt den Pädagogen-Gott einen guten Mann sein: der Lehrer zwischen Schülerbeschäftiger und Beschäftigungstherapeut!

Und irgendwelche Multiplikatoren höherer Kultuswarte ziehen mit Bastelstundenvorschlägen und anderen Aktivierungsprogrammen in missionarischem Eifer und der entsprechenden Lehrerunduldsamkeit durch die Pädagogenlande, um die unaufgeklärte Lehrerschaft zu glänzenden Schüleraugen zu verhelfen.

Und die unaufgeklärte Lehrerschaft outet sich mit so blöden Fragen wie: Die Schüler sollen am Ende doch eine Prüfung machen, wie bekomme ich den Prüfungsstoff durch? Meine Schüler verstehen nicht einmal den einfachsten Text aus der Literatur, wann soll ich knochenhartes Textverständnis üben oder vielleicht gar nicht? Meine Schüler haben keine Ahnung von Rechtschreibung und Kommasetzung, ich verstehe kaum noch ihr wirres Geschreibsel, ist das nicht problematisch?

Gelebter Gegenentwurf: Fordernde Schulen, klare Regeln, engagierte Lehrer! Erste Minuten in meiner 11. Klasse unseres Wirtschaftsgymnasiums: *„Ich bin sehr leistungsorientiert, ich bin sehr ehrgeizig, ich will euren Erfolg! Ich erwarte Topleistung, volles Engagement und den klaren Willen euer Bestes zu geben!"* Zack, Schüler-Kinnladen unten. Ich lege eine Folie auf: Jahresplanung – die Ferien sind klar benannt, in denen die entsprechende Literatur zuhause gelesen wird, nach den Ferien überprüfender Lektüretest, die Wochen für die Klassenarbeiten werden gemeinsam mit den Schülern terminiert. *„Die Zeit bis zu den Herbstferien nutzen wir für eine Literaturhausarbeit. Keine Panik: Ich erkläre euch genau, wie es funktioniert und was ich erwarte. Nächste Woche treffen wir uns in der Stadtbibliothek zur Einführung in eigenständiges Suchen nach Sekundärliteratur und die Buchhandlung vor Ort bekam auch schon die Liste mit den Anforderungen und den Hausarbeitsthemen."* Geschockte Schülerblicke! Dann gehen die vorbereiteten Kopien durch die Bänke.

„Wurzeln und Flügel" für junge Menschen! Wurzeln der Sicherheit durch klare Vorgaben, Wurzeln des Vertrauens in Lehrer und eigene Fähigkeiten, Wurzeln der Energie, die zu Flügeln der Kreativität, Schaffensfreude und Begeisterung werden.

In der Bibliothek: Alle Schüler können kaum erwarten, bis sie an die Bücher dürfen. Es ist ein Gewusel, ein Gefrage, eine Motivation, jeder will die beste Sekundärliteratur haben, will sich über das anvisierte Thema informieren. Ich, nicht ein Schüler, erzähle den Inhalt einzelner Werke, die Klasse spürt: Wow, dem Kerl bedeutet ja Literatur echt 'was! Wow, Literatur betrifft ja uns!

In diesen Wochen wird mir bei fast jedem Besuch der Buchhandlung berichtet, wie viele Schülergrüppchen wieder da waren, um sich Bücher zu bestellen. Als ich einen freiwilligen Theatergang zu Goethes *Urfaust* vorschlug, waren es dreißig, die mitgingen. Als ich sie vor Sophokles' *Antigone* warnte, es sei schon ziemlich anspruchsvoll, begleiteten mich immerhin noch elf Schüler freiwillig – und rund ein Drittel der Klasse will nun regelmäßig mit ins Theater. Nein, kein Zwang, nein, keine besseren Noten, sondern gute Inszenierungen und ein Lehrer, der seine Begeisterung fürs Theater nicht versteckt, sondern deutlich zeigt. Und die neu gegründete Schülerzeitung besteht auch zum Großteil aus dieser Klasse.

Nicht der distanzierte Moderator-Lehrer, sondern der begeisterte, begeisternde Lehrer aus Fleisch und Blut mit all seinem Plus und Minus und all seinen Macken, der als Individuum nicht einfach von einem Team-Kollegen ersetzt werden kann, der Lehrer als greifbarer und angreifbarer Mensch, das ist mein Gegenentwurf zum propagierten modernen Distanzlehrer!

Zusammenfassend, fordern und fördern heißt für mich:

→ Leistungsschule mit klaren Regeln, die eingehalten werden
→ engagierte Lehrer, die wie Trainer den persönlichen Ehrgeiz haben, aus ihren Klassen das Optimum herauszuholen
→ da zu sein, wenn Schüler einen brauchen, ohne sich von Schule und Schülern in Allmachtsforderungen an sich selbst auffressen zu lassen!

Klare Leistungsvorgaben für die Schüler, klare Leistungsbereitschaft der Lehrer und eine Schulleitung, die Fordern fördert und Fördern fordert, dies mein Gegenentwurf zum Pisa-Aktionismus, ein Gegenentwurf, den nicht nur ich an meiner Schule lebe![27]

„Protestschreiben" eines Lehrers: Jugend – ich hab's satt!

Der folgende Artikel entstand, nachdem trotz gemeinsamer Absprachen, trotz Versprechungen die Referate nicht vorhanden waren, Schulstunden den Bach 'runtergingen, zugesicherte Aufgaben für die Schülerzeitung nicht erledigt wurden, so dass dies fast das Ende der Zeitung bedeutet hätte. Entsprechend einseitig und polemisch sind die Ausführungen dieses „Protestschreibens".

Jugend! Was mich zur Weißglut treibt, ist eure Gleichgültigkeit, Unzuverlässigkeit, Nachlässigkeit! Eure Versprechen zählen nichts, versprochen, gebrochen und es ist euch nicht mal peinlich, keine Spur! Es sind Abmachungen zwischen Menschen, Erwachsenen oder Mitschülern, es sind Grundsäulen des Miteinanders, das ihr mit Füßen tretet, es sind Menschen, die auf euch setzen, warten, hoffen. Eure Auslebefreiheit ist Tyrannei gegenüber anderen, auf Kosten anderer.

Eine ohnmächtige Wut kommt in mir hoch! Ihr lasst Projekte scheitern, Ideen vor die Hunde gehen, große Worte, wenig Taten, keine Verbindlichkeit. *Freiheit, die ich meine, für die meine Herze brennt,* eure Freiheit verbrennt nur: verbrennt Gemeinsames mit anderen, verbrennt Beziehungen zu anderen, verbrennt letztendlich den Boden, der euch Sicherheit gibt. Nur weil wir euch sichern, weil wir euch tragen, weil wir euch halten, könnt ihr es euch leisten, über uns hinwegzutrampeln.

Ihr seid im Augenblick so gesichert wie kaum eine Generation vor euch und seid gleichzeitig so unvorbereitet auf das Ungesicherte, das in den nächsten Jahren auf euch zukommt. Ihr lebt euch aus, verlangt, fordert und pocht auf eure Rechte und geht mit Kaltschnäuzigkeit über die Rechte

--- --- ---

27   In: *Wirtschaftplus*. Wirtschaftsschullehrerverband. März 2005.

anderer hinweg. Seht's nicht, spürt's nicht, merkt's nicht, die „Coolness-Fuzzies" von heute, die sich schlagartig in Mimosen verwandeln, wenn nur ein Hauch von „Coolness" anderer ihnen als laues Lüftchen entgegenweht. Verwöhnt, beurteilt, auf Händen getragen! Lebensuntüchtige Egomanen, die blind sind für andere, permanent fasziniert auf ihren eigenen Tanz im Spiegel starren, dünnhäutig, wenn es um Anforderungen geht, empfindlich, wenn ihrem Auslebewahn Einhalt geboten wird, motzig, wenn ihr Gestimmtsein nicht zum Maßstab wird, bösartig, wenn ihnen was nicht passt!

Ich habe es so satt, mich eurer Laune, eurer Gleichgültigkeit, eurer Nachlässigkeit auszuliefern, zu bitten, zu betteln: Tut mir, gebt mir, macht mir! Ich fordere, ich verlange, ich treibe ein! Klare Forderungen, genaue Ziele, exakte Termine! Ihr spielt mit oder tragt die Konsequenzen, ich frage nicht, ich handle! Stellt euch darauf ein![28]

Lehrersein heute – eine persönliche Ermutigung

Ist dies noch meine Welt, frage ich mich als Lehrer öfter. Ist dies noch die Schulwelt, für die ich Lehrer wurde? Eine Welt ohne Lob, Dank, Anerkennung, eine kalte ohne angemessenes Grußverhalten, eine demotivierende ohne Ermutigung, eine blinde für das große Engagement der Lehrerschaft, eine verrechtlichte, die jeden Schullandheimaufenthalt zum juristischen Risiko macht, eine fordernde in Blick auf Lieferung guter Noten, eine gleichgültige in Blick auf Schülerleistungen, eine unangenehme in Blick auf überzogene Elternansprüche, eine kurzatmige in Blick auf ständig neue Reformen. Nochmals gefragt: Habe ich mir diese Welt als meinen Beruf ausgesucht, dann wäre ich ein Masochist!

Erst in den letzten Jahren merke ich als Oberstufenlehrer einen Wandel zu „piensigen" Schülern, unselbständig, verwöhnt und gleichgültig, wie ich es so geballt noch nicht kannte. Gleichzeitig begegnet mir immer stärker eine Elternschaft, die oft vollkommen blind ist für die „Blindheit" ihrer Kinder und diese in ihrer „Blindheit" ständig gegen uns noch bestätigt.

Das Übliche, wird man sagen! So ist's, zuckt die Achsel und geht weiter. Nur, es ist mein Alltag – weitaus wichtiger, es ist der Alltag junger Menschen! Achselzucken, Klagen, Eltern beschimpfen mag für die Psychohygiene eines Lehrers gut sein, doch ist damit noch nichts gewonnen.

Gegenfrage: Muss ich verzagen, nur weil meine Welt nicht mehr die Welt meiner Schüler ist oder liegt nicht darin eine ungemeine Chance, und zwar für beide! Besteht meine Aufgabe nicht im Widerstand zu einer Entwicklung, die ich teilweise als „Lebensveruntüchtigung" junger Menschen betrachte? Schön wäre natürlich, wenn auch die Eltern zu mir ins Boot der „Lebenserfahrung" stiegen und wir gemeinsam für motivierte Leistungsbereitschaft und Freude an schulischer Herausforderung, an Beglückung im Gelingen ruderten. Nur, wir müssen gemeinsam rudern, und das ist, wenn es gegen den Strom heutiger Bequemlichkeit geht, verdammt anstrengend!

Nein, ich werde nicht jeden Tag auf den Schultern der „Begeisterung" aus dem Klassenzimmer getragen, auch nicht jeden zweiten. Es ist aber schwer, ermutigend zu sein, ohne ermutigt zu werden. Dann pflegen Eltern mir zu antworten: *Sie bekommen doch Ihr Geld! Uns ermutigt auch keiner!* Die meisten von uns wurden nicht des Geldes, der Ferien wegen Lehrer, ihnen bedeuten oder (leider) bedeuteten junge Menschen in ihrer Freude, Lebensvitalität und -bejahung, ihrer Begeisterungsfähigkeit, ihrem kritischen Hinterfragen, aber auch in ihrem Vertrauen viel, sie wollen/wollten mit ihnen einen gemeinsamen Weg gehen.

---

28 In: *Profil*. Philologenverband. Juni 2006. Gleichzeitig Erörterungstext in der zentralen Abiturprüfung 2007 (Freistaat Thüringen).

Eltern können sich meist nicht vorstellen, was uns ein Dank bedeutet, ein Lob motiviert, eine Anerkennung umkrempelt, wir sind doch keine bezahlten Lehrer-Söldner! Dem Slogan *„Hast du heute schon dein Kind gelobt?"* sollte der Slogan zur Seite gestellt werden: *„Hast du heute schon die Lehrkraft deines Kindes ermutigt!"*, schlagartig würde sich kostenneutral (!) das Schulklima ändern. Mit der Schnelligkeit, mit der Eltern kritisieren, sich beim Schulleiter beschweren, mit der gleichen Schnelligkeit könnten sie doch gerechterweise am Telefon sein, um sich bei der Lehrkraft zu bedanken, die alle Kinder gesund und zufrieden aus dem Schullandheim nach Hause brachte, die mit ganz neuen Ideen die Kinder begeistert und einzelne nach einer schlechten Klassenarbeit tröstet und wieder aufbaut.

Zurück zu mir. Oft finde ich die erlebte Schulgegenwart weder ermutigend noch motivierend, manchmal nur frustrierend, gar verletzend. Aus der Gegenwart schöpfe ich oft wenig Kraft, manches ist nur mit „heruntergeklapptem Visier" und dickem Fell ertragbar. Nur, ist die Gegenwart das Kriterium?

Als in den letzten Monaten wieder 'mal dieses dicke „Lehrerfell" dünn zu werden drohte, ließen mich Erlebnisse umdenken, gaben meiner Gegenwart durch die Vergangenheit neue Zukunft:

→ Beim Verlassen eines Cafés an meinem früheren Schulort eilte mir ein junger Mann nach, der mich beim Hereinkommen schon freundlich grüßte. Er schüttelte mir die Hand, es sei ihm ein Anliegen mir zu sagen, was ihm vor acht Jahren mein Religionsunterricht bedeutete.

→ Am Abend des gleichen Tages kaufte ich in einem großen Einkaufszentrum ein, erblickte einen meiner größten „Kotzbrocken" vergangener Schuljahre. Ich sah vor mir seine hasserfüllten Augen zwischen Horrorspielen und Stinkefinger. Ich wollte mich hinter einem Regal verstecken, zu spät, er hatte mich erspäht und steuerte auf mich zu. Er habe jetzt nach Jahren hier als Verkäufer endlich eine Lehrstelle bekommen und er vermisse mich richtig, der Deutschunterricht habe ihm immer so viel Freude gemacht.

→ Ein Bruder einer ehemaligen Abiturientin rief an und wollte für die Hochzeitszeitung seiner jetzt 30-jährigen Schwester einen Bericht von mir über sie, sie habe oft von mir zu Hause erzählt.

→ Eine ehemalige Abiturientin will die Fachrichtung „Literatur-Kunst-Medien" studieren, die Schülerzeitung sei der Auslöser für ihren jetzigen Studienwunsch gewesen.

→ Eine andere schrieb mir, ihr Wunsch Kunstgeschichte zu studieren habe ihren Ursprung in einem Kunstgeschichtsreferat bei mir in „Deutsch".

→ Und vor wenigen Tagen gab es schon nach einem Jahr das erste Nachtreffen meines ehemaligen Philosophiekurses.

Noch immer finde ich den Schulalltag oft wenig motivierend, meine Konsequenz für die Gegenwart (!): Distanz zu den Schülern, Distanz zur Schule und Distanz zu meinen vielen Ideen, dann aber aus der Hoffnung heraus in innerer Überzeugung unterrichten, der Gegenwart ganz einfach die Zukunft überstülpen. Du machst deine Sache gut, es lohnt sich! Es macht Sinn, sich heute für das Morgen junger Menschen zu engagieren. Anders formuliert: Gelassenheit in der Gegenwart im Vertrauen auf eine gerechtere Beurteilung in der Zukunft!

Meinen Kolleginnen und Kollegen wünsche ich genauso viel Ermutigung, wie sie mir aus der Vergangenheit für die Zukunft geschenkt wurde, um sich immer wieder bewusst zu machen: Es ist doch auch (!) schön, Lehrer zu sein! Es macht Sinn![29]

———

29   In: *BLV-Magazin*. Berufsschullehrerverband. Dezember 2007.

Zentralabitur – Leuchtturm in unklaren Zeiten!

Im April erhielt ich von meinem Freund eine Mail: „Kauf dir mal den *Focus*, Thema Zentralabitur, Abi-Vergleichbarkeit – aber mit unserer jetzigen Landes-Regierung wird es bei uns kein Zentralabitur geben!" Mein Freund unterrichtet an einem Gymnasium in Rheinland-Pfalz, das einzige Bundesland ohne Zentralabitur, dort reichen die Fachlehrer über die Schule die Abi-Vorschläge ein. Ein Anachronismus für mich als Schul-Südstaatler!

Zentralabitur, was denn sonst? Zentralabitur, eine Sache der Gerechtigkeit, der Vergleichbarkeit, der klaren Zielvorgabe gerade für uns Lehrer! Bei all den pädagogischen Diskussionen, die langsam nur noch nerven, die oft mehr verunsichern als sinnvoll helfen: Zentralabitur – wenigstens eine gesicherte Größe! Die Schulbürokratie schwebt oben, die Schulrealität kämpft unten. Von oben hoh(l)e Worte, kompliziert, unverständlich, praxisfern und seitenlang, das pädagogische Fußvolk missmutig, genervt, fühlt sich als Tausendfüßler, dem wieder zum zigten Mal erklärt wird, wie er zu gehen hat und reflektierend nicht mehr gehen kann.

Orientierungslos im Pädagogik-Meer gibt der Leuchtturm „Zentralabitur" Orientierungssignale! Klare Aufgabenstellung, klare Pflichtlektüre (in Baden-Württemberg), klare Anforderung, klarer Leistungslevel. Endlich mal keine Unklarheit, keine Diskussion! Hier ist das Ziel, darauf wird mein Unterricht gepolt, das wird geübt, das habt ihr am Ende zu können, so werden eure Klassenarbeiten in den zwei Oberstufenklassen aussehen. Punkt! Schluss!

Pädagogik-Diskussion hin, Pädagogik-Erleuchtung her, jetzt ist jeder Lehrer, jede Lehrerin gefordert, ihren Weg zum Ziel zu finden, nicht gleichgeschaltet „verteamt", sondern selbstverantwortlich in Rücksprache mit den Schülern gemäß der Lehrerpersönlichkeit, auf die es ja neuerdings wieder ankommt […], eigentlich keine große Neuigkeit!

„Zentralabitur" ist der Stachel im Fleisch der Lehrer. Bei aller Lehrer-Individualität, bei aller persönlichen Unterrichtsgestaltung, die auch mir ungemein wichtig ist, ich habe die Themen so zu unterrichten, dass eine vorgegebene Form eingehalten wird, eine Form, die vor jeder Lehrkraft in Baden-Württemberg in der Zweitkorrektur bestehen kann. Keine Beliebigkeit, kein „Dann-macht-mal", sondern präzise Anforderungen an die äußere, aber auch an die inhaltliche Gestaltung.

„Zentralabitur" als „Zuchtmeister" der Lehrer zugunsten der Schüler. Denn Schüler können eines nicht gebrauchen: Chaos, Unklarheit, fehlende Struktur! Ein Lehrer, der selbst nicht weiß, was er will, treibt Schüler in die Frustration. Viele Schüler wollen den Anforderungen ihrer Lehrer gerecht werden, sie erwarten aber eine klare Ansage von der Lehrkraft: das will ich, so geht's, so wird's gemacht!

Freiheit ohne Strukturen gleicht einer Wüstenwanderung ohne Kompass, man geht im Kreis, man verdurstet, man krepiert an der Grenzenlosigkeit! In einem klaren Rahmen kann ein wunderschönes Bild entstehen! Wenn Schüler eine Richtung haben, ist kreative Freiheit jederzeit möglich. Die Form gibt Sicherheit sich in ihr entfalten zu können. Gerade Deutschlehrer tun sich extrem schwer, klare Formen vorzugeben, im Irrglauben, dadurch Kreativität, Freiheit und kritisches Denken zu verhindern. Das Gegenteil ist der Fall!

Folgender Aspekt ist für mich als Baden-Württemberger wichtig: die Zweitkorrektur außerhalb des Hauses, sprich anonymisiert an eine andere Schule. Hier kommt der zweite Riegel, der einem Beliebigkeitsunterricht vorbeugt: Die von mir vermittelte Aufsatzform muss jeder Deutsch-Kollege nicht nur auf Anhieb verstehen, sondern sie muss auch halbwegs den Ansprüchen des Kollegen entsprechen. In anderen Bundesländern bleibt die Abi-Korrektur im Haus – teilweise mit dem Ergebnis, dass sich der Alpha-Lehrer durchsetzt, während der Jung-Lehrer sich natürlich hütet, dem dominanten Kollegiums-Männchen notenmäßig „ans Bein zu pinkeln". Der Junglehrer weiß, die „Revanche-Jauche" kommt irgendwann und dann: volle Kanne! Also sind die Noten taktisch klug den Machtstrukturen angepasst manipuliert. Bei der codierten Zweitkorrektur jedoch ist jede Lehrkraft gleich, sie hat den Anforderungen gerecht zu werden, selbst der in der ganzen Schule unbeliebte Schüler wird nur nach seiner Leistung bewertet, ihm wird eine Gerechtigkeit zuteil, die er möglicherweise bei einer Korrektur innerhalb des Kollegiums nicht fände. In Baden-Württemberg gibt es noch eine Dritt-Korrektur erfahrener Lehrkräfte, die bei einem Unterschied von mehr als zwei Notenpunkten die endgültige Note finden.

Ein Grundproblem ist für meine Abiturienten jedoch nicht gelöst: die Gerechtigkeit im Ländervergleich. Wenn Nordlichter bis zu zwei Jahre im Niveau den Südstaatler-Abiturienten hinterherhinken, dann ist das Abitur schlicht und ergreifend nicht gleichwertig, sondern es sind nur die gleichen Noten! Wenn aufgrund der politischen Mehrheitsverhältnisse ein angedachtes deutsches Zentralabitur letztendlich zu einem „Fahrstuhl-Abi" verkommt – voller Fahrstuhl, oberster Knopf gedrückt und schon ist man im Abi-Stock –, werden die Hochschulen mit Eingangstests die Auswahl treffen müssen. Max-Planck-Forscher spielten eine Auswahlsituation an der Uni durch. Bei Abi-Noten wäre es zwischen Baden-Württemberg und Hamburg ungefähr gleich. „Kommen dagegen die Ergebnisse des Mathematiktests zum Tragen, verändert sich das Ergebnis dramatisch: Jetzt stammen 85 Prozent der akzeptierten Bewerber aus Baden-Württemberg. Die Hamburger Schüler wären bei einer leistungsorientierten Auswahl so gut wie chancenlos." (*Focus*, 16/11, S. 56)

Möglich erscheint mittelfristig ein Südschienen-Abitur verschiedener Bundesländer zum Südstaatler-Tarif. Dieses länderübergreifende Zentralabitur wäre dann Schritt für Schritt ausbau- und verbesserungsfähig.

Anderer Ansatz: Besonders für Elite-Unis des Südens sind Eingangstests sinnvoll, mit einem Schlag ist für die eigenen Landeskinder ein Stück Gerechtigkeit wieder hergestellt – ohne Ungerechtigkeit gegen Nordlicht-Abiturienten. Diese Lösung ist auf Länderebene relativ leicht machbar und würde genau das wieder schaffen, was Schule oft nicht mehr ist: motivierende Leistungsschule mit engagierten Lehrern, mit klaren Vorgaben durch zentrale Aufgabenstellungen, unabhängig von politischen Konstellationen, unabhängig von Nord und Süd. Die Notenmanipulationen während der letzten zwei Oberstufenjahre fielen nicht mehr so ins Gewicht, es zählt nur das Können: Das Lernen für Noten wird einem Lernen für Wissen – in Blick auf die Uni-Tests – weichen. Das Abitur wird für Studierwillige zum Türöffner für den Uni-Test, um neu Chancengleichheit und Gerechtigkeit zu schaffen: anstrengende Aussichten, ja – aber gerechte, besonders für uns Südstaatler![30]

Hey, Lehrer, nehmt den Schülern die Handys ab!

Seit Beginn 2013 lasse ich vor meinem Unterricht die Handys in einer Schachtel einsammeln. Der Widerstand war viel geringer als erwartet, im Gegenteil, sogar ausdrückliches Schülerlob!

Mein Anti-Handy-Reifungsprozess in drei Schritten:

1. Ich hörte zu Schuljahresbeginn meiner 12. Klasse zu. Das Handy als sinnloser Zeitdieb war einhellige Meinung, aber nicht mein Problem.

---

30   In: *BLV-Magazin*. Berufsschullehrerverband. April 2012.

2. In meinem Deutsch-Unterricht beobachtete ich immer genau, ob auch wirklich alle aufpassten, konkret, das Handy nicht benutzten. Ich wollte eine Schülerin überführen. Ich war überzeugt, sie tippt gerade eine SMS. Ich war besessen von diesem Gedanken, ich beobachtete und beobachtete, überlegte strategisch den Angriff, damit das Handy nicht an weiblichen, mir unzugänglichen Stellen verschwindet. Wie mein Jagdinstinkt wuchs, sank mein Lehrer-Intellekt, ich „laberte" irgendetwas vor mich hin, wusste es selbst immer weniger, bis ich vor der Klasse zugeben musste, nicht mehr zu wissen, welche Stelle ich gerade interpretiert hatte. Erstaunte Schülerblicke! Roter Lehrerkopf! Da reifte in mir der Entschluss des Einsammelns der Handys, der Leidensdruck war für mich übergroß geworden.

3. Ein kleines Erlebnis bestärkte mich in meinem Tun: Mit einem Kollegen sah ich mir privat einen Videofilm an, als mein lautlos gestelltes iPhone mehrfach vibrierte, es kamen mehrere SMS. Ich wurde unruhig, unkonzentriert und sagte meinem Kollegenfreund, ich müsse auf die Toilette, er möge doch den Film kurz stoppen. Natürlich las ich dort sofort die SMS und betrachtete die geschickten Fotos! In diesem Moment war mir klar, die Handys im Unterricht überfordern die Selbstdisziplin meiner Schüler – obgleich Disziplintyp hatte das iPhone auch über mich gesiegt!

Diese drei Gründe machten mich zum Handy-Verbanner in meinem Unterricht!
Schon in den ersten handyfreien Unterrichtsstunden stieg die Konzentration gewaltig an, auch überraschten manche durch Mitarbeit: an das Handy verlorene Schülerseelen konnte ich wieder für den Deutschunterricht zurückerobern! Mich haute der Unterschied fast um. Nein, kein Unterschied wie Tag und Nacht, aber eine Steigerung, die ich so weder erwartete noch kannte. Nun interessierte mich brennend, wie meine Schüler der 12. Klasse es sehen.

Das Schuljahr neigte sich seinem Ende zu, ideale Feedback-Time! Die erste Frage mit mehreren Unterpunkten hieß: „Wie beurteilst du das Einsammeln der Handys im Unterricht?" Die Unterpunkte fragten nach der Veränderung in Mitarbeit und Konzentration, Zahl der SMS pro Schulstunde; die Chancen von Lehrkräften, das Handynutzen ohne Einsammeln zu unterbinden usw.

Hier nun verschiedene Aussagen aus den schriftlichen Feedbacks:

→ „Da Sie es unbedingt wissen wollen, wie ich es finde, dass Sie die Handys einsammeln, bin ich mal ganz ehrlich: SEHR GUT! Meiner Meinung nach ist die Konzentration deutlich gestiegen und jeder macht aktiv mit … Ich würde als Lehrer das Handy ebenfalls einsammeln … Als Ausgleich würde ich den Unterricht so aufpeppen, dass auch keinem langweilig wird."

→ „Ich finde, dass sich das Einsammeln der Handys sehr positiv ausgewirkt hat. Denn wir passen alle viel besser auf und werden nicht durch ständiges Vibrieren der Handys gestört, wenn mal wieder eine Nachricht kam. Ich denke, dass viele das gar nicht mehr bewusst machen, sie sind schon total damit vertraut, immer erreichbar zu sein, und haben dadurch einen unbewussten Zwang, auf das Handy zu schauen, sodass man ja nichts verpasst."

→ „Ich finde das Einsammeln der Handys am Anfang des Unterrichts sehr gut. Ich denke, dass sich viele dadurch besser konzentrieren. Es lenkt nicht nur die ab, die selbst das Handy im Unterricht benutzen, sondern auch die, die daneben sitzen. Also ist das Handy gleich doppelter Störfaktor. Ich würde es als Lehrerin auf jeden Fall einsammeln … Es würde bestimmt fast die Hälfte ein Handy benutzen, wenn man es nicht einsammeln würde, deshalb finde ich den Lehrer mit dem Handy-Einsammeln besser."

→ „Als Schüler habe ich natürlich ein Problem mit dem Einsammeln. Oft wird dies mit pseudo-ideologischen Grundsätzen – wie den Einbruch in die Privatsphäre – begründet. Eigentlich wollen Schüler nur selbst bestimmen, wann sie aufpassen wollen und wann nicht. Ich würde deshalb als Lehrer auch die Handys einsammeln, obgleich ich jetzt nichts davon halte."

→ „Das Benutzen von Handys komplett zu unterbinden ist für einen Lehrer meiner Meinung nach ohne Einsammeln nahezu unmöglich." [...]

Ein Schüler greift ein meist totgeschwiegenes Thema auf: Handys bei Klassenarbeiten

→ „Außerdem herrscht durch ein Handy Ungerechtigkeit! Bei Arbeiten wird einfach gegoogelt oder sich per SMS oder Whatsapp Nachrichten hin und her geschickt. Schüler ohne Handy oder Schüler, die kein kostenloses Internet haben, haben überhaupt nicht die Möglichkeit, sich Hilfe von außen zu holen. Im Endeffekt haben die guten Noten nichts mehr mit Leistung zu tun, sondern mit dem Besitzen eines Handys mit Internet. Oft wird auch die Arbeit foto-grafiert und weitergeschickt. Aber auch im Fremdsprachenunterricht werden die Vokabeln gegoogelt und so bekommt man super mündliche Noten! Auch unfair! ... Also sollte man Handys unbedingt einsammeln! Vor allem während Klassenarbeiten, aber auch während des Unterrichts! So wäre die Ungerechtigkeit endlich beseitigt! Und die guten Noten stehen einem auch zu. Man hat sie durch Leistung, Wille und Wissen erzielt! OHNE HANDY!"

Das Abfotografieren von Aufgaben und sich lösen lassen von außen – die nächste Uni-Stadt ist bei uns nicht weit – kenne ich von Schülerklagen gegenüber anderen Klassen seit Jahren. Hier scheint bei manchen Lehrkräften eine doppelte Blindheit zu herrschen: erstens während der Klassenarbeit und zweitens in Blick auf den Irrglauben, schon alles im Griff zu haben!

Ich fasse meine Position, die durch die Klassen-Feedbacks gestärkt wurde, zusammen:

1. Das Einsammeln von Handys zu Unterrichtsbeginn wird von Schülern akzeptiert, wenn – hier wurde beim Feedback überraschend differenziert – eine entsprechende Lehrerpersönlichkeit dahintersteht.
2. Es ist vergebliche „Liebesmühe", den Kampf gegen die Handy-Kids während des Unterrichts gewinnen zu wollen. Einer wird erwischt, die Lehrkraft platzt vor Stolz, während zehn andere das gerade Erlebte in ihr Handy „touchen" und den Erwischten der „Weltöffentlichkeit" prä-sentieren.
3. Das durchorganisierte Einsammeln der Handys kostet keine Unterrichtszeit, sondern stellt einen ungemeinen Gewinn in Blick auf Mitarbeit und Konzentration dar.
4. Das Nicht-Einsammeln von Handys während der Klassenarbeit ist unverantwortlich! Es verführt Schüler gezielt zu betrügen – teilweise mit einer perfekten Organisation außerhalb des Unter-richtsraums. Es ist eine bewusst hingenommene Ungerechtigkeit gegenüber den Schülern, die über das notwendige technische Equipment nicht verfügen, teilweise die sozial Schwächeren.

Eine Gesamtlehrerkonferenz sollte beschließen, dass die Handys bei Klassenarbeiten und Tests abgegeben (Schachtel oder eigenen Tisch) sein müssen![31]

Meine bipolaren Berufsschüler – manisch im Betrieb, depressiv in der Schule?

„Glauben Sie, nach 17 Uhr habe ich noch Bock, eine Verbesserung der Deutsch-Klassenarbeit anzufertigen?" Berufsschule: Industrie/Büro/Bank, Deutsch. Für den Unterricht abgegebene Vorlage, kopiert für die ganze Klasse, strotzt vor Kommafehlern, Kommentar: „Das ist doch nur Schule, das ist doch nur Deutsch, das interessiert doch nicht, in meinem Betrieb mache ich das schon richtig!" Von wegen, das mache ich schon richtig. Er hat es nicht drauf, er kann es nicht, er will es nicht und es ist ihm auch schnurzegal. Seine Geschäfts-Briefe oder -Mails sind Geschäftsschädigung und nur noch peinlich – für den Betrieb, die Firma!

Angehende Büro-Menschen! Eine Welle der Gleichgültigkeit schwappt mir entgegen. Die Engagierten schweigen, die Desinteressierten motzen. Es wird gerechnet, gewogen, kalkuliert, kein Gramm zu viel Engagement, keine Sekunde zu viel für Schule und Ausbildung. Mini-Engagement, Mini-Leistung, Mini-Einsatz – Maxi-Forderung, Maxi-Auftreten, Maxi-Gleichgültigkeit! Keine Rechtschreibung, keine Kommasetzung, keine Schreibfähigkeit, na und? Originalzitat: „Was soll's, übernommen werden wir eh!" Meine Berufs-Schülerinnen und -Schüler werden für einen Büro-Job, einen Service-Beruf ausgebildet: Kunden-Nähe, Kunden-Service, Kunden-Freundlichkeit – Deutschland, Service-Wüste! Bald: Deutschland, Service-Friedhof?

Bipolare Persönlichkeiten – Schokoladenseite für den Betrieb, ehrliche für uns? Engagement für den Bewertungsbogen, Desinteresse für die Schule? Nix können, nix wissen, nix druff, wo ist das Problem? *Ohne Komma, ohne Rechtschreibung, ohne Schreibfähigkeit – meine Freizeit stört das nicht! Mein Gott, Lehrer, führ' dich nicht so auf, das passt schon, mach dir nicht ins Hemd – Komma, Rechtschreibung, Schreibfähigkeit sind nicht mein Leben! Mein Betrieb geht deswegen nicht gleich kaputt, meine Firma deswegen nicht gleich pleite!* Gleichgültigkeit in der Schule – Engagement im Betrieb, meine bipolaren Berufsschüler? Manisch-depressive Büro-Hengste und -Stuten, manisch im Betrieb – depressiv in der Schule, und das im Takt der Woche?

Vor Jahren am Tisch mit Ausbildern. Wir nahmen uns drei Stunden Zeit, wir sprachen nicht groß über Noten, wir sprachen über Verhalten und Einstellung. Ergebnis: Ausbildungsbetrieb und Schule zeigten überdeutliche Parallelen. Auf einen Nenner gebracht: die Engagierten der Schule waren die Engagierten des Betriebs, die „Laschis" hier, waren die „Laschis" dort!

Warum keine Zusammenarbeit: Ausbildungsbetrieb und wir? Sie beklagen Situation, Sie vermissen Engagement, Sie kriegen „die Krise" über Unkenntnis und gleichgültiges Achselzucken! Konsequenz für uns beide: Zusammenarbeit!

---

31   In: *BLV-Magazin*. Berufsschullehrerverband. Juli 2014.

Hier Vorschläge als Deutschlehrer:

1. Erstellen eines Mail-Verteilers mit allen Ausbildern und Anmailen nach Rückgabe der Klassenarbeit. Ausbilder-Blick nicht nur auf Noten, sondern auch auf Rechtschreibung und Kommasetzung, und dies als Info für die Neuen in der ersten Woche.
2. Einladung zu großen Ausbildungsbetrieben. Thema sind nicht die Noten; Thema: Verhalten, Einstellung und Wille zur Leistung.
3. Kriterium „Schul-Verhalten" bei Übernahmegesprächen, die Einstellung des Auszubildenden bleibt ihm und damit dem Betrieb erhalten, und das kann kosten!
4. Das Engagement vieler meiner Berufs-Schülerinnen und -Schüler in der Schule lässt meist tiefer blicken als das wohldosierte, fast schon verlogene Auftreten zu Beurteilungszwecken im Betrieb.
5. Klare Ansage an Auszubildende: die Schule ist keine beurteilungsfreie Zone, reduziert auf oft geschönte Noten!
6. Schule und Betrieb, Betrieb und Schule sind eine Einheit in Zielsetzung und Wertigkeit – zum Wohle der Auszubildenden, zum Wohle des Betriebs und zum Wohle des Lehrerengagements. Worauf warten wir?[32]

Schul-Tyrannei der Minderheit

Kind flennt, bei Bundesjugendspielen keine Urkunde, Forderung der Mutter: Abschaffung der Bundesjugendspiele. Als Lehrer an einer weiterbildenden Schule – Oberstufe – bin ich sprachlos. Aufsatz daneben, Kind flennt, Abschaffung der Aufsätze?

Die Tyrannei verschwindender Minderheiten, die von Jahr zu Jahr zunehmen, über Mehrheiten! Mein Kind, mein Kind, mein Kind! Mein Kind, mein Kind, mein Kind ist eines von dreißig und fordert die Aufmerksamkeit von fünfzig und mehr Prozent. Und die anderen, die vielen anderen, die sich bemühen, für die der Stoff passt, für die in Rücksprache die Klassenarbeiten geschrieben werden: die 29 zählen nichts, oder? Binnendifferenzierung – das neue Mantra und/oder Affentanz um den Einzelnen, nur ist dieser Einzelne oft einzeln und für die vielen anderen Einzelnen wird nicht mal ein kleines Tänzchen gemacht! Lehrer in Huldigungsanbetung um den „Goldenen Schüler", in Götzenverehrung des Klassen-Egomanen plus Eltern, Ausweis moderner Schule? Wir haben zu liefern, wir sind verantwortlich – für alles! Warum wir? *Ich will's, ich krieg's*, sah ich vor kurzem in einem Werbespot im Fernsehen. Schüler-Wille, Gottes-Wille und wir beweihräuchernde Priester eines neuen Schulkultes? Warum sind wir verantwortlich, wenn ein Schüler null Bock auf Schule hat, warum sind wir verantwortlich, wenn ein Schüler null Bock auf Lernen hat, warum sind wir für jeden Misserfolg der anderen Seite verantwortlich? Warum sagen wir nicht endlich mal: Hallo, Junge, pass auf Mädchen, ich fordere, du lieferst! Das schmeckt dir nicht, das willst du nicht, warum bist du hier? Du willst Handball spielen, gehst in einen Fußballklub und forderst samt Mutter/Vater plus Juristen, dass das Handspiel zugelassen wird! Hallo, Jung-Egomane, wo ist denn dein Beitrag für den Schulerfolg? Nur weil du keinen Bock hast, hab' ich keine schlaflose Nacht! Im Extremfall, Junge/Mädchen: mit dieser Einstellung bist du hier auf dem falschen Dampfer, zieh' die Konsequenz! Beseitige nicht die Anforderungen, beseitige nicht die Aufsätze,

---

32 In: *BLV-Magazin*. Berufsschullehrerverband. November 2015.

beseitige nicht die Lehrer, beseitige deine Null-Bock-Einstellung, du bist verantwortlich für dich, leiste deinen Teil! Auf, beweg' dich, es ist dein Leben, pack's an, steig' ins Schulboot zu den 29 anderen, die sich mühen, die sich anstrengen, die rudern, um voranzukommen, die auch ein Recht haben gefördert zu werden, die auch ein Recht haben erfolgreich zu sein, die auch das Abitur wollen, vermutlich gezielter, engagierter und mit deutlich mehr Biss als du! Warum habe ich dir Wissen zu liefern, wenn du mir nicht 'mal die Schale dafür hinstreckst? Wo ist dein Beitrag, deine Schale, in die ich – gemeinsam mit den anderen 29 – Wissen, Erkenntnis und Freude gießen kann?

Und nun stelle ich dir zwanzig und mehr deiner Klasse vor, die sind hier, weil sie ein Ziel haben, nämlich das Abitur. Und viele wollen noch mehr – ein *gutes* Abitur. Und einige wissen, wofür sie einen Einser-Schnitt brauchen: Psychologie, Medizin usw. Und ich habe tolle Schülerinnen und Schüler! Wir haben gemeinsam in ständig gegenseitiger Kritik einen Lyrikband erarbeitet, mein *Abi-Trainer*[33] wäre ohne die Beiträge dieser Schüler nie so zielführend geworden. Ehrgeiz, Wille, Fleiß – mein Credo. Ehrgeiz, Wille, Fleiß – dein Beitrag, Egomane, damit ich liefern kann. Viele meiner Schüler sind von Ehrgeiz, Wille, Fleiß durchdrungen, auch sie treiben nebenher Sport, gehen einem Hobby nach, haben Freizeit. Aber diese Schüler wissen, wann was Priorität hat. Ich staune oft, welches Engagement in Hausarbeiten gesteckt wird, welcher Ideenreichtum in großartige Referate, welchen Fleiß in Schließen von Lücken. Teilweise treffen wir uns abends, wenn eine Klassenarbeit daneben ging, analysieren, korrigieren, üben, jeder Einzelne ist dann für 10–15 Minuten im Mittelpunkt und jeder – Schüler/Lehrer – hilft, überlegt, macht Lösungsvorschläge. Hier fordert keiner, dass nur der Lehrer rudert, während alle anderen cool auf dem Deck liegen. Das Zauberwort heißt „gemeinsam"! Wir sind gemeinsam verantwortlich für eine motivierende Leistungsschule, die klare Forderungen stellt, die konsequent handelt, die Engagierten Raum bietet und ihnen beisteht, wenn es mal nicht klappt. Ehrgeiz, Wille, Fleiß, Forderung an jeden Schüler! Wissen, Motivation, Power, Forderung an jeden Lehrer! Verantwortung, Freude, Leistung, gemeinsames Ergebnis – klingt nicht sehr modern, doch manchmal liegt im Bewährten die Zukunft: Interesse, Beharrlichkeit und die Fähigkeit, nach Rückschlägen wieder aufzustehen!

Nicht die Rückschläge abschaffen, sondern die Gewissheit in jedem jungen Menschen stärken: die Niederlage hat nicht das letzte Wort, du kannst aufstehen, du wirst aufstehen, ich glaube an dich![34]

Für motivierende Leistungsschulen

„Willkommen im Club!", begrüßen uns Baden-Württemberger die Schulen von Bremen. In „Deutsch"/Zuhören stürzten wir 2016 auf den 14. Platz: das ist der freie Fall vom Schul-Primus! Die Höhe, die wir hatten, und der Boden, auf dem wir in nur wenigen Jahren jetzt aufschlagen, lässt unser Bildungsland erschaudern – „wir können alles außer Schule"[35] wird die neue Anti-Werbung für Baden-Württembergs Bildungssystem.

Der Absturz kam für mich als Lehrer nicht überraschend. Ein unausgegorenes Reform-Chaos machte alles platt, was nur irgendwie nach Leistungsanforderung roch. Die Schulen wollten alles sein, nur keine Leistungsschulen. „Leistung", das Bildungsunwort der letzten Jahre in Baden-Württemberg. „Leistung", das Zauberwort unseres Nachbarlandes Bayern (dreigliedriges Schul-

---

33 Klaus Schenck: *Abitur Baden-Württemberg 2015/2016 Deutsch: Die komplette Vorbereitung auf Klausur und Abitur.* Königs Abi-Trainer.
34 In: *BLV-Magazin.* Berufsschullehrerverband. Dezember 2015.
35 In Anlehnung an den Werbe-Slogan: „*Wir können alles. Außer Hochdeutsch.*" Vgl. https://www.bw-jetzt.de

system!); „motivierende Leistungsschule", der Zauberstab, um eine fast schon verlorene Schüler-Generation wieder ins Boot der Bildungs-Bundesländer mit Anspruch zu hieven.

Wir haben verlernt, Leistung mit Freude, Begeisterung und Glück in Verbindung zu bringen. Stattdessen denkt, wer Leistung hört: Burnout, Stress, Psychiater. Leistung muss von uns Erwachsenen positiv jungen Menschen vorgelebt werden. Diese hören jedoch von uns nur: *ich muss schon wieder …, blöder Beruf, blöder Chef, blöde Klasse.* Leistung ist Vorbilds-Pädagogik, Leistungsanforderung ist konsequentes Einfordern, ohne feige vor „Schüler-Geheule und -Gepiense" einzuknicken. Wohlfeile Schüler-Sympathie durch Nachgeben sich zu erschleichen heißt, junge Menschen als Ego-Stabilisatoren zu missbrauchen. Leistung ist zunächst 'mal ein mühseliges Geschäft für den, der sie bringt, und für den, der sie fordert. Leistung gleicht einem steilen Bergaufstieg mit Unwägbarkeiten, extremen Anforderungen und am Ende der Beglückung des Gipfels, des Erfolgs. Nur, der „Bildungssteilhang Baden-Württemberg" endet dort, wo er beginnt, im Basislager, konkret: im Blick nach oben und bei der Entscheidung, in der kuscheligen Komfortzone unten weiterhin munter vor sich hin zu spaßen.

Mein Gegenentwurf: motivierende Leistungsschulen. Motivierende Leistungsschulen nehmen Lehrer und Schüler in die Pflicht. Motivierende Leistungsschulen machen aus dem schulalltäglichen Gegeneinander ein entschlossenes Miteinander, eine sich gegenseitig fordernde Engagement-Gemeinschaft, die vorgegebene Ziele anpackt, mit Biss sich vorankämpft und den gemeinsamen „Sieg" feiert. Fordern, Helfen, Feiern – motivierende Leistungsschulen fördern die pädagogischen Leistungsträger, schenken ihrem Glühen für Schule, Schüler, Visionen Raum und stärken ihnen den Rücken gegenüber Schüler-Trägheit und Eltern-Intervention. Motivierende Leistungsschulen setzen immer beim Lehrer an, er ist der Multiplikator für mitreißenden Leistungswillen, er steht für klare Führung – sein Fordern, seine Anerkennung lassen junge Menschen in den Grenzbereich ihrer Leistungskraft vorstoßen und von Erfolg zu Erfolg die Grenzen verschieben.

Motivierende Leistungsschulen sind meine Antwort auf das Bildungs-Desaster von Baden-Württemberg. Motivierende Leistungsschulen sind machbar, nur müssen die Rahmenbedingungen von Schule und Gesellschaft diese motivierenden Leistungsschulen ermöglichen, sie wollen – gegen alle Widerstände!

Motivierende Leistungsschulen: die entschlossene Antwort von heute für eine erfolgreiche Zukunft von morgen![36]

Vom Bildungsland zum Billig-Noten-Land

„Hauptsache, gute Noten!", forderte ein Vater von mir auf der Elternversammlung. Früher hieß es: „Hauptsache, mein Kind lernt etwas!" Welch' gewaltiger Unterschied, ein Paradigmen-Wechsel, eine diametral gegensätzliche Sicht von Schule. Nicht der Schüler hat angemessene Noten sich zu verdienen, sondern die Schule hat gute Noten – ohne Rücksicht auf Angemessenheit – zu liefern. Die Noten sind nicht mehr Ausdruck von Leistung, sondern das Markenzeichen „guter" Schulen. Das ist eine Pervertierung von Noten, sie werden ihrer Funktion entkleidet und als schulischer Werbe-Gag missbraucht. Mit Bananen lockt man Affen aus dem Urwald, mit guten Noten Schüler an die eigene Schule.

---

36 In: *BLV-Magazin*. Berufsschullehrerverband. November 2016.

Nur sind Noten kein Lockmittel und Schüler keine Affen! Wir als Lehrkräfte haben für Schüler Verantwortung – für deren Gegenwart und Zukunft! Die beklagte Noteninflation hat System: Wo mit Noten Schüler angelockt und von anderen Schulen weggelockt werden, werden junge Menschen zu „Klassenfüllern" für die jeweilige Schule entwürdigt, missbraucht, nicht aber deren Zukunft in den Mittelpunkt gestellt.

Die Masse der Lehrkräfte hat sich in den Noten zwischen Zwei und Drei stressfrei einquartiert. Kein Ärger mit den Eltern, super Verhältnis mit den Schülern – nur ist das letztendlich bewusst gewollter Betrug an ihnen. Feigheit in den Noten ist die eleganteste und angenehmste Form des Stehlens aus der pädagogischen Verantwortung, es bringt dem Lehrer Pluspunkte und den Schulen Schülern, zusammengefasst: Es vergeigt Zukunftschancen junger Menschen zugunsten von Stressfreiheit von Lehrern und vollen Klassen von Schulen.

Welche Schule in Baden-Württemberg als Erste zur Noten-Manipulations-Anstalt verkam, weiß niemand. Wir kennen aber das Ergebnis dieser Noten-Manipulation: den Absturz unseres Bildungslandes Baden-Württemberg. Jedes pädagogisch angemessene Durchgreifen – vom Schulverweis bis zu gerechten Noten – wird sofort wieder eingestampft mit Blick auf die Nachbar-Schule, die mit gechilltem Image von irgendeinem Hokuspokus, mit Lockerheit und super Noten wirbt, folglich gleich als Konkurrenz um „Schülermaterial" ängstlich wahrgenommen wird. Der Strudel nach unten hat vor einigen Jahren begonnen, das verantwortungsvolle Ziel jeder Schule, motivierende Leistungsschule zu sein, die sich der Zukunft junger Menschen verschrieben hat, wurde der leicht „bewerbbaren" Schul-Attraktivität geopfert und der stete Hinweis auf die Nachbarschule verhindert angemessenes Fordern, angemessene Noten, angemessene Disziplinarmaßnahmen.

Wenn wir weiterhin unser Bildungsland Baden-Württemberg in ein Billig-Noten-Land verkommen lassen, Leistungsmesser Noten zu Werbe-Bananen für Schulen, haben motivierende Leistungsschulen mit gerechten Noten immer schlechtere Karten, wobei gerade diese Schulen ihre Verantwortung wahrnehmen. Sie zu stärken wäre die Aufgabe der Eltern durch die Anmeldung ihrer Kinder, fordert dann aber Eltern mit Rückgrat, das nächste Problem heutiger Zeit.

Irgendwann werden die kaum noch aussagekräftigen Abschlusszeugnisse dazu führen, dass Betriebe und Hochschulen (derzeit Uni Lüneburg) mit eigenen Tests mit entsprechendem Schwierigkeitsgrad und Anforderungsprofil sich ihre Leute selbst aussuchen, was angesichts der Notenwillkür in Deutschland nur gerecht ist. Genau dies wäre dann die Stunde der motivierenden Leistungsschulen, besonders in unserem Bildungsland Baden-Württemberg, was mich für diese Motivations-Schulen ungemein freuen würde, noch mehr aber für ihre Absolventen, die zielorientiert vorbereitet mit Wissen, Kompetenz und Power in ihre Zukunft starten.[37]

Diskussionsanstoß zu den Kopfnoten

Die übliche Handhabung der Kopfnoten[38] finde ich ungerecht, unverantwortlich und unglaubwürdig.

→ **Ungerecht**: Es entspricht absolut nicht der Wirklichkeit, dass nahezu alle Schüler in Mitarbeit eine Zwei („gut"!) verdienen. Es ist ungerecht gegenüber den Schülern, die eine Zweier-Leistung in Mitarbeit erbringen. Letztendlich hängt alles am Klassenlehrer, der die Noten vorschlägt, die meist dann auch durchkommen.

———

37 In: *BLV-Magazin*. Berufsschullehrerverband. Oktober 2017.
38 „Kopfnoten" finden sich im oberen Teil eines Zeugnisses. Häufig werden sie auch „Betragsnoten" genannt. In ihnen zeigen sich Mitarbeit und das soziale Verhalten eines Schülers oder einer Schülerin.

→ **Unverantwortlich**: Mit diesem unbegründeten Notengeschenk stehlen wir uns aus unserer pädagogischen Verantwortung! Wir narkotisieren, wo wir aufrütteln müssten. Wir bringen uns um die pädagogische Möglichkeit, Schülern ihren Mitarbeitsstand zu verdeutlichen und auf eine Intensivierung der Mitarbeit fordernd und mit angemessenen Noten hinzuwirken.

→ **Unglaubwürdig**: Diese Notengeschenke machen uns außerhalb der Schule lächerlich. Bei Bewerbungen spielen die Kopfnoten wieder eine große Rolle. Mit unserer Kopfnoten-Nivellierung beweisen wir, wie wenig aussagekräftig unsere Noten sind!

I. Mitarbeitsnote

Vorschläge zur Änderung
Die folgenden zwei Vorschläge entstanden bei Gesprächen mit Kollegen. Diese Vorschläge sind in rechtlicher Hinsicht nicht geprüft, sie sollten deswegen aber auch nicht gleich abgeschmettert werden!

1. Vorschlag: 1/3-Lösung

Es wird vereinbart, dass bei ungefähr einem Drittel der Kopfnoten nicht die Note Zwei stehen darf, sondern die Noten Eins, Drei oder Vier.

Position: Dieser Vorschlag ist zwar relativ einfach zu handhaben und ist gerechter als unsere derzeitige Notengebung, hat aber etwas sehr Formalistisches an sich.

2. Vorschlag: Alle Fächer zählen gleich viel

Jede Lehrkraft, die in der Klasse unterrichtet, muss (!) einen Notenvorschlag für Mitarbeit in das Notenheft eintragen, wobei der Klassenlehrer als Erster seine Vorschläge eingibt, so dass er eine gewisse Richtung andeutet, mehr aber nicht. Jedes Fach ist gleichwertig. Die Noten werden zusammengezählt und dann gemittelt.

Position: Falls diese Lösung rechtlich möglich wäre, fände ich sie die gerechteste. Besonders die Nebenfächer würden davon ungemein profitieren, da dann die Noten-Strategen unter den Schülern, die ihre Mitarbeit an taktischen Hauptfach-Erwägungen festmachen, Probleme bekämen. Auch zwingt dieser Vorschlag jede Lehrkraft, klar Notenfarbe zu bekennen.

II. Verhaltensnoten

Vorschlag mit Begründung:
Dem Klassenlehrer wird weitaus stärker als bisher die Möglichkeit zu einer von einer Zwei abweichenden Note eingeräumt. Eine Eins verdient teilweise der Klassensprecher, Schülersprecher, Chefredakteur bei der Schülerzeitung: alles junge Menschen, die sich für die Schule und für ihre Mitschüler engagieren.

Eine Drei oder gar eine Vier erhalten Schüler, die mehrfach zu spät kommen, ihre Entschuldigungen nicht pünktlich abgeben, ihre Hausaufgaben nicht machen, stören, das Handy im Unterricht benutzen, Täuschungsversuche bei Klassenarbeiten begehen usw. Oft kann dieses Fehlverhalten nur der Klassenlehrer beurteilen. Umgekehrt sollten wir Lehrkräfte deutlicher als bisher dazu übergehen, wieder Klassenbuch-Einträge zu machen, z. B. habe ich mit anderen

Kollegen die Regelung, nicht gemachte Hausaufgaben sofort mit Eintrag festzuhalten. Gleiches gilt auch für Zuspät-Kommen (jeder abwesende Schüler wird sofort eingetragen, folglich kommt fast keiner mehr zu spät!).

III. Zielsetzung:

Gerechte und glaubwürdige Kopfnoten, die engagierte Mitarbeit fördern, Fehlverhalten aufzeigen und soziales Engagement würdigen.[39]

„Hybrid"-Lektüre: Artikel des **2. Kapitels** und weitere Beiträge finden Sie schnell und unkompliziert unter
→ **www.KlausSchenck.de/ks/lehrerbuch**

---

39 *BLV-Magazin*. Berufsschullehrerverband. Oktober 2017.

3. KAPITEL: DENKIMPULSE VON AUSSEN

Vergangene Schrift – erlebte Gegenwart (2018)

Liebe Kolleginnen und Kollegen,

als Jung-Pensionär hat man endlich Zeit, das zu lesen, was man schon seit Jahren lesen wollte. Ich stieß auf ein kleines Büchlein in meinem Bücherschrank, schmökerte darin und staunte über die präzise Schilderung der erlebten, erlittenen Schulsituation.

Aus dem Büchlein, dessen Titel und Erscheinungsjahr ich erst am Ende meines „Briefes" nennen möchte, will ich nun die für mich treffendsten Zitate auflisten. Ich wählte die Stellen, die Schüler, Eltern und Lehrkräfte beschreiben. Ich lasse es bewusst bei der alten Rechtschreibung, dem einen oder anderen wird an manchen Stellen auch der heute eher fremde Sprachduktus auffallen.

→ „Die Unternehmen kritisierten mangelhafte Kenntnisse der Berufsanfänger im Lesen, Schreiben und Rechnen, sie bemängelten fehlende Konzentrationsfähigkeit und stellten ein schlechtes Sozialverhalten fest. Thyssen-Stahl hatte „aufgrund ‚stärkerer Individualisierung, vermehrter Freizeitorientierung und der Erfahrung relativen Wohlstandes' einen ‚Mangel an Motivation' festgestellt. Es fehle an der ‚Einsicht in die Notwendigkeit, auch ungeliebte Situationen und Handlungen verantwortungsvoll zu bestehen'". (S. 14)

→ „Auch hier fällt auf, daß die Kinder … weniger bereit und fähig sind, … sich auf eine Tätigkeitsform einzulassen, die sich der spontanen Bewältigung sperrt, die also Zeit und Kraft kostet und Aufmerksamkeit verlangt." (S. 15)

→ „Die Anzahl der „guten" Schülerinnen und Schüler nimmt ab; die Anzahl der „schlechten" nimmt zu." (S. 16)

→ „Eine Anzahl der Kinder verhält sich so, als sei ihr Zentralnervensystem an das Vorabendprogramm des Fernsehens angeschlossen: … Sie sind nervös, können sich nicht konzentrieren, bedürfen der immer neuen Reize, Stimuli und Sensationen, können nicht allein sein, behalten nichts, strengen sich nicht an – kurz: das Konstante ihrer Persönlichkeit ist die Flüchtigkeit; ihr Verhalten ist flüchtig wie die 25 Frames pro Sekunde Fernsehfilm." (S. 17)

→ „Den Unterricht findet es (das Kind) langweilig, und das sagt es den Lehrkräften auch, und zwar vor, während und nach dem Unterricht. Es gibt kein Thema und keine Unterrichtsmethode, die ihn Unterricht interessant finden läßt." (S. 19)

→ „Es ist nur so, … daß es sich nicht steuern kann, daß es jeder Empfindung sofort nachgeben und jeder Anstrengung aus dem Weg gehen muß. Was es tut, muß Spaß machen und leicht sein … Seine Noten sind ausreichend bis mangelhaft. Seine Schrift ist kaum zu entziffern. Später will es viel Geld verdienen." (S. 20)

→ „Auf dem Markt sind die Individuen als Konsumenten gefragt, also als persönlichkeits-reduzierte Individuen: Je weniger sie in der Lage sind, die Befriedigung von Bedürfnissen aufzuschieben, je egoistischer, hedonistischer sie sind, je weniger gebildet, desto besser funktionieren sie im Konsumtionszusammenhang. Je weniger sie kritische und literarische Texte lesen, und je mehr Fernsehen und Werbefernsehen sie sehen, desto besser taugen sie als Konsumenten." (S. 22)

→ „Ein Blick auf das international wohl beliebteste Genre, den Kriminalfilm, zeigt: In den ‚Black-Series' des Hollywood-Films der vierziger Jahre treten eindeutig erwachsene Menschen auf – in heutigen amerikanischen Krimiserien eindeutig infantile Menschen." (S. 27)

→ „Die Widersprüche zwischen Lebenswelt, Familie und Schule sind inzwischen so zerreißend, daß die Schule keinesfalls in der Lage ist, diese aufzuheben. Wenn sie es schafft, die Mehrzahl der unerzogenen Kinder zu schulförmigem Verhalten zu erziehen, hat sie ihren Erziehungsauftrag erfüllt. Somit wird es auch nach dem 6. Schuljahr zahlreiche Kinder geben, die noch nicht schulreif sind – und es auch nicht mehr werden." (S. 36)

→ „Wer immer wieder erfährt, daß selbst sehr gut vorbereiteter Unterricht die „neuen Kinder" nicht erreicht, läßt irgendwann die gute Vorbereitung sein. Wer ständig jedes Moment seiner Arbeit auf Null gesetzt sieht, dessen Haupterfahrung ist der Nullpunkt, auf den er sich einrichtet." (S. 41)

→ „Die Lehrkräfte eines Stufenkollegiums müßten ohne Ausnahme dieselben Verhaltensregeln rigide einhalten. Für die „neuen Kinder" ist das Vorhandensein eines festen und dauerhaften Regelwerkes außerordentlich wichtig; sie müssen sich endlich einmal auf Erwachsene und Institutionen verlassen und eine existenzielle Situation sicher einschätzen können." (S. 44)

→ „Ein Unterricht, der die Struktur und Dramaturgie der Werbung kopiert – auf Effekt, Unterhaltsamkeit und Kurzweiligkeit, also auf „Spaß" getrimmt – würde zur Karikatur verkommen ... Ob Unterricht und Schule „Spaß" machen, ist unerheblich, Hauptsache, sie werden als sinnvoll erlebt ... Es gibt eine Art von pädagogischer Lässigkeit, Furcht davor, als unzeitgemäß dazustehen, einen pädagogischen Defätismus, der sich als Anbiederei an die Konsumentenideologie ausdrückt. Nur wenn Schule und Lehrkräfte sich selbst wichtig nehmen, werden sie auch wichtig genommen." (S. 59f.)

→ „Erwachsensein als reifer Lebenszustand hat kaum noch einen Wert: es als Erziehungsziel zu bestimmen, erregt Befremden ... Das Maß des Menschen ist jedoch der erwachsene, reife Mensch; das Kind ist auf dem Wege, nicht am Ziel. So gesehen ist die kindgerechte Schule allzuoft nur eine verkindlichte Institution, die dazu beiträgt, das Kind und sein Entwicklungsziel zu betrügen." (S. 61)

→ „Eltern nehmen inzwischen sehr häufig ihren Erziehungsauftrag nicht mehr wahr. Sie delegieren ihn an die Schule. Zugleich sind Eltern sich ihrer Rechte und Möglichkeiten sehr bewußt. Eine jüngere Elterngeneration ist sehr kritikfreudig und anspruchsvoll, ohne dabei pflichtbewusst zu sein." (S. 64)

→ „Sollte die Elternarbeit sich nicht lohnen – und vieles spricht für diese pessimistische Annahme –, dann bleibt natürlich auch hier nur übrig, die Kinder im Bewußtsein der Gegeninstanz Familie/Restfamilie zu erziehen und zu bilden." (S. 67)

→ „Die Entschulung von Schule verschärft die Probleme, nur die Besinnung auf das der Schule Eigentliche, welches keine andere gesellschaftliche Institution zu ersetzen

> vermag – sogar das Fernsehen nicht –, erst die Besinnung darauf verleiht der Schule ihre Wirkung und ihren Rang ... Der Entschulungskonzepte gibt es also viele, und die entschulte Schule ist als ‚Lebens- und Lernort' von Kindern auch vorstellbar ... und es wäre die Frage, ob alle Lehrkräfte, die sich für die Entschulung von Schule einsetzen, ihre eigenen Kinder in eine solche Schule schicken würden, wenn das Gymnasium erreichbar wäre." (S. 71–73)
>
> → „Der Verfasser möchte also ohne die Pose des Anklägers zum Ausdruck bringen, daß es keine Hoffnung auf Verbesserung der Arbeitsbedingungen der Lehrkräfte geben kann, und daß die Lehrkräfte sich darauf einzustellen haben." (S. 89)

Kolleginnen und Kollegen meiner Generation erinnern sich vielleicht noch an die Gesamtschuldiskussion in Nordrhein-Westfalen. Bei den Zitaten handelt es sich um die „pädagogische Streitschrift" von Horst Hensel *Die Neuen Kinder und die Erosion der Alten Schule*[40] (Oktober 1993). Die Streitschrift wurde genau ein Jahr zuvor an einen kleinen Kreis von Kolleginnen und Kollegen verschickt, dann sickerte plötzlich vieles durch, sodass sich Hensel zu diesem Büchlein – ohne alle Zitatnachweise – gezwungen sah. Dr. Winterhoff – *Warum unsere Kinder Tyrannen werden* – hat seine Beobachtungen und Studien auch in Nordrhein-Westfalen gemacht, konkret in Bonn. Beide erscheinen mir als „Propheten" eines Verhaltens von Schülern, Eltern, aber auch Lehrkräften, das ich mir in dieser Parallelität nie habe vorstellen können.

Mein Baden-Württemberg in Teilbereichen auf Bremen-Niveau! Ich war so stolz, im Land des Bildungs-Primus unterrichten zu dürfen und blickte mit Spott auf andere Bundesländer, hauptsächlich Bremen, herab. Jetzt besteht meine Freude darin, pensioniert zu sein.

Jürgen Kaube: *Ist die Schule zu blöd für unsere Kinder*? (2019)

Der Großteil meiner Veröffentlichungen liegt Jahre zurück, aber ich habe bei keinem meiner Artikel den Eindruck, dass sie überholt sind – im Gegenteil, ich war wohl mit meinen Einschätzungen, meinen Warnungen der Zeit voraus. Vieles ist jetzt deutlicher eingetreten, als ich es damals ahnte.

Hier nun Zitate aus einem aktuellen Buch (Juni 2019): Jürgen Kaube: *Ist die Schule zu blöd für unsere Kinder?* Rowohlt Berlin.[41]

> → „Struktur in der Schule nützt am meisten denen, die sie sonst nur schwer bekommen." (S. 125)
>
> → „Die Schule hat vielerorts den Sinn für Wiederholung, Übung, Einübung verloren. Wo immer jemand sie verlangt, regt sich der Protest, das sei nicht kreativ, sondern autoritär und ‚old style', das sei nicht individuell, nicht kindgerecht, nicht selbstwirksam und irgendwie nicht schön." (S. 144)
>
> → Die Schule „dürfe sich, heißt es, nicht von der Lebenswelt der Schüler entkoppeln. Dass sie das ständig tut und dass gerade darin der Sinn der Schule liegt, den Schülern etwas zu zeigen, was sie nicht kennen, womit sie nicht vertraut sind, was sie

---

40 Horst Hensel: *Die neuen Kinder und die Erosion der Alten Schule.* Verlag Kettler, 1993.
41 Jürgen Kaube: *Ist die Schule zu blöd für unsere Kinder?* Berlin: Rowohlt, 2019.

womöglich nur in der Schule, aber nicht ‚im Leben' lernen können, wird beiseitege-schoben … Ranschmeiße ist keine Unterrichtshaltung …" (S. 206)

→ „Folgerichtig sind einige Schulen und zuletzt ganz Frankreich zu Handyverboten auf dem gesamten Schulgelände übergegangen, während die Schulministerin Nordrhein-Westfalens von der Bedenken-second-Partei die Smartphones gerade unter dem Motto ‚Bring Your Own Device' in den Unterricht einführen möchte." (S. 208)

→ „Inzwischen sind diese Rufe nicht nur deshalb leiser geworden, weil von den Lehrern in Korea, Japan und Singapur, deren Schüler zuletzt hervorstachen, nicht bekannt ist, dass sie sich im Klassenzimmer zurücknehmen und einen schülerzentrierten Unter-richtsstil pflegen. In Finnland tun sie das übrigens auch nicht, wie dann bald bekannt wurde und man eigentlich auch hätte wissen können – hieß es doch, das Land habe sich bei seinen Schulreformen von der Unterrichtskultur der DDR anregen lassen. Diese galt nicht gerade als autoritätsfeindlich. Eine Kultur, darf angemerkt werden, die bis heute dafür sorgt, dass die Schulleistungen im Osten Deutschlands sich sehen lassen können." (S. 223)

→ Zur Bildungsstudie von John Hattie: „Denn die wichtigsten Erfolgsfaktoren des schulischen Lernens liegen ihr zufolge auf Seiten der Lehrkraft: die Qualität ihrer Instruktionen, ihre Glaubwürdigkeit und Klarheit, das ständige Feedback, das zu geben sei, die Befähigung der Schüler, sich auszudrücken und das eigene Niveau einzuschätzen, sowie eine strikte Sequenz aus klar kommunizierten Unterrichtszielen und Erfolgskriterien, modellhaftes Vorführen von Lösungen, Überprüfungen, ob alle verstanden haben, und anschließendes Üben. Lautes Denken ist hilfreich, Klassen-diskussionen sind es, etwas in eigene Worte zu fassen. Die Autorität der Lehrkraft beruht dabei sowohl auf ihrer Beherrschung des Stoffes und der Deutlichkeit, mit der er dargestellt wird, wie auf der Fähigkeit, auf typische, aber auch überraschende Fragen zu antworten." (S. 227)

→ „Im Zuge einer empirischen Studie in den Vereinigten Staaten zeigte sich einst, dass asiatische Einwanderer in einem Schulbezirk im Durchschnitt doppelt so viele Schul-bücher gekauft hatten als andere Familien. Nämlich immer ein Buch für das Kind und das gleiche Buch noch einmal für die Eltern … Wer stets nur nach dem Staat und seinen Schulen ruft, wenn pädagogische Defizite sichtbar werden, überschätzt nicht nur deren Möglichkeiten – er unterschätzt auch die der Familien." (S. 269)

Michael Winterhoff: *Warum unsere Kinder Tyrannen werden* (2010)

Das Buch von Dr. Winterhoff (Kinder- und Jugendpsychiater in Bonn) ist ein Klassiker. Es liest sich erhellend, setzt aber ein gewisses Interesse an psychologischen Fragestellungen voraus. Vieles von dem täglich Erlebten an der Schule spiegelt sich in diesem Buch wider und macht den Schulalltag – auch bezogen auf Lehrkräfte – aus psychologischer Sicht verständlich.

Am einfachsten und klarsten finden sich seine drei zentralen Thesen bei Wikipedia (12.8.2019) zusammengefasst:

→ **„Kind als Partner**: Das Kind wird als gleichberechtigter Erwachsener behandelt. Der Er-wachsene begibt sich auf eine Stufe mit dem Kind …

→ **Projektion**: nennt Winterhoff das Bedürfnis des Erwachsenen, vom Kind geliebt zu werden, sofern dieses Bedürfnis die erzieherische Autorität korrumpiert. Der gesellschaftlich enttäuschte Erwachsene begibt sich „in der Projektion" auf eine Stufe unter das Kind, um hier seine Bedürftigkeit nach Liebe und Anerkennung stellvertretend zu kompensieren ...

→ **Symbiose**: das Kind wird im Rahmen einer psychischen Verschmelzung ein Teil des Erwachsenen. Die Symbiose sei gleichzeitig die Extremform in der absteigenden Trias der Fehlhaltungen, in welcher keinerlei seelische Abgrenzung mehr erkennbar ist ..."

Zur Veranschaulichung seiner Thesen hier einige Zitate:

→ „Das Gleiche gilt für Erzieher und Lehrer, die gegenüber Kindern Respektpersonen darstellen müssten und ebenfalls Tendenzen zeigen, die ihnen anvertrauten Kinder als Projektionsfläche zu nutzen, um ihre eigenen Defizite zu kompensieren ... Das Kind dient dazu, dass ich geliebt werden kann (Eltern, Lehrer ...)." (S. 131)

→ Es kommt „im Rahmen der Projektion zu einer Machtumkehrung, d.h. der Erwachsene begibt sich auf eine Ebene unter das Kind, wird bedürftig und das Kind ist plötzlich für die Bedürfnisbefriedigung zuständig". (S. 150)

→ „In dieser Situation kommt Kindern dann eine grundsätzlich neue Rolle zu. Sie werden vom Erwachsenen funktionalisiert, bekommen den Status des Zuwendungslieferanten zugewiesen, so dass sich der Erwachsene in die Lage versetzt sieht, über das Medium des Kindes sein Zuwendungsdefizit zu kompensieren. Diese dem defizitären Erwachsenen bis dato unbewusste Kompensation stellt letztendlich einen emotionalen Missbrauch des Kindes dar ... Stattdessen wird das Kind ständig in der frühkindlichen Fantasie bestätigt, es sei allein auf der Welt, könne alles um sich herum steuern, indem es seine Zuwendung selektiv vergibt, wenn der Erwachsene sich entsprechend verhalten hat." (S. 202)

→ „Fast immer wird es heute so sein, dass die Unterhaltung der Erwachsenen sofort unterbrochen wird und man sich dem Kind zuwendet, anstatt das begonnene Gespräch zunächst zu beenden, um dann dem Kind Aufmerksamkeit zukommen zu lassen.
Das Kind macht also in diesem Moment die Erfahrung, zehn Erwachsene auf einmal steuern zu können. Gigantisch! Niemand jedoch bemerkt, dass dem Kind in dieser Situation, die nur aus Zuwendung und Aufmerksamkeit zu bestehen scheint, eine exIstentielle Erfahrung verweigert wird, nämlich die, sich ausrichten zu müssen, warten zu müssen, bis das eigene Begehren befriedigt werden kann. Würden die zehn Erwachsenen sich entsprechend verhalten, würde das heute fast immer als lieblos, abweisend oder schroff fehlgedeutet." (S. 203)

→ „Wir müssen uns endlich wieder mit der Sinnfrage auseinandersetzen, nicht vor ihr davonlaufen und Kinder dann als Kompensation für unser Sinn-Defizit wahrnehmen und benutzen. Erst, wenn wir als Erwachsene in der Lage sind zu erkennen, dass die kindliche Psyche der Formung durch ein älteres Gegenüber bedarf, versetzen wir uns wieder in die Lage, für eine zukunftsweisende Gesellschaft zu sorgen ..." (S. 208)

Michael Winterhoff: *Deutschland verdummt* (2019)

Mein Manuskript hatte schon die erste Runde bei meiner Lektorin hinter sich, als ich auf das neue Buch von Michael Winterhoff stieß: *Deutschland verdummt – Wie das Bildungssystem die Zukunft unserer Kinder verbaut* (2019). Es war eine Präzisierung seiner Gedanken als Kinder-Psychiater auf den konkreten Schulalltag – mein Thema. Beim Lesen dachte ich immer wieder: Woher kennt der „Kerl" meine Lehrererfahrung, meine Lehrerbiografie? Wir sind uns doch nie begegnet, mein Erlebtes liegt Jahre vor Erscheinen seines neuen Buches. Und ich fühlte mich plötzlich so verstanden, so in seinen Formulierungen erfasst. Aus seiner allgemeinen Darstellung wurde meine ganz persönliche Lehrer-Vergangenheit.

Sehr geehrter, lieber Herr Dr. Winterhoff,
mit diesen Zeilen möchte ich Ihnen herzlich für Ihr Buch „Deutschland verdummt" danken. Ich fühlte mich in ihm an vielen Stellen nicht nur bestätigt, sondern verstanden, meine Erfahrungen deckten sich fast schon erschreckend mit Ihren Ausführungen und machten mir klar: Ich bin kein Einzelfall, ich bin nicht neben der Pädagogik-Spur, sondern ich blieb der verantwortungsvollen Spur treu, heutige Pädagogik-Zeiten sind nur daneben. Und diese machten mich immer einsamer, bis ich resignierte und 2018 in die reguläre Pensionierung flüchtete, obgleich ich als Powerlehrer bis 70 unterrichten wollte. Ihre Sätze auf S. 149 kamen für mich zu spät:

„So wie bei den Pädagogen, die ihre Schüler noch anleiten und begleiten, sehe ich bei ihnen die Gefahr, dass sie mit der Zeit mürbe werden und an sich zu zweifeln beginnen. Sie brauchen den Zuspruch, dass sie auf dem richtigen Weg sind." Welcher Zuspruch, welche Bestätigung, wow, aber zu spät! Meine stets gleiche Begründung, warum ich's „schmiss": Ich ertrage bei den Schülern Niveaulosigkeit, Desinteresse und Gleichgültigkeit nicht länger!

Aber die Sätze auf S. 125 trafen mich ins Mark:
„Was für ein Widerspruch! Im Verhältnis von Lehrern zu Schülern soll es keine Hierarchie mehr geben, das Kind wird auf Augenhöhe mit den Erwachsenen gehoben, alles wird ausdiskutiert. Im Verhältnis von Vorgesetzten zu Lehrern und Erziehern dagegen wird absoluter Gehorsam eingefordert … Denn der Effekt ist, dass der Lehrer niedergeknüppelt und sein Enthusiasmus erstickt wird. Ihm wird das Herz herausgerissen."

Besonders die letzten zwei Sätze trafen in einer Weise, die ich kaum beschreiben kann. 2016 wurde aus dem Engagement-Lehrer Schenck der Lehrer-Zombie, der nach all den Demütigungen, gefühlten zwei „Liquidierungen" die Schule komplett von sich abspaltete, nur noch als seelenloses Pädagogik-Wesen durch das Schulhaus waberte: freudlos, engagementlos, emotionslos. Ich gab meine Lebendigkeit an der Schul-Garderobe ab und holte sie mir nach Schul-Schluss wieder, und im Verlassen des Schulgebäudes wurde ich wieder ein Mensch mit Gefühlen, Ideen und Lebensfreude. Ich habe dies ausführlich im Kapitel 8[42] des vorliegenden Buches beschrieben. „Vom Engagement-Lehrer zum Lehrer-Zombie" wurde dann auch der Buch-Titel. Im Niederschreiben des Erlebten fand ich nach meiner Pensionierung wieder Lebenskraft und im Veröffentlichen im Netz den Mut, all das Niedergeschriebene der Wahrheitsprobe zu unterziehen. In der Lehrerzeitung baute ich unter eine

---

42   Siehe Kapitel 8, S. 129 ff.

Veröffentlichung einen QR-Code direkt zu diesen „Liquidierungs"-Berichten. Und es geschah – nichts, absolut nichts! Erst nach dieser Wahrheitsprobe schrieb ich das vorliegende Buch.

Ich lebe auf in der Pensionierung, ich engagiere mich weiterhin mit Materialien und Sendungen auf meinen drei Internet-Kanälen – besonders für schwächere Deutsch-Schüler, ich bin glücklich, anderen mit meinem Engagement dienen zu können, ich bin mit mir im Reinen und dankbar für mein Leben, auch mein Lehrer-Leben.

Sie, lieber Herr Dr. Winterhoff, wollen Lehrer im Schuldienst ermutigen und genau diese Motivation ist auch meine: Kolleginnen und Kollegen das Gefühl schen(c)ken, sich in meinen Lehrer-Widerfahrnissen, in meinen Formulierungen wiederzufinden. Zu spüren: ich bin nicht allein, mag ich auch pädagogisch an meiner Schule einsam, isoliert und verspottet sein. Ich kann vor mir bestehen, mein Fürsprecher heißt Verantwortung für junge Menschen: Beistand, Richtung und Hilfe für sie, aber leicht wird mein Weg nicht!

Nochmals vielen Dank, lieber Herr Dr. Winterhoff, für diese ganz unverhoffte Bestätigung all meines Engagements. Ihr Buch ermöglicht mir, mit innerer Zufriedenheit auf meine Lehrer-Jahrzehnte zurückzublicken – und das ist nach all dem Zweifel am eigenen Tun ungemein befreiend. Danke!

Ihnen alles Gute!

Ihr Klaus Schenck, Januar 2020

Die zahlreichen nachfolgenden Zitate aus Winterhoffs Buch[43] bestätigen meine Erfahrungen im Schulalltag und verbinden so den Kinderpsychiater Dr. Winterhoff mit dem Lehrer Schenck.

→ „Auch in Kindergärten und Schulen finden Kinder kein Gegenüber, an dem sie sich orientieren und ihre Psyche bilden können." (S. 8)

→ „Es genügt schon, den ungeheuren Lärm in Klassen- bzw. Gruppenräumen als das zu sehen, was er ist: psychisch und physisch krankmachend." (S. 11)

→ „Noch verrückter ist es, dass niemand auf die Idee kommt, die Kinder anzuhalten, leiser zu sein." (S. 12 f.)

→ Die Schüler „sind weder lernwillig noch wissbegierig, sie konzentrieren sich nur nach Lust und Laune und sind somit zu angemessenen Lern- und Arbeitsleistungen gar nicht fähig. Auf pädagogische Interventionen reagieren sie mit frechem, respektlosem Verhalten oder mit Verweigerung. Sie verhalten sich bestimmend und steuernd, verfügen über keine Frustrationstoleranz und meiden Anstrengung. Es fehlt ihnen die Reife, aus Konflikten zu lernen und ihren Beitrag zur Konfliktsituation zu erkennen – immer sind die anderen oder die Umstände schuld. Sie kreisen um sich selbst, leben häufig autistoid in sich zurückgezogen und nehmen außerhalb von sich wenig wahr." (S. 28 f.)

→ „Ohne Beziehung zwischen Schüler und Lehrer kann Schule nicht funktionieren." (S. 43)

→ „‚Du kannst dir alles selbst beibringen, musst dich nicht anstrengen, um etwas zu erreichen, kannst machen, was dir Spaß macht.' Entsprechend formt sich das Weltbild der Kinder: ‚Ich brauche niemanden, kann alles selbst steuern und bestimmen.' Dies ist exakt das Weltbild, das dem psychischen Entwicklungsstand eines Kleinkindes entspricht. Ein einjähriges Kind versteht noch nicht, dass es die Erwachsenen braucht. In seinem Alter denkt es: ‚Es fliegt mir alles zu.'" (S. 50)

---

43   Winterhoff, Michael: *Deutschland verdummt. Wie das Bildungssystem die Zukunft unserer Kinder Verbaut.* 2. Auflage. Gütersloh: Gütersloher Verlag, 2019.

→ „Von ihrer Psyche her gesehen, sind viele Azubis immer noch Kleinkinder, weder lern- noch leistungsbereit und ohne Sinn für Pünktlichkeit, Regeln, Strukturen und Abläufe." (S. 88)

→ „Leistungsanforderungen abzusenken und gute Noten für mittelmäßige oder schlechte Leistung zu geben, macht einer Schule das Leben leicht: Die Anmeldezahlen stimmen, die Schulbehörden sind zufrieden und die Eltern haben wenig zu meckern." (S. 102)

→ „Vielen der Studienabbrecher hätte eine objektive Leistungsbewertung in der Schule die quälenden Erfahrungen des Nicht-gut-genug- und Am-falschen-Platz-Seins erspart." (S. 110)

→ „Aus meiner Sicht als Kinderpsychiater sind die Voraussetzungen für erfolgreiches Lernen im Kern immer dieselben: Kinder brauchen den Lehrer als Gegenüber, an dem sie sich orientieren können, klare, nachvollziehbare Regeln und eine große Arbeitsruhe." (S. 118)

→ „So lange der Rahmen stimmt ... sollte ein Lehrer seine eigenen Ideen umsetzen dürfen; denn jede Klasse und auch jeder Lehrer ist anders. Kann er sich mit seinem Unterricht identifizieren, wird auch der Funke zu den Kindern überspringen. Das ist, worauf es ankommt." (S. 135 f.)

→ „Der Lehrer muss anleiten, und das Kind muss üben – sonst wird das nichts. Niemand würde auf die Idee kommen, ein Kind könnte Geigenspielen lernen, wenn man ihm eine Geige ins Kinderzimmer legt und sagt: ‚Wenn du Lust hast, nimmst du sie in die Hand und schaust mal, ob es dir Spaß macht.'" (S. 138 f.)

→ „In der Schule hat man sich ja auf die Kleinkind-Psyche der Schüler eingestellt und lässt die Kinder aussuchen, womit sie sich beschäftigen." (S. 168)

→ „Kindergärten und Grundschulen müssen digitalfreie Oasen sein; wir müssen Kinder bis zum zehnten Lebensjahr möglichst umfassend vor Digitalisierung schützen, statt sie auch noch willentlich hineinzustoßen ... Denn bevor Kinder vor Bildschirme gesetzt werden, müssen sie erst einmal in der realen Welt ankommen und sie mit Händen und Füßen entdecken, begreifen und erobern dürfen." (S. 207)

Joachim Gauck: *Toleranz – einfach schwer* (2019)

Das Buch von Joachim Gauck ist in seiner gedanklich differenzierten Unaufgeregtheit beruhigend anregend, in seiner politischen Weisheit offen, ohne auf eine klare Position zu verzichten und aus der inneren Klarheit erfolgt die äußere Toleranz! In diesem Buch finde ich mich wieder: ein Konservativer, der voller Ideen sprüht, ein Konservativer, der es gut mit Linken kann, ein Konservativer – trotz Parteibuch politisch heimatlos. Ein Konservativer, der vom „schwarzen Intriganten-Stadel" vor Ort, dem rückwärtsgewandten Kreisen um sich selbst innerhalb zementierter Mauern angewidert seinen Konservativismus der Werte als Kompass lebt, um in innerer Orientierung Vorreiter des Neuen, des Noch-nicht-Vorhandenen zu sein, in innerer Klarheit dem Noch-nicht-Abgesicherten mutig, entschlossen und zuversichtlich zu begegnen.

Was mich jedoch aggressiv macht, ist das triefende Moralin der selbst ernannten „Gut-Menschen", das jeden Humor, jedes Lachen, jede Selbstkritik in seiner Moral-Hybris ertränkt. Die Moral-Wächter peitschen mit der „political correctness" jeden abweichenden Gedanken aus. Die Tyrannei der „Gut-Menschen" mit ihrer „Political-correctness-Keule" kennt – wie jede Tyrannei –

kein Sowohl-als-Auch, sondern nur ein Für-Uns oder ein Gegen-Uns: weiße Hüte und schwarze Hüte, aber keine grauen. Ein verräterisches Wort und das Urteil ist gesprochen. Moralin-Schaum vor dem Mund, das Messer zwischen den Zähnen wird ständig zensiert und die Lebendigkeit liquidiert. Der Inhalt spielt zunächst keine Rolle, zuerst beginnt die Zensur: sind alle Gender-Forderungen eingehalten, auch wenn der Text vor lauter männlichen, weiblichen, diversen Formen kaum noch verständlich ist? Der Inhalt wird sekundär gegenüber den eingehaltenen Tugend-Diktaten.

Meine Texte atmen Ästhetik, beim lauten Lesen klingen sie für sensible Ohren musikalisch, in meine Texte gieße ich mein Sprachgefühl, komponiere Worte zu Sprachgeweben, meine Sprache lasse ich nicht mit dem angemaßten Gerechtigkeits-Schwert einer Minderheit exekutieren. Auch bin ich nicht bereit, mich ständig wie ein kleines Kind zu irgendeinem Gut-Menschtum erziehen zu lassen; ständig gesagt zu bekommen, was für mich eigentlich das Richtige sei, wie mein Denken zu funktionieren habe, mit wem Mitleid angemessen ist und über wen ich hinwegtrampeln darf. Kriterium dabei ist nicht die Sache, sondern ob die Sache einen schwarzen Hut trägt oder einen weißen, zu den Guten oder den Bösen gehört, und dies legen die Tugend-Wächter fest – stets in der Minderheit, aber gleichzeitig stets in der Anmaßung nicht hinterfragbarer göttlicher Einsichten.

Dieser Manichäismus von Licht und Finsternis, dieses ständige bewertete Sortieren, dieses hundertprozentig klare Trennen in Gut und Böse, in Zustimmung und Ablehnung sprengt mein Denken, raubt meinem Geist das Sowohl-als-auch, nimmt mir die Freiheit der Weite, des Vereinens des Getrennten, die Bereicherung in der Unterschiedlichkeit. Jeder „Minderheiten-Spleen" bekommt heute die große Bühne, wir aber, die Mehrheit, sind ins Parkett verbannt und sollen als Zuschauer dem Treiben applaudieren. Auch Mehrheits-Empfinden, Mehrheits-Ängste, Mehrheits-Gedanken verdienen ihre Bühne und für diese Mehrheits-Bühne schreibe ich dieses vorliegende Buch!

Zurück zu Joachim Gauck (*Toleranz – einfach schwer*. Herder, Freiburg, 2019): Die Weite und die Klarheit seiner Argumentation erzwangen meine persönliche Positionierung. Hier die Zitate, die mir nicht nur halfen, selbst Position zu beziehen, sondern das zurzeit Getrennte zu versöhnen:

→ „In ihrem Bestreben, auch noch kleinen und kleinsten Gruppen Anerkennung zukommen zu lassen und ihnen Teilhabe zu ermöglichen, haben die Progressiven aber oft den Kontakt zu Mehrheiten verloren." (S. 80)

→ „Linke und Linksliberale … [haben] offensichtlich kein Problem damit, eine Eingrenzung oder gar Aussetzung der Meinungsfreiheit zu fordern und zu praktizieren, die sie, beträfe sie Linke, Feministinnen, Queere, Migranten, lautstark anprangern würden. Sie folgen einer Reinheitsidee, die den breiten Raum von Debatten in einer offenen Gesellschaft dirigistisch einengt … Sollen meine diskursiven Bemühungen an den Grenzen dessen enden, was mir als politisch korrekt und angenehm erscheint?" (S. 104)

→ „Als inakzeptabel rechts gilt häufig schon, wer zu seiner Heimat eine besondere Verbundenheit empfindet und am Nationalstaat hängt … Ihr Konservativismus ist eine Haltung, die – ganz im Gegensatz zu Radikalen – Extreme meidet. Der Konservative … will keine neue Welt erschaffen, weil er den oft hohen Preis des Fortschritts kennt. Er will den ‚Wandel verträglich gestalten, Bewährtes bewahren und Reformbedürftiges verbessern' (Rödder). Der Konservative ist misstrauisch, ob der Fortschritt wirklich dem Guten dient oder nicht auch das Schlechte fördert. Das macht ihn zögerlich, abgeneigt gegenüber radikalen Maßnahmen, technologischen Innovationen, Visionen und überschäumender Moral. Er hält sich an das, was er für machbar hält… Das mag Linken und Liberalen so wenig gefallen wie unideologischen Fortschrittbejahern, aber das macht den Konservativen nicht zum Reaktionär und erst recht nicht zum Rechtsextremisten." (S. 109)

→ „Die Bürger brauchen … einen Schutz auch gegen die ‚Tyrannei des vorherrschenden Meinens und Empfindens' (Mill), gegen die Tendenz der Gesellschaft, ihre Ideen Menschen mit abweichenden Meinungen aufzuerlegen und möglichst alle zu zwingen, sich nach ihrem Modell zu formen." (S. 112f.)

→ „Auch die Gewalt derer, die dem ‚Guten' dienen wollen, ist Selbstjustiz und trägt zur Eskalation bei." (S. 120)

→ „Von starker Voreingenommenheit zeugt auch die gänzlich einseitige Parteinahme für die Palästinenser: als hätte es keine Intifada gegeben, als gäbe es nicht die permanenten militärischen Provokationen aus dem autoritär beherrschten Gazastreifen. Wer glaubwürdig sein will in seinem Kampf für Menschenrechte, kann nicht israelische Angriffe anprangern, palästinensischen Terror oder iranische Propagandaattacken auf Israel als die ‚Keimzelle alles Bösen' aber verschweigen." (S. 134f.)

→ „Mich jedenfalls stört der vormundschaftliche Gestus, den die Veränderer an den Tag legen. In mir entsteht Abwehr, wenn … Fürsorge mich in einen Sprachraum [nötigt], der von betreutem Sprechen geprägt ist." (S. 143)

→ „Tatsächlich kennt die politische Korrektheit oft nur ein Entweder-Oder. Es handele sich um eine Art tugendgeleitete Überreaktion, eine neue Intoleranz, die mit Wahrnehmungs- und Denkverboten verbunden sei. ‚Was nicht politisch korrekt ist, ist eben unkorrekt', schrieb der *Zeit*-Journalist Dieter E. Zimmer 1993 … über die politische Korrektheit. ‚Grauzonen des Zweifels räumt sie nicht ein, Zickzackprofile gehen über ihren Horizont: Wer das Lager der PC (Hinweis: political correctness) in einem Punkt verlässt, wird sofort in das des Feindes eingewiesen. Sie ist zudem durch und durch moralisch: Das Inkorrekte ist nicht nur falsch, es ist böse.' Und da Böses nicht geduldet werden darf, wird es unnachsichtig verfolgt. Politische Korrektheit war allzu häufig mit Unnachsichtigkeit verbunden." (S. 147)

→ „Wir brauchen politische Korrektheit nicht mit einem besserwisserischen, andere deklassierenden und andere überfordernden Gestus. Wir brauchen sie nicht als verkapptes Herrschaftsinstrument im Stil einer vormundschaftlichen Moral." (S. 151)

→ „Für mich ist es unverständlich, wie Ideologie, die ihre Zentren an den Universitäten hat, derart eklektisch und unhistorisch vorgehen kann. Wie sich Menschen das Recht anmaßen können, über die gesamte Vergangenheit mit den Kategorien von heute zu urteilen, und glauben können, die Welt ließe sich mit simplen manichäischen Auffassungen erklären. Statt auf erhellende Einsichten stoßen wir hier auf eine neue Spielart von Verschlossenheit und Intoleranz." (S. 165)

→ „Derjenige, der sich viktimisiert (Hinweis: zum Opfer machen) und viktimisieren lässt, macht sich übermäßig abhängig von der Anerkennung seiner Umgebung … Aber noch wesentlicher ist und bleibt für mich, dass jeder Mensch die Möglichkeit erhält, Selbstbewusstsein zu entwickeln, damit das, was einen Menschen kränkt und beleidigt und nie gänzlich aus der Welt zu schaffen sein wird, möglichst wenig Macht über ihn gewinnt." (S. 168)

→ „Wenn Kinder, Schüler und Studenten nicht gefordert werden, können sie keine Abwehrkräfte entwickeln. Menschen werden nicht resistenter, widerstandsfähiger, selbstbewusster, wenn sie vor unangenehmen, belastenden Situationen geschützt werden, sondern wenn sie lernen, mit Zumutungen umzugehen und Situationen aktiv zu verändern. Es sollte, so Haidt, nicht die Aufgabe der Universität sein, die ‚korrekten' Ansichten ständig zu bekräftigen, die Angst vor Anfechtungen zu schüren und die Studenten wie eine übervorsichtige Mutter vor Unangenehmen zu schützen. Aufgabe der Universität sei es nämlich, Menschen mit ihrem Unwissen und ihrer Unsicherheit zu konfrontieren, sie frei recherchieren und Falsches von Richtigem unterscheiden zu lehren." (S. 169)

Matthias Lohre: *Das Opfer ist der neue Held* (2020)

Gaucks Gedanken werden von ganz unverdächtiger Seite bestätigt – in *„Psychologie Heute*, Mai 2020, dort auf Seite 39:

„… Strache, Trump, Höcke und linke Verfechter der Identitätspolitik teilen, so unterschiedlich sie auch sind, eine düstere Weltsicht. Um sich herum vermuten sie abgehobene Eliten, die rechtschaffene Bürger wie sie erniedrigen. Dabei genügt ihnen ihr subjektives Empfinden. Jeder Einwand, jede Verteidigung bestätigt ihnen nur die Verblendung der anderen. Weil sie glauben, in Notwehr zu handeln, ist ihnen jedes Mittel recht. So verhalten sie sich unfair im Namen der Fairness, eigensüchtig im Namen des Gemeinwohls, unmoralisch im Namen der Moral.

Wir werden Zeugen eines epochalen Umbruchs. Das Ideal des selbstbestimmt lebenden Individuums verblasst und an seine Stelle tritt das immerzu Aufmerksamkeit und Mitgefühl einfordernde Opfer. Dessen Selbstwertgefühl speist sich nicht aus eigenen Leistungen, Ideen oder guten Taten. Die Selbsteinschätzung der neuen Opfer bringt der Literaturwissenschaftler Daniele Giglioli so auf den Punkt: ‚Wir sind stolz darauf, etwas erlitten zu haben. Wunden, tatsächliche genauso wie symbolische, sind der Nachweis für Glaubwürdigkeit.' Indem sie sich durch – reale oder vermeintliche – Verletzungen definieren, schaffen sie sich eine schlüssige Lebenserzählung. Ich leide, also bin ich …"[44]

Thilo Baum: *Meinungsfreiheit – wo sind die Grenzen des Sagbaren?* (2020)

Am 29. März 2020 hörte ich um 8.30 Uhr in SWR2 aus der Reihe Wissen/Aula den Vortrag von Thilo Baum (Kommunikationsexperte/Sachbuchautor) *Meinungsfreiheit – wo sind die Grenzen des Sagbaren?*, sein Ansatz imponierte mir. Aus dem Radiomanuskript nachfolgend der Schlussteil:

„… Ich empfinde es als intolerant, Menschen für Äußerungen zu verurteilen, ohne dass allem eine sachliche Diskussion vorausgegangen wäre. Aber bei erschreckend vielen Menschen lösen bestimmte Trigger sofort Bewertungen aus. Und das hat nichts mit einem Rechtsrahmen zu tun oder mit dem, was im Sinne der „Verbrannten Wörter" aus der Nazizeit sagbar ist.

---

44   Matthias Lohre: *Das Opfer ist der neue Held*. In: Psychologie heute. 5/2020. S. 39–40.

Sondern es hat damit zu tun, ob eine Meinung opportun ist – im Sinne des Zeitgeistes, zu dem beispielsweise die Amadeu-Antonio-Stiftung beiträgt.

Vielleicht haben Sie von dem Versuch der AfD-Politikerin Beatrix von Storch gehört, an der Veranstaltung „Klimawandel und Gender" der „Public Climate School" an der Freien Universität Berlin teilzunehmen. Bei Twitter schrieb von Storch: ‚Ich versuche mir ein Bild zu machen. Womit beschäftigen sich die öffentlichen Lehranstalten? Sind die Universitäten und die Wissenschaft noch frei?'Und: ‚Mich interessiert brennend, was Klimawandel mit Geschlechterverhältnissen zu tun hat und ob Frauen und Männer unterschiedlich von den Folgen betroffen sind.'

Die Reaktion war drastisch: Die Veranstaltung fiel genau wegen von Storchs Ankündigung aus. Fridays For Future FU Berlin twitterte: ‚Die Positionen von Beatrix von Storch widersprechen fundamental unserem Selbstverständnis. Wo ihr und ihren Positionen Raum gegeben wird, distanzieren wir uns. Deshalb ist die Veranstaltung Klimawandel & Gender nicht mehr Teil unserer PublicClimateSchool.'Dabei hatte von Storch zu dem Thema noch gar nichts gesagt – die Veranstaltung stand ja noch bevor.

Ich finde das schade und langweilig. Eine Kontroverse wäre doch gerade hier spannend! Ich fände eine Diskussion zwischen FFF und AfD höchst interessant. Bisher spricht man ja eher über- als miteinander, und wenn ich die Reaktion der FU-Studenten richtig deute, dann wollen sie offenbar, dass das so bleibt. Nur warum?

Ich würde mich insgesamt freuen, wenn die Debatte wieder mehr zur Sache zurückkehren würde. Natürlich sagen manche Vertreter des rechten Randes Unsägliches – wie Gaulands ‚Vogelschiss'oder auch Björn Höckes ‚Denkmal der Schande'über das Holocaust-Mahnmal in Berlin. Natürlich muss man dem widersprechen. Das geht ja auch. So, wie man Stigmatisierungen durch Stiftungen widersprechen kann, kann man auch AfD-Politikern widersprechen.

Aber soll man diese Leute von der Debatte ausschließen, wie es jetzt ZDF-Intendant Peter Frey in Sachen Björn Höcke angekündigt hat? Ich würde das nicht tun. Ich würde an das Bild vom mündigen Bürger erinnern und den Menschen zutrauen, dass sie Unfug als Unfug erkennen.

Darum noch einmal zur Allensbach-Umfrage: 76 Prozent der Befragten finden Gaulands ‚Vogelschiss'-Bemerkung völlig inakzeptabel. Auch wenn sie keine juristischen Folgen für Gauland hatte – die Staatsanwaltschaft Meiningen sah die Äußerung im Kontext der Rede durch die Meinungsfreiheit gedeckt.

Ich bin überzeugt:

Diese 76 Prozent brauchen kein betreutes Denken und keine mentale Bevormundung. Und zur Bevormundung gehört es [,] den Menschen bestimmte Stimmen vorzuenthalten, zumal Artikel 5 des Grundgesetzes auch einen ungehinderten Zugang zu öffentlichen Quellen garantiert.

In der öffentlichen Debatte, auch an der Hochschule, würde ich den Menschen zuhören und dann in der Sache diskutieren. Das mag manchmal nerven, aber es ist wichtig. Viele Meinungen lassen sich erst bilden, wenn vorher alle Aspekte zu Wort gekommen sind. Und dazu gehören nun auch mal Meinungen Andersdenkender."[45]

---

45   Thilo Baum: *Meinungsfreiheit – wo sind die Grenzen des Sagbaren?* SWR2 Wissen Aula. 29.3.2020.

Bernhard Bueb: *Lob der Disziplin* (2017)

Als eigentlich schon fast das komplette Manuskript zu diesem vorliegenden Buch stand, genoss ich nochmals die warmen, aber nicht zu heißen Spätsommer-Tage auf der Terrasse unseres Höhen-Paradieses in der Schweiz. Ich las das Buch von Bernhard Bueb: *Lob der Disziplin – Eine Streitschrift.*[46]

Der ehemalige Salem-Schulleiter ist schon ein „harter Hund". Genau diese Etikettierung wurde auch mir angehängt, aber in Bueb fand ich meinen Meister. Ich bewunderte seine konsequente Linie, ich dachte an manche Situation zurück, in der ich genau vor dieser Konsequenz im Schulalltag zurückschreckte, Fünfe gerade sein ließ. Beim Lesen erinnerte ich mich an das Feedback einer Schülerin in der 13. Klasse, die mir durch die Schülerzeitung nahestand, aber sie schrieb nicht das erwartete Lob unserer anpackenden Zusammenarbeit, sondern kritisierte meine Inkonsequenz bei der Hausaufgaben-Kontrolle: scharfes Ankündigen, lasches Handeln! Das blieb ihr in der Hauptsache von mir in Erinnerung und dies kränkte mich damals schon ein wenig. Genau auf so eine Situation stieß ich auch bei Bueb und seine Lösung: klare Ankündigung, klares Handeln, deutliche Konsequenz auch in scheinbar kleinen Dingen, z.B. heimliches Rauchen im Zug in den Schullandheim-Aufenthalt, alle drei Schüler wurden sofort zurückgeschickt und der Aufenthalt lief danach ohne jedes Problem. Dieses lesenswerte Buch ist eine kritische Anfrage an uns alle – auch an mich, den „harten Hund" aus Sicht vieler meiner Schüler.

→ „Wir können keine Regeln aufstellen, ohne gleich drei Ausnahmen zu machen, wir psychologisieren zu viel und wir fürchten, dass die Härte, die jede Konsequenz mit sich bringt, die Zuneigung der Kinder vermindert." (S. 28)

→ „Freiheit ist aber mehr als Unabhängigkeit, sie bezeichnet den Willen und die Fähigkeit, sich selbst ein Ziel zu setzen, dieses Ziel an moralischen Werten auszurichten, mit dem eigenen Leben in Übereinstimmung bringen und konsequent verfolgen zu können. Selbstbestimmung ist der Begriff dafür. Friedrich Nietzsche hat die Idee der Freiheit als Frage artikuliert: ‚Frei nennst du dich? Deinen herrschenden Gedanken will ich hören und nicht, dass du einem Joche entronnen bist. (…) Frei wovon? Was schiert das Zarathustra. Hell aber soll mir dein Auge künden: frei wozu?' Jugendliche – übrigens auch viele Erwachsene – neigen zu dem fundamentalen Irrtum, Freiheit mit Unabhängigkeit gleichzusetzen." (S. 33f.)

→ „Der neue Lehrer ist gut beraten, wenn er seine Machtposition gleich am Anfang deutlich markiert. Die Schüler erwarten einen Lehrer, der weiß, was er will, der Konflikte nicht scheut und seinen klaren Führungsanspruch geltend macht." (S. 50)

→ „Eine Ursache des Leidens und der Leistungsschwäche vieler Kinder ist in der Tatsache zu suchen, dass sie ohne Frühstück in die Schule kommen, sich den Tag über von Fast Food ernähren, keinen Sport treiben und abends nicht ins Bett kommen." (S. 98)

---

46   Bernhard Bueb: *Lob der Disziplin – Eine Streitschrift*. 8. Auflage. Berlin: Ullstein, 2017.

Walter Kohl: *Welche Zukunft wollen wir?* (2020)

In die Wochen des Verlag-Suchens platzte das aktuelle Buch von Walter Kohl, Sohn des ehemaligen Bundeskanzlers Helmut Kohl, mit der Frage nach der Zukunft.[47] Sein Untertitel „Mein Plädoyer für eine Politik von morgen" lud zum Lesen ein. Kohl nannte eine erschreckende Zahl von Baustellen in Deutschland und Europa, sein Buch ist besonders für Leser mit Wissen und Interesse an Wirtschafts- und Finanzfragen plus Außenpolitik ungemein erhellend. Ich wähle nur Passagen aus, die in Zusammenhang zu meiner Thematik stehen oder besonders treffend Entscheidendes auf den Punkt bringen.

→ „,Das heutige Deutschland ist ein Land, das nicht in der Lage ist, innerhalb von zwei Jahrzehnten in der eigenen Hauptstadt einen internationalen Flughafen zu bauen. Was ist übrig von den deutschen Tugenden?' Diese Frage stellte ein chinesischer Professor meinem Sohn ... In der Schweiz wurde nach einem positiven Volksentscheid der Bau des Gotthard-Basistunnels unter schwierigsten technischen Bedingungen nahezu vollständig im Zeitplan fertiggestellt." (S. 16 f.)

→ „Insbesondere in den für die Zukunftsfähigkeit unseres Landes so entscheidenden MINT-Studiengängen (Mathematik, Informatik, Naturwissenschaften und Technik) liegt die Abbrecherquote an Unis bei 40 Prozent. Der Hintergrund für die Abbruchsentscheidung ist Umfragen zufolge ,unbewältigte Leistungsanforderungen'." (S. 48)

→ „Die gegenwärtige Datenlage wirft die Frage auf, ob die Integration von Flüchtlingen in den deutschen Arbeitsmarkt tatsächlich als geglückt bezeichnet werden kann. 74,9 Prozent der Flüchtlinge in Deutschland leben von Hartz IV. Bei Syrern, von denen ein Großteil 2015/16 nach Deutschland kam, liegt auch nach über drei Jahren die Beschäftigungsquote nur bei 27 Prozent ... Die gegenwärtige Beschäftigungssituation der übergroßen Mehrheit der Flüchtlinge ist prekär, in einer möglichen Rezension gefährdet und nicht alterssichernd." (S. 51)

→ „Kernproblem ist nach Auskunft des Deutschen Städte- und Gemeindebundes das geringe fachliche und sprachliche Qualifikationsniveau der meisten Geflüchteten ... Deutschland ist auf die Zuwanderung von hochqualifizierten Fachkräften angewiesen, doch in der Realität wandern – das zeigen insbesondere außereuropäische Wanderungssalden – vor allem Niedrigqualifizierte ein und Hochqualifizierte ab. Das deutsche Migrationsrecht begünstigt diese Fehlentwicklung, da es hohe Hürden für die Zuwanderung von Fachkräften legt, andererseits bei der Beendigung des Aufenthaltes niedrigqualifizierter Arbeitskräfte und Arbeitsloser ein enormes Durchsetzungsdefizit an den Tag legt." (S. 52)

→ „Politische Konflikte entbrennen vor allem immer wieder über Integrationsfragen, insbesondere bei muslimischen Einwanderern. Eine nüchterne und sachorientierte Debatte scheint bei diesem Thema mit seiner ideologischen und emotionalen Aufladung nur selten möglich zu sein." (S. 54)

→ „Wenn man vielen Kommentatoren in sozialen Netzwerken folgt, kann sich der falsche Eindruck aufdrängen, dass unser Land nur aus ,linksgrünversifften Gutmenschen' oder andererseits ,blaubraunen Nazis' bestünde. Wir wissen, dass dies (glücklicherweise)

---

47   Walter Kohl: *Welche Zukunft wollen wir? Mein Plädoyer für eine Politik von morgen.* Freiburg: Herder Verlag, 2020.

nicht der Realität entspricht. Es darf nicht sein, dass diejenigen, die am lautesten schrei-en, am Ende die Deutungshoheit erringen." (S. 196)

→ „Sollten Kultusministerkonferenzbeschlüsse hier weiterhin keinen Erfolg bringen, soll-ten leistungsstarke Bundesländer von der Möglichkeit Gebrauch machen, Abiturprüfun-gen aus Berlin und Bremen nicht mehr anzuerkennen. Die betroffenen Schüler könnten dann mit Studieneingangsprüfungen an Universitäten in diesen Ländern zugelassen werden." (S. 224)

→ „Die geringe Zahl an Abschiebungen auch straffällig gewordener Migranten schädigt das Ansehen des Rechtsstaats, spaltet die Gesellschaft und stärkt ausländerfeindliche, radikale Parteien." (S. 226)

4. KAPITEL: MODERNE SEUCHE – DAS HANDY

Das Handy als Kommunikationskiller

Nein, ich bin nicht zu doof, ein Handy zu bedienen! Meine Schüler haben mir alles gezeigt – und nicht nur einmal! Und irgendwann habe selbst ich es halbwegs gerafft, – halbwegs heißt, es reichte für mich! Kein Schnickschnack, keine Sozialen Medien, fast nur Mails, außer bei Telefon und SMS kein Alarm und keine Vibration, eine bewusste Entscheidung! Ich habe eine Handy-Geheimnummer. Und damit ist vieles geregelt!

Handy und Unterricht, meinen persönlichen Weg habe ich ausführlich in „FT-Schüler-Artikel" beschrieben.[48] Was ich dieser ungemein netten 12. Klasse verdanke, ist eine ehrliche „Handy-Aufklärung"! Sie zählten für mich in einer Schulstunde die eingegangenen Nachrichten – was für eine begeisternde Aufgabenstellung, ließen sich mit ihren Handys fotografieren, zeigten mir die Handy-Verstecke und erklärten mir, die Nachrichten auf Facebook etc. seien eigentlich reine Zeitverschwendung. Und wir (!) beschlossen die Handy-Abgabe zu Unterrichtsbeginn. Die Schülerinnen und Schüler fanden das mit der Zeit sogar richtig gut, null Protest. Es war ja unser gemeinsamer Weg!

Mit den Jahren habe ich eine richtige Aversion gegen den Handy-Gebrauch entwickelt! Das Handy hat sich zur Kommunikations-Mordwaffe entwickelt: Keine tiefere Kommunikation ist mehr möglich, ohne dass nach relativ kurzer Zeit irgendeiner sein Handy hochreißt und schreit: „Schaut, was gerade gekommen ist, das ist ja so was von lustig!" Und alle beugen sich über das Handy. Auf Shopping-Queen-Niveau ist von Kommunikation keine Rede mehr, alle nehmen an denen Anteil, die nicht in der Runde stehen. Willst du Aufmerksamkeit, dann schicke hopsende Känguru-Babys aus Australien oder wenigstens ein paar süße Kätzchen, das konkrete Gegenüber ist so konkret, dass es konkret nicht mehr wahrgenommen wird. Deshalb schicken sich auch Schülerinnen Nachrichten, wenn sie nebeneinanderstehen, das ist dann moderne Handy-face-to-face-Kommunikation.

In der Schul-Cafeteria hatte ich beim Essen Zeit, Schülerinnen zu beobachten. Sie stehen in der Schlange und alle 30–60 Sekunden wird das Handy aus der Gesäßtasche gezückt, kurzer Blick, wieder reingesteckt. Subjektiver Eindruck: das Zeitintervall ist bei weiblichen Wesen kürzer als bei männlichen. Sie – unabhängig vom Geschlecht – sprechen miteinander mit dem Blick aufs Handy, Missachtung des Anderen. Aber es stört niemanden, denn alle missachten einander gleich.

Die Erwachsenen: kein Stück besser! Einladung zum Abendessen, die verschiedenen Handys der Familienmitglieder liegen auf dem Tisch, irgendeines ploppt immer, irgendeiner ist stets „auf Handy". Und wenn es plötzlich mein Gesprächspartner ist, mein Pech! Messer, Gabel, Teller, Handy, so sieht heute ein Mittagstisch aus.

„Old school": beim gemeinsamen Essen hat ein Handy nichts verloren! Und selbst bei Sitzungen „ploppen" die Handys nervtötend vor sich hin, niemand findet etwas dabei, wenn ein, zwei Anwesende immer in der Internet-Welt abgetaucht sind, sie tauchen ja auch relativ schnell wieder auf, dafür tauchen andere ab. Erwachsenen-Handysucht – eine moderne Form der Vorbildpädago-

---

48 http://www.schuelerzeitung-tbb.de/blog/archives/9164

gik. Sie wirkt auch im Kino. Bei jeder Nicht-action-Stelle oder bei jedem längeren Dialog im Film zieht irgendwer sein Handy, das Dunkel des Kinos wandelt sich zu einer permanenten Kurz-Licht-Schau, irgendwem ist immer langweilig. Wieder sind Erwachsene wenig besser als Jugendliche.

In der Schülerzeitungs-Redaktion war 2013 die Handy-Thematik unser Leitthema. Wir beschlossen, eine „noPhone-Redaktion" zu werden, wenigstens während der Sitzungen und den gemeinsamen Essen! Die nachfolgenden Artikel zeigen unsere theoretische Auseinandersetzung mit diesem Thema. Durchdachte Artikel heißen aber noch lange nicht durchdachte Handy-Diät.

Und jetzt noch eine große Bitte: Sollten wir uns irgendwann mal persönlich begegnen, bitte schalten Sie im Gespräch mit mir Ihr Handy aus, wenigstens aber auf Flugmodus! Eine Handy-Präferenz empfinde ich als verletzend – ich stehe auf Mensch-Präferenz!

> „Hybrid-Lektüre zu Kapitel 4:
> **Link** zur Handy-Forschung
> **Link:** Jugendseite in „TBB aktuell"
> → **www.KlausSchenck.de/ks/lehrerbuch**

Eigenes Handy im Unterricht: Forschungsergebnis

Es geht um die Frage, ob Schüler das eigene Handy im Unterricht benutzen sollen oder eines aus einem Schul-Klassensatz:

> „… Überdies scheint das eigene Gerät die kognitive Leistung junger Leute keineswegs zu fördern. So untersuchte eine Arbeitsgruppe um Susan Payne Carter Studierendenklassen an der US-Militärakademie. Die schnitten in der Prüfung schlechter ab, wenn Computer im Klassenzimmer erlaubt waren, egal ob sie diese benutzt hatten oder nicht. Adrian Ward und Kollegen aus Austin, Texas testeten Arbeitsgedächtnis und Intelligenzleistung von 548 Studenten. Ein Drittel hatte das eigene Smartphone in der Tasche, ein Drittel legte es ausgeschaltet umgekehrt auf den Tisch, ein Drittel ließ alle persönlichen Dinge im Vorraum. Mit Abstand die besten Leistungen brachte diese dritte Gruppe. Einzige Erklärung: Das eigene Smartphone zieht schon dann Aufmerksamkeit ab, wenn es nur in der Nähe ist …"[49]

Du Handy – ich Mensch

Handy, Sammelbegriff aller mobilen Möglichkeiten, um dort nicht zu sein, wo man ist! Du, Handy, raubst die Konzentration meiner Schüler, du, Handy, tötest die Effizienz meiner Schülerzeitungs-redaktion, du, Handy, zerstörst das Zuhören bei Gesprächen, du, Handy, mordest als Betrugswaffe bei Klassenarbeiten die Motivation der Engagierten! Du, Handy, du trittst alle Werte, die mir wichtig sind, mit Füßen! Du, Handy, du bist mein Feind!

---

49   Auszug aus Barbara Knab: *Schulen im Digitalfieber*. In: *Psychologie Heute*. 10/2018. S.49

Alle Strafandrohungen in den Klassen halfen nichts, dir, Handy, gehörte der heimliche Sieg. Du steuertest geräuschlos die Interessen meiner Schüler, du raubtest auch mir die Konzentration, als ich meinen Blick über die vielen gesenkten Häupter schweifen ließ! Du machtest still, leise und meist unerkannt meinen Unterricht zunichte! Jetzt musst du daran glauben, dich mach' ich tot!

Zu Unterrichtsbeginn wirst du von einem Schüler in einer Schachtel eingesammelt, du weg, Mitarbeit da! Hallo, Handy, deine Verführungsmacht ist gebrochen, du, Zeitvergeuder, meine Schüler durchschauen dich, auch wenn sie dich innig lieben, sie kennen dein räuberisches Wesen, entzaubert liegst du nun gestapelt in der Schachtel, zuckst vibrierend hier und da, das war's dann aber auch! Mir gehört der Unterrichtssieg und dir nur noch das Schweigen!!!

Du, Handy, tötetest immer stärker die Aufmerksamkeit in den Redaktionssitzungen, du mordetest die absolute Präsenz, die ich fordere, um Visionen, Träume, Ideen zu Taten, zu Erfolgen werden zu lassen! Du bestimmtest unsere gemeinsamen Essen, unsere gemeinsamen Runden im Café, unter dem Tisch warst du Gesprächszerstörer teils versteckt, aber doch stets deutlich Meister im Kommunikationsring. Du verunmöglichtest jedes angemessene Gespräch, du reduziertest jede Kommunikation auf wenige Worte: *Hast du schon gesehen? Guck mal, was ich gerade bekam? Ist das Foto nicht witzig? Kennst du dieses App schon? …*

Zum Markenzeichen unserer Schülerzeitung wird nun das Abschalten von dir, wir machen dich zeitweise kalt. Dein Schweigen ist unser Reden, dein zeitlicher Tod unsere Lebendigkeit, unsere Kreativität, unsere Gespräche.

Du, Handy, stellst dich bei Gesprächen ins Zentrum und mich ins Abseits! Du nimmst mir das Menschliche, meine Würde, du raubst mir mein Gegenüber, das dich stets im Auge, stets im wartenden Ohr hat – aber kein Ohr für mich, meine Fragen, meine Erzählungen. Und wieder zwingst du Menschen zu banalem Vokabular: *Was hast du gerade gesagt? Worüber haben wir gerade gesprochen? Der XY hat mir gerade eine SMS geschickt! …* Ich bin ein Mensch, will wahrgenommen werden, du Spalter des Zwischenmenschlichen! Hier, Handy, scheint deine böse Macht noch ungebrochen!

Du, Handy, der du platzt vor Stolz über jede technische Innovation, die dich als Betrugswaffe für Schüler geeigneter macht, du tötest Schritt um Schritt Motivation und Leistungsbereitschaft im Unterricht. Ja, über dich, Handy, tuckern die Lösungen in Mathe, Wirtschaft und anderen Fächern, ausgerechnet von älteren Schülern im Nebenraum, Studenten in der nahe gelegenen Uni-Stadt! Du, Handy, schiebst Faulen, Trägen, Desinteressierten die super Noten zu, du lässt den Engagierten in ohnmächtiger Wut schäumen wegen seiner schlechteren, aber ehrlichen Punktezahl! Dich, Handy, in Klassenarbeiten so schalten und walten zu lassen, ist ein Verbrechen an den Ehrlichen, begangen durch Lehrer-Blindheit oder -Desinteresse! Nur ein totes Handy ist ein gutes Handy und die Handys haben in Klassenarbeiten tot zu sein, um gut zu sein!

Handy, dir ist gelungen das Menschliche, das Mitmenschliche zu zerstören. Gesenkten Hauptes rennt eine ganze Generation durch eine Welt, die sie nicht mehr sieht! Blickt eurem Gegenüber ins Gesicht, ihr Handy-Autisten, ihr gleicht Pawlow'ischen Hunden, bei jedem Glöckchen zuckt eure Hand reflexartig nach dem Handy. Schaut euch wieder in die Augen, schaut in die Welt, hebt eure gesenkten Handy-Augen nach oben, hoch zu den Sternen, zu den Ideen, zu den Visionen, werdet endlich wieder das, wofür ihr euch haltet: freie Menschen!! Brecht die Handy-Tyrannei, rebelliert gegen das Handy-Diktat, schafft euch Freiräume für den Mitmenschen, die Welt, für Träume, schafft euch Freiräume für euch!!

Handy, du bietest großartige Chancen! Handy, du wirst so schnell zum Fluch! Handy, du bist nur Technik, wir haben dich in der Hand – wörtlich und übertragen – wir entscheiden über dich, nicht du über uns!

Ein neues Kapitel der Menschheitsgeschichte?

Schülerzeitungsredaktion mit Austauschgästen im Bus nach Würzburg. Setze mich neben junge Gast-Redakteurin, Chance für persönlichen Plausch. Jung-Redakteurin: Handy in der Hand, Lautsprecher im Ohr. Aus erhofftem Plausch wird ein Frage- und Antwortspiel, Satzstruktur einfach, Inhalt banal, Plausch-Interesse gleich null. Keine Gesprächsnotwendigkeit, also kein Gespräch. Das muntere Geschöpf, das ich vom Austausch kenne, wird zum Antwort-Automaten. Nix multitasking, sondern nur „onetasking", wörtlich und übertragen übersetzt: bin beschäftigt, aber nicht mit Ihnen!

Wir sind eine „noPhone-Redaktion", gemeinsame Idee, gemeinsamer Beschluss, gemeinsame Tat: Mit leichten Widerständen und traurigem letzten Blick auf das Handy wird dieses bei Führungsbeginn in der Würzburger Residenz runtergefahren! Es besteht Handyverbot für die gesamte Gruppe, ergo Bemühen Führung zuzuhören, weil keine Alternative.

Programmpunkt Würzburg ziemlich kommunikativ, auftretende Gesprächspausen: gemeinsame Themensuche, kein Entkommen! Gegenüber kann nicht „weggehandyt" werden, kurz: ein lustiges, fröhliches, gesprächiges Miteinander!

Fingerfood-Abendessen, Handyverbot! Die Redakteurin zufällig neben mir, aber ein wenig isoliert bei den Lehrkräften und deren Freunden, unbekannte Erwachsene. Bin gespannt. Handyflucht unmöglich! Zunächst passiert gar nichts, Redakteurin starrt vor sich hin, Handysehnsucht! Nach 5–10 Minuten, für Jugendliche wohl eine Ewigkeit des Schweigens, geschieht etwas Unvorstellbares: Es entsteht ein Gespräch, und was für eines! Der Gesprächsautomat des Morgens, auf knappe Info-Antworten dressiert, beeindruckt mit persönlichen Themen aus der Welt Jugendlicher, die Erwachsenen hören interessiert zu, stellen Gegenfragen, bekommen differenzierte Antworten, ein kommunikatives Miteinander par excellence.

Abendessen vorbei, Handyverbot aufgehoben, Totenstille. Gierig gleich Süchtigen werden die auf iPhone und Smartphone aufleuchtenden Wörter eingesogen, jeder für sich, Handywörterwellen ersticken jedes Miteinander. Kommunikation tot, kurze gegenseitige Umarmung mit Handy in der Hand und leichtem Schielen auf Display, Abend fertig, allgemeiner „Abtransport".

Heimfahrt der Gast-Schülerin. Im Innenspiegel sichtbar flackert das Handy-Display im Gesicht der Benutzerin auf dem Rücksitz. Fragen nach Tag, Programm und Miteinander werden nicht gehört, geschweige denn beantwortet. Die Kommunikative des Abendessens mutiert zur Taubstummen. Alles Gegenwärtige ist weggebeamt, Mädchen ist auf Handy, sie ist nicht „getaskt", beschäftigt, sie ist gar nicht mehr existent, eingesogen in ihre Handywelt, eingemauert von SMS und Facebook, verfügt durch Senderwellen, im zuckenden Display-Schein die Verwandlung, nicht zum Werwolf, nein, zum kommunikationslosen Mischwesen, zum sprachlosen Handymenschen, zum iPhone-Smartphone-Neandertaler! Ein neues Kapitel der Menschheitsgeschichte …!

Anna: Handy an – Gespräch aus (2013)

Egal wo, wann und in welcher Situation, dieses technische Gerät gibt einem die Möglichkeit, immer erreichbar zu sein, die aller neusten News zu empfangen, um so immer auf dem aktuellsten Stand zu sein. Keine Frage, wovon hier die Rede ist: das Handy! Kaum vibriert es, greift die Hand automatisch zum Handy in der Tasche. Doch dieser Automatismus ist mir nicht nur an anderen aufgefallen, sondern auch an mir selbst. Ist das echt normal?

Letzten Freitag habe ich diese Erfahrung sehr deutlich gemacht:

Ich schlendere mal wieder durch die Stadt, um ein paar Einkäufe zu erledigen. Gerade, als ich ein Geschäft betrete, verlässt eine alte Freundin den Laden. Ich bin sehr überrascht, sie mal wieder zu treffen, schließlich habe ich sie seit zwei Jahren nicht mehr gesehen. Mit dem Handy in der Hand telefonierend bemerkt sie mich im ersten Moment gar nicht. Als ich ihr etwas auffälliger winke, freut sie sich jedoch gleich und meint, sie muss noch kurz fertig telefonieren, dann kann sie reden. Ich denke mir nicht viel dabei und warte. Ich schaue auf die Uhr …, schon fünf Minuten telefoniert sie …, hoffentlich legt sie bald auf …, ich habe auch nicht ewig Zeit … Dann endlich beendet sie das Gespräch. Eine herzliche Begrüßung und ich erzähle ihr etwas über die letzte Zeit und wie es momentan in der Schule so läuft. Auf einmal höre ich ihr Handy leise vibrieren. Mir fällt sofort auf, dass es jetzt für sie schwerer ist zuzuhören. Ich probiere trotzdem das Gespräch fort zu führen, denn ich habe so viel zu erzählen. Ihr Augenkontakt bricht nun plötzlich ab. Ich spüre etwas die Unsicherheit, ob sie die Nachrichten checken soll. Die Unkonzentriertheit beim Reden, immer wieder diese Blicke auf die Tasche, ich merke, wie ihre Gedanken nicht mehr bei unserem Gespräch sind, bis sie schließlich, wie ich es erwartet habe, automatisch mit ihrer Hand in die Tasche greift und das Handy zückt, der Augenkontakt bricht komplett ab. Ich bin echt genervt, ich habe das Gefühl, sie würde es nicht einmal bemerken, wenn ich aufhöre zu reden. Der starre Blick auf das Handy, der Kopf gesenkt, wie sie vertieft auf ihr Display glotzt, ohne sich zu entschuldigen für die Unterbrechung, ohne den Gedanken, dass dies schlicht und ergreifend unhöflich ist. Es kocht schon ziemlich in mir, aber ich probiere, das zu überspielen. Ihre Finger tippen schnell auf der Tastatur, und als sie fertig ist mit Schreiben, kam bei mir etwas Erleichterung auf. Sie wendet ihre Aufmerksamkeit wieder mir zu und meint nur: „Ja, wo waren wir gerade? Ach, genau!" Ich merke, sie braucht etwas Zeit, um in das Gesprächsthema von vorhin erneut einzusteigen. Ich rede schon deutlich genervt, was sie natürlich bemerkt. Als es wieder zu vibrieren beginnt in ihrer Tasche, versuche ich mich noch halbwegs nett zu verabschieden mit der Ausrede, ich müsse jetzt noch etwas erledigen, da meine Zeit knapp sei.

Als ich meine Einkäufe mache, denke ich noch eine Zeit lang über das Verhalten meiner Freundin nach. Ich empfinde es unhöflich, so mit mir ein Gespräch zu führen. Schließlich stand ich doch vor ihr und sie schrieb wahrscheinlich in irgendeinem Chatroom mit einer anderen Freundin. Ich halte das für unerklärlich, denn sie zeigte mir so deutlich ihr Desinteresse am Gespräch mit mir. Waren meine Themen so langweilig, ich ihr vielleicht sogar gleichgültig? Der Zweifel packt mich – bin ich vielleicht das Problem? Als ich so vertieft in meinen Gedanken vor einem Regal stehe, vibriert mein Handy: eine Nachricht. Automatisch greife ich zum Handy und schon ziehe ich es aus der Tasche. Stopp! In diesem Moment bemerke ich, wie sehr mich interessiert, was in der Nachricht steht, diese Neugier etwas Wichtiges zu verpassen. Aber ist das nicht dieselbe Situation wie vorhin im Gespräch, zwar rede ich mit niemandem, aber meine Blicke wenden sich sofort vom Regal ab. Zehn Minuten zuvor – war ich da nicht genervt von dieser Einstellung, unbedingt sofort auf das Handy zu gucken und zurückzuschreiben? Die Konzentration liegt auf dem Handy, alles außen herum scheint unwichtig. Und als ich so darüber nachdenke, fiel mir auf, wie sehr ich, wie alle anderen auch, an das Handy gefesselt bin. Durch diese Selbsterkenntnis stecke ich das Handy entschlossen in die Tasche zurück und nehme mir vor, erst die Einkäufe zu erledigen, bevor meine Augen auf die Handy-Nachricht fallen.[50]

50   http://www.schuelerzeitung-tbb.de/blog/archives/7216

Debora: Eine Woche ohne Handy (2013)

Noch zwölf Stunden bis ich mein Handy abschalte und für eine Woche dem Leben vor den 70er-Jahren einen Schritt näherkomme, und das auch noch in den Ferien. Umso näher dieser Tag rückt, desto mehr Gründe fallen mir ein, das Projekt abzubrechen. Der Kontakt zu Freunden, die Musik, nicht mehr jederzeit und überall online zu sein, der morgendliche Wecker, überhaupt die Uhrzeit, denn die Armbanduhr habe ich schon lange durch mein Handy ersetzt. Leider oder glücklicherweise, das wird sich in einer Woche herausgestellt haben, habe ich es schon überall herumposaunt, es gibt kein Zurück. Den heutigen Tag werde ich damit verbringen, den wichtigsten Leuten Bescheid zu geben, Telefonnummern auf echtes Papier zu schreiben, eine Armbanduhr zu organisieren und vieles mehr.

Noch sechs Stunden und jetzt bin ich mir sicher: Wenn ich mich nicht vor etlichen Leuten blamieren würde, würde ich es doch nicht durchziehen. Dabei frage ich mich, wovor habe ich eigentlich Angst? Es schockt mich jetzt schon, wie schlimm ich nur die Vorstellung ohne Handy finde, obwohl es doch meine Idee und mein freiwilliger Entschluss zu diesem Selbstversuch war.

1. Tag, Freitag: Die Armbanduhr zeigt Mitternacht, mein Handy ist vorübergehend außer Betrieb. Ich fühle mich besser als zuvor. Sicherheitshalber bringe ich mein Handy zu meiner Schwester, die die nächsten sieben Tage darauf aufpassen soll.

Da ich ohne Handywecker viel zu lange geschlafen hatte, habe ich, um ehrlich zu sein, vom Tag nicht sonderlich viel mitbekommen. Aber mein verkürzter Tag war durchaus langweilig, so langweilig, dass ich mal wieder ein Buch aus dem Schrank gezogen habe. Wer mich etwas besser kennt, sollte stutzig werden, da ich mich nun im Nachhinein selbst bei einem Irrtum ertappe. Ich behauptete oft, dass ich zwar schon gerne lese, aber mir fehle einfach die Zeit aufgrund der Schule. Naaaaja.

Um mein Fazit des ersten Tages lässt sich wirklich nicht lange herumreden: **Nicht nur die Schule ist der Grund für die fehlende Zeit, sondern auch das angeschaltete Handy, das ständig meine Präsenz fordert und meine Zeit klaut.**

2. Tag, Samstag: Ursprünglich hatte ich geplant, heute beim Verwandtenbesuch einen Block einzupacken, da ich ja nun für meinen Artikel keine digitalen Notizen mehr machen kann. Leider hatte ich logischerweise kein Handy, das mich an das Einpacken eines Blockes erinnern konnte, und somit war die Block-Idee vergessen …

Wir scheinen das Denken, das Beschäftigen mit der eigenen Person regelrecht zu verlernen. Dank Handy merken wir das nicht, also, kein Problem? Erschreckenderweise geht mir schon am Ende des zweiten Tages der Gedankenstoff aus. Während ich immer dachte, viel nachzudenken, verbringe ich ohne Handy zwangsweise mehr Zeit mit mir und habe nun viiiel mehr Zeit zum Nachdenken. Die ständig anfallenden und meist kurzen Freiphasen des Lebens verbringt man heute mit Handy-Spielen und mehrfachen Kontrollen nach Neuigkeiten, sei es im SMS-, Mail-Posteingang oder in den Apps sozialer Netzwerke, die Gedanken sind jedenfalls nicht frei. Nun begleitete mich heute in diesen Freiphasen, in denen es einfach gar nichts zu tun gibt, bald eine innere Leere und die Frage an mich selbst, worüber ich denn noch nachdenken könnte. Während ich sonst immer das Gefühl hatte, zu viele Gedanken für zu wenig Zeit zu haben, weiß ich nun nach nicht einmal 48h nichts mehr mit meinem Kopf anzufangen.

3. Tag, Sonntag: Bisher bin ich wirklich relativ zufrieden ohne Handy. Das Gefühl, nicht erreichbar zu sein, hat auch seine positiven Seiten. Wobei „nicht erreichbar sein" nicht zutrifft, ich mache es meinen Mitmenschen nur schwieriger und bin dafür dankbar, dass sich wirklich so viele Leute per Mail gemeldet haben 😊. **Eigentlich ist der Unterschied nur, dass nun ich selbst entscheide, wie erreichbar ich bin.** Was zuerst vielleicht abwegig klingt, ist ganz logisch. Seien wir mal ehrlich: **Das Handy hat uns in der Hand**, sobald wir es anschalten, aber wer hat das Handy schon die meiste Zeit des Tages ausgeschaltet? Wer bestimmt, wann wir danach greifen und wann wir demnach erreichbar sind? Bei jedem Vibrieren wollen wir sofort den Grund erfahren, egal ob wir gerade in einem Gespräch sind oder im Unterricht sitzen.

4. Tag, Montag: Meine Handy-Sehnsucht hielt sich in Grenzen, bis heute meine Schwester vor mir an meinem Handy spielte und ich dabei sah, dass ich eine SMS erhalten habe und das, obwohl ich doch eigentlich jedem Bescheid gegeben hatte, dass ich nicht zu erreichen bin. Das Wissen über eine Nachricht, die Frage in meinem Kopf, ob es nicht vielleicht etwas Dringliches sein könnte, diese verdammte Neugierde und die Unzugänglichkeit, eine Qual. Also, lieber Unbekannter, noch drei Tage warten. Später wurden die schlimmsten Alpträume wahr. Da ich eh schon nicht gerade die Hobby-Autofahrerin bin, ist die Vorstellung an eine 30km-Autofahrt allein und ohne Handy schrecklich. Schon Minuten davor malte ich mir aus, was alles passieren könnte, erinnerte mich an eine Autopanne, zwar mit Handy, aber ohne Empfang, und an den totalen Blackout. Die bevorstehende Strecke war mir nicht unbekannt, aber was bringt mir das im Fall der Fälle? Ohne Handy, ohne die Möglichkeit direkt Hilfe zu rufen oder wenigstens jemanden per Handy nach Rat zu fragen, wenn im Falle einer Panne alle Fahrschulerinnerungen plötzlich verloren sind, – faktisch noch verunsicherter machte ich mich auf den Weg … **Das Handy, die reine Technik, schenkt uns Sicherheit** in Situationen, die unberechenbar sind oder in denen wir unseren eigenen Fähigkeiten nicht voll vertrauen.

5. Tag, Dienstag: Drastischer Wandel: Am Ende des heutigen Tages habe ich echt keine Lust mehr auf meinen Selbstversuch. **Es ist alles so kompliziert, so lästig ohne Handy**: den Laptop hochfahren, um Mails abzurufen, die Taschenlampe suchen, wobei es für das schnelle Licht eine App gäbe, spontane Ideen merken, weil man nicht überall einen Block dabei hat, einkaufen ohne Barcode-Scanner und direkten Preisvergleich, Preise im Kopf haben, selbst Entscheidungen treffen, weil einen nicht mehr die Freunde in der WhatsApp-Gruppe bei der Wahl des Lippenstiftes beraten, ….

Kurz, mir fehlt mein Handy. Ganz besonders fehlt mir mittlerweile doch der schnelle, spontane Kontakt. Generell der Austausch, den ich natürlich auch persönlich haben könnte, doch den heutigen Tag wollte ich voll und ganz meiner Seminararbeit widmen, wollte. Letztendlich kam ich weder zu einem Arbeitserfolg noch zur Befriedigung meines weiblichen Mitteilungsdranges. Gerade, wenn Treffen und langes Reden aus Zeitnot nicht möglich sind, fehlt doch das Handy, um wenigstens kurz ein paar Gedanken loszuwerden. Nun eine seltsame, unproduktive Erkenntnis, über die ich wohl noch länger nachdenken muss: **Die Vorstellung von einer mehrstündigen Konzentrationsphase, ohne zwischendurch von meinem Handy unterbrochen zu werden, senkt meine Lust anzufangen.** Arbeiten ohne Handy, ohne ständige Ablenkung, irgendwie fehlt der Reiz, der Spaß. Gerade weil ich weiß, dass mir mit Handy kein pures Lernen bevorsteht, raffe ich mich (natürlich außerhalb der handylosen Woche) schneller zum Arbeiten auf und es ist nicht ganz so schlimm. Auch wenn ich nicht schnell vorankomme, ich fange wenigstens an.

6. Tag, Mittwoch: Heute ging es zum Tandem-Programm an die Universität Würzburg. Soweit so gut, während unserer Schnuppervorlesung saß ich umrandet von Studenten, die nach wenigen Minuten ihr Handy zückten, um die Langeweile zu verdrängen. Ohne irgendetwas vom Vortrag verstehen zu können, bleibt mir kein Ausweg.

Aber viel dramatischer: **Kein Handy bedeutet keine Weitergabe dringender und wichtiger Informationen.** So fand ich keine Möglichkeit, meine beste Freundin, mit der ich in der Stadt verabredet war, darüber zu informieren, dass das Tandem-Programm um ganze 1 ½ Stunden überzogen wurde. An dieser Stelle vielen Dank dafür, dass sie ernsthaft gewartet hat, obwohl sie von nichts wusste und mir doch relativ schnell verziehen hat. 😊 Ich solle nur endlich den Selbstversuch abbrechen, aber die letzten 24h schaffen wir jetzt auch noch.

7. Tag, Donnerstag, Endspurt! Manche Gespräche können einem derart auf die Nerven gehen, dass man verzweifelt einen Ausweg sucht, ohne es direkt ins Gesicht zu sagen. Es handelt sich um diese langweiligen Gespräche, aus denen man sich dann oft durch das Handy entziehen kann, indem man dem Gegenüber durch den beiläufigen Handygebrauch unmissverständlich klar macht, dass man „beschäftigt" sei (=eigentlich einfach keinen Bock hat), obwohl nur zwei Minuten richtige Aufmerksamkeit bewirken würden, dass man am langweiligen Thema doch einen interessanten Aspekt entdeckt. So erging es mir nämlich heute. Allgemeiner: **Mal nicht zum Handy zu greifen hat übrigens noch den positiven Nebeneffekt, dass man dem anderen mit dem Zuhören, das wohl immer untypischer wird, eine Freude machen kann** und sich dadurch letztendlich zwischenmenschliche Beziehungen festigen können. 😊

Die Stunden danach: Ich bin überglücklich endlich wieder mein Handy anschalten zu können, aber mal ernsthaft … Wenn ich mir so die Dialoge in den WhatsApp-Gruppen anschaue – lesen werde ich sie beim besten Willen nicht alle ganz, die Ferien reichen nicht mehr, – frage ich mich, was macht ihr eigentlich sonst noch so? Oder wichtiger, bin ich besser?

Die sieben Tage haben mir zumindest einiges an neuem Gedankenstoff gegeben, mir einerseits klar gemacht, wie wertvoll mein Handy für mein Leben ist, und andererseits, was mir durch das Handy alles entgeht.[51]

Antonia: Handyfasten – eine Qual für fast alle Jugendlichen (2016)

„2 Tage ohne mein Smartphone? Nie im Leben!" – das wäre sicherlich die Antwort vieler Jugendlicher auf die Frage, ob sie denn mal Handyfasten ausprobieren möchten. Das Smartphone ist ein fester Bestandteil des Alltags für fast alle Jugendlichen. Es ist so selbstverständlich wie Atmen, sein Smartphone täglich mehrfach zu benutzen. Ich selbst habe mich dazu aufgerafft, den Versuch zu starten, zwei Tage ohne mein Handy zu leben. Auf die Idee kam ich bei meiner fächerübergreifenden Kompetenzprüfung in der Realschule. Meine Gruppe hatte das Thema: „Massenkonsum Smartphone – Ein Erfolgskonzept, das die Welt und ihre Sprache verändert". Diese zwei Tage werde ich wohl auch nicht allzu

51 http://www.schuelerzeitung-tbb.de/blog/archives/7008

schnell vergessen. Ich bemerkte das Fehlen meines Smartphones ab der ersten Sekunde des Tages – ein normaler Wecker klingelte anstatt eines meiner Lieblingslieder auf meinem Handy. Den ganzen Tag über dachte ich ständig an mein Smartphone und wollte es in vielen Situationen aus der Hosentasche ziehen und musste feststellen, dass ich es ja gar nicht bei mir hatte. An den zwei Tagen während des Versuchs lief so einiges anders ab, als ich gewohnt war. Zum Beispiel musste ich das normale Telefon in die Hand nehmen, um mit meiner Freundin auszumachen, wann wir uns treffen, ich musste den PC anschalten, um nach einem Rezept fürs Mittagessen zu suchen, was ich sonst innerhalb von wenigen Minuten mit einer bestimmten App machen kann, ich musste ständig Menschen ansprechen, als ich in der Stadt war, und fragen, wie viel Uhr es ist, da ich keine Armbanduhr hatte und mein Smartphone daheim lag, und ich musste allen Ernstes meinen uralten MP3-Player herauskramen, um damit Musik hören zu können. Alles total umständlich und zeitaufwendig! Das Smartphone ist eben einfach nur extrem praktisch und handlich!

Das Allerschlimmste beim Handyfasten war für mich der Schauer, der mir jedes Mal über den Rücken lief, wenn ich mein Handy nicht in meiner Handtasche oder Jackentasche finden konnte, da ich dachte, ich hätte es verloren. Ich fand es außerdem sehr unangenehm, kaum bzw. keinen Kontakt mit vielen meiner Freunde zu haben. Ich konnte ja schlecht 10–15 Leute am Tag anrufen und mit ihnen telefonieren, um zu fragen, wie es ihnen geht und was gerade so passiert. Wie haben die Leute das früher ausgehalten, ohne den ständigen Kontakt zur Außenwelt? Zudem war es nervig, nicht auf dem aktuellsten Stand zu sein in bestimmten Internetplattformen, die ich normalerweise mehrmals täglich besuche, wenn mir langweilig oder einfach nur so danach ist.

Ich kann es jedem empfehlen, sein Smartphone einmal für zwei Tage beiseitezulegen und Handy zu fasten. Es ist nicht schön, aber man wird garantiert um eine Erfahrung reicher und merkt erst einmal, wie „süchtig" man nach seinem Handy ist und wie oft man danach greifen möchte. Traut euch! :D[52]

„Hybrid"-Lektüre: Artikel des **4. Kapitels** und weitere Beiträge finden Sie schnell und unkompliziert unter
→ **www.KlausSchenck.de/ks/lehrerbuch**

Weitere Schülerzeitungsartikel zum Thema: „Handy-Sucht":
Stephanie Hofmann: *Handysucht*
Vanessa Müller: *Persönlicher Bezug zum Handy*
Stefanie Geiger: *Liebe auf den ersten Blick – ein iPhone erzählt*
Debora Eger: *Tschüss Facebook*
Sofie Geiger: *Der Handykönig* (Verfremdung von Goethes *Erlkönig*)

---

52   http://www.schuelerzeitung-tbb.de/blog/archives/15659

5. KAPITEL: THEATER SEHEN – THEATER SPÜREN

Einmal im Schuljahr verpflichtete ich meine Oberstufen-Schüler, mit mir ins Theater (Badische Landesbühne) vor Ort zu gehen. Mit bis zu 80 Schülerinnen und Schülern sahen wir kritisch die Theaterumsetzung von Werken, die wir auch als Pflichtlektüre fürs Deutsch-Abitur lasen. So war ein konkreter Bezug gegeben. Dies reichte mir nicht, ich wollte mehr, einmal die Schüler theatermäßig sich austoben lassen, ab und zu mit Bezug zum gesehenen Stück. Die Theaterworkshops organisierte ich immer für die 11. Klasse, teilweise auch für die 12. Diese Theater-Doppelstunde wurde in der Rückschau zum „Highlight" des Schuljahres, wobei die Schüler zunächst eher kritisch bis missmutig eingestellt waren: Wieder so eine blöde Schenck-Idee!

Hier zwei Berichte unterschiedlicher Jahrgänge:

Anna-Lena und Verena: Theaterworkshop Klasse 11

„Nach unserem Theaterbesuch bei „Nathan der Weise" hatten wir ein sehr interessantes und aufschlussreiches Nachgespräch mit den Schauspielern sowie der Theaterpädagogin Frau Grimpe. Im Anschluss organisierte dann unser Deutschlehrer Herr Schenck für uns ein Schauspieltraining mit Frau Grimpe. So vereinbarte man für den 19.12.07 ein zweistündiges Programm für die Schüler der Klasse 11/1.

Anfangs waren wir alle sehr angespannt, weil wir nicht genau wussten, was auf uns zukommen würde. Doch als Frau Grimpe uns über ihr Vorhaben unterrichtete, zeigten wir großes Interesse und waren sofort voller Tatendrang. Nach zehnminütiger Theorie über das richtige Verhalten auf der Bühne legten wir auch gleich mit ein paar praktischen Aufwärmübungen los, bei denen manch einer sein Talent als Schlangenmensch feststellen konnte. Zwischendurch betonte Frau Grimpe immer wieder, wie wichtig es doch sei, auf Körperhaltung, Mimik und Gestik zu achten. Als dann auch der Letzte Gefallen am Schauspiel gefunden hatte, widmeten wir uns schwierigeren Aufgaben. Hierbei legten wir großen Wert auf das Zusammenspiel auf der Bühne. Jeder sollte sich eine Ebene, es standen drei zur Auswahl, aussuchen und mit dieser das Gesamtbild abrunden. So bevorzugten manche von uns, sich auf dem Boden zu positionieren, andere wiederum setzten sich in mittlerer Ebene in Szene. Die Übriggebliebenen ergänzten im Stehen das Bühnenbild.

Nachdem wir diese Aufgabe mit Bravour gelöst hatten, gab uns Frau Grimpe Schlagwörter, wie beispielsweise „romantisches Dinner" oder „Urlaub", mit deren Hilfe wir dann in kleineren Gruppen ein realistisches Bühnenbild abliefern sollten. Zum ersten Mal wurde nicht nur pantomimisch gearbeitet, sondern es kam auch der Text zur Unterstützung hinzu. Gleich erkannten wir, wie schwer es doch ist, aus dem Stegreif und mit passendem Ausdruck zu agieren. Die übrigen Mitschüler, die sogleich das Publikum darstellten, waren von den spontanen und schlagfertigen Gesprächen der Akteure begeistert. Hier gab es schon mächtig viel zu lachen, aber wir versichern, es wird noch besser ...

Nun war unsere Kreativität gefragt, denn wir mussten uns nun in Gruppen zusammen-finden und für unsere Mitschüler ein nachspielbares Schlagwort suchen. Die Schwierigkeit dieser Aufgabe lag darin, dass die einzelnen Gruppen innerhalb 10 Sekunden und ohne Kommunikation ein passendes Bühnenbild zu kreieren hatten, bei dem deutlich erkennbar wird, um was es sich handelt. So manch einer hatte sich wirklich anspruchsvolle Aufgaben einfallen lassen, welche dennoch gut gelöst wurden. Hier denken wir insbesondere an die tapfere Bauchtänzerin Anika, von der wir begeistert waren. Das Highlight jedoch wurde mit dem Thema „DSDS" eingeleitet. Als unsere Türkencrew anfing zu schauspielern, konnte sich niemand mehr zusammenreißen und fing lauthals an zu lachen. Als absoluter Star entpuppte sich hier Hatun, welche als Kandidatin auftrumpfte. Ihrer Spontaneität und Kreativität sei dies verdankt.

Alles in allem können wir sagen, dass dies ein rundum gelungener Nachmittag war, der uns allen noch lange in Erinnerung bleiben wird und uns so viel Freude bereitet hat, so dass wir kurzerhand einen zweiten Termin für weitere Trainingsstunden geplant haben. Hierbei nochmals ein herzliches Dankeschön an Herrn Schenck sowie Frau Grimpe, die uns neue Perspektiven aufgezeigt hat, und wer weiß, vielleicht war dies der Anstoß für eine spätere Schauspielkarriere..."[53]

Alexander: Theaterworkshop Klasse 12

„Tauberbischofsheim, KS TBB, Raum 108. Die Klasse WG 12/1 sitzt halb gelangweilt, halb mit komischem Gefühl im Bauch in ihrem alten Klassenzimmer der jetzigen 11/1.

13.00 Uhr: Auftritt der Theater-Pädagogin Gurdun Grimpe. Herr Schenck folgt ziel-strebig der Frau von der BLB (Badischen Landesbühne) aus Bruchsal Richtung Pult, die sich ganz entspannt auf die Kante der vorderen Tischreihen setzt. Es folgt die allgemeine Anwesenheitskontrolle. Nach der Begrüßung legt die Pädagogin gleich richtig los und stürmt regelrecht auf uns zu. Sie ruft uns zu: „Ich bin wunderbar ...!" – mal höher, mal tiefer, mal schnell, mal langsam, mit Enthusiasmus und auch total gelangweilt. Auf wie viele Arten man sich ausdrücken kann und wie glaubwürdig – oder auch nicht – ein solcher Satz vermittelt werden kann, wurde einem hier das erste Mal schon klar. Und auf was es ankommen wird bei diesem Workshop: Die Modulation der Stimme. Sie ist eine der Fer-tigkeiten, die ein Schauspieler perfekt beherrschen muss, um seine Rolle auf der Bühne glaubwürdig an das Publikum zu vermitteln.

„Ich hab mir etwas anderes für euch ausgedacht als das, was ich mit der anderen Klasse gemacht habe – ein Spezialprogramm." Vorwarnung gleich am Anfang: „Ihr wer-det heute einige Übungen und Sachen machen, die ihr so vielleicht nie machen würdet." Kontaktaufnahme geglückt und die erleichternde Sicherheit zu wissen, dass man nicht die Übungen der 11. Klasse machen wird. Ein unhörbares Staunen und Erleichterungsseufzen geht durch die Reihen.

Die erste Übung, mit der „das Eis gebrochen" werden sollte, war eigentlich recht einfach: Stühle und Tische zur Seite schieben und einfach mal kreuz und quer durch den Raum laufen ohne den anderen zu berühren. Zweite „Arbeitsanweisung": den an-

---

53 http://www.KlausSchenck.de/ks/downloads/h10theaterworkshop07.pdf

deren, der einem gerade über den Weg läuft, anflirten – ohne Berührung, nur mit dem Gesichtsausdruck und Gestik. Das Gekicher ließ sich jetzt schon bei dem vielen Augenbrauenhochziehen und Grinsen nur noch schwer unterdrücken! Dann den anderen mit einer freundschaftlichen Begrüßung gegenübertreten, auch mal ganz formell und korrekt und dann wiederum jeder auf seine ganz eigene Art und Weise.

Das Eis war gebrochen, jetzt konnte richtig losgelegt werden! Aufstellung immer paarweise gegenüberstehend an einer imaginären Linie von der einen Seite des Raumes zu anderen. Die nun folgende Übung beschäftigte sich mit Modulation und einer ganz anderen Argumentation: Wir sollten gegenseitig eine Diskussion führen und uns immer weiter hineinsteigern. Natürlich gab es hier ein kleines „Aber", denn der Text wurde ganz strikt vorgegeben: das ABC! Wer schon einmal versucht hat zu reden, ohne Wörter und zusammenhängende Sätze zu benutzen, oder gar mit seinem Gegenüber eine Unterhaltung nur mit den 24 aufeinander folgenden Buchstaben zu führen, der merkt schnell, wie viel Möglichkeiten es eigentlich gibt unsere Stimme zu verändern, unterschiedliche Tonlagen anklingen lassen, mit Nachdruck dem andern ins Gesicht zu schreien oder ganz hinterhältig – vielleicht auch mit ein bisschen Ironie – den Unterton zu gestalten.

Um die Stimmbänder wieder etwas zu entlasten gab es einen neuen Vorschlag von Gudrun Grimpe. Immer noch paarweise gegenüberstehend sollten wir das folgende Szenario durchspielen: Ein Gespräch unter zwei Freunden, wobei der eine ein Problem hat, der andere versucht ihm zuzureden. Verschiedene Szenarien wurden danach herausgedeutet und dem Rest der Klasse vorgespielt. „A...b...c...?" – „D...(Seufzer)...e..." – „Ach, Ge[h]!!" So der „Schlusssatz" von Sebastian Achstetter mit Michael Lesch.

Ein Improvisationsstück der besonderen Art sollte der Anbaggerversuch eines Jungen bei einem Mädchen an der provisorischen, aus vier Stühlen bestehenden Bushaltestelle sein. Wenn man nur das ABC zur Verfügung hat, ist es sehr schwer ein Mädchen mit dem „richtigen" Argument herumzubekommen – das kannst man(n) mir glauben! Noch größer war das Gelächter dann aber bei der nächsten Aufgabe: Homosexueller baggert Heterosexuellen an! (Aus Gründen der Diskretion ohne Namen) Hier konnte Person 1 dann doch Person 2 nach einiger Zeit überzeugen mitzugehen – welch ein toller Erfolg!

Nach dieser Alphabet-Einheit benötigten alle erst einmal eine Pause, die man ausgiebig nutzt, um wieder mit vollständigen Wörtern und in ganzen Sätzen sich zu unterhalten.

Kaum waren die zehn Minuten vorüber, starteten wir mit Vollgas in die zweite Runde. Aufgestellt im Kreis, sprach nun jeder der Reihe nach in x-beliebiger Form ein „Ja" – bei der dritten Runde bekam dann der ein oder andere schon Schwierigkeiten, obwohl sich niemand hätte träumen lassen, dass man auf über vierzig verschiedene Weisen sein mündliche Zustimmung zu etwas geben konnte. Dasselbe galt im Übrigen auch für „nein", wobei es sehr interessant war den kreisenden Jas und Neins der Klassenkameraden zu folgen.

Die letzte Einheit bezog sich jetzt direkt auf unsere theatertechnischen Fähigkeiten. Der „Auftritt" (von Reinhard Lettau) beinhaltete sechs Wortwechsel, in denen ein Mann versucht sich einem anderen Mann vorzustellen, aber immer wieder abgewiesen wird, bis dieser bei der letzten „Wiederholung!" dann nicht mehr wieder erscheint. Trotz weniger Worte und der schnellen Wechsel gab es von zurückhaltendem über sportlichem, elegantem und gar überstürztem Vorstellen so ziemlich alles zu sehen, was man sich nur vorstellen konnte.

Auch der Erzähler, der nach jeder „Vorstellungsrunde" einen kurzen Einschub zu sagen hatte, wollte besetzt werden und so kam es, dass fast jeder einmal auf der provisorischen Bühne, die aus dem frei geräumten vorderen Teil des Klassenzimmers bestand, mit Blick auf die Tafel im Hintergrund, sein Bestes geben durfte.

Zum Schluss probierte Grudrun Grimpe noch eine Sprachübung der anderen Art mit uns aus. „Das gelbe Sofa" (von Philipp Engelmann) wurde gesprochen von vier Schülern, die das Sofa auf vier Stühlen bildeten. Die Besonderheit dabei: Jeder der Schüler bekommt nacheinander einen ganzen Satz, den Anfang oder das Ende zugewiesen und dann sollte das Selbstgespräch des Sofas in einem flüssigen Durchgang vorgetragen werden – inklusive der Seufzer und Pausen, denn das Sofa ist schon alt und hat schon viel „Schmerz [in seinem] weichen Polsterfleisch" ertragen müssen. Zur Erheiterung des Publikums trugen nicht nur die lustigen Versprecher und Unstimmigkeiten bei, sondern auch die verschiedenen Stimmungsbilder in der Sprache des „Sofas", die von deprimiert, nachdenkend über verschnaufend bis zu kichernd alles bot, was man mit der Stimme modulieren konnte.

Am Ende gab es einen großen Applaus für zwei Stunden Powerprogramm und noch ein kleines Präsent unseres Deutschlehrers an Gudrun Grimpe!

Fazit? Wir hatten uns im Vorhinein vieles ganz anders vorgestellt – auch eher Unangenehmes. Aber im Nachhinein muss man sagen, dass diese zwei Stunden sich absolut gelohnt hatten und wir viel Spaß hatten! Ein großes Lob an dieser Stelle geht auch noch einmal an die Theaterpädagogin Grudrun Grimpe, deren Aufgabe es ist, in ihren Seminaren und Workshops eine Brücke zwischen der Arbeit der Schauspieler und dem Publikum zu schlagen.

Jeder konnte sich bei den einzelnen Übungen individuell einbringen und seine Fähigkeiten zum Ausdruck bringen. Ein kleiner persönlicher Erfolg auf den „Brettern, die die Welt bedeuten" – auch wenn es bei uns nur das teppichbelegte Klassenzimmer 108 im WG war!"[54]

Melanie: Theater-Besuch (2005)

„Zusammen mit unserem Deutschlehrer, Herrn Schenck, besuchte unsere Klasse 12/2 im letzten Schuljahr das Theaterstück „Kabale & Liebe" an der Werkstattbühne in Würzburg. Für den, der's noch nicht kennt, aber im Abi braucht, „Kabale & Liebe" ist ein „bürgerliches Trauerspiel" von Friedrich Schiller, der es in seiner „Sturm und Drang"- Phase schrieb. Es handelt von der Liebe zwischen einer Bürgerlichen und einem Adligen, die an äußeren Umständen und Intrigen zerbricht.

Kleine Abi-Hilfe für die Einleitung: Ferdinand von Walter, der Sohn des Präsidenten, verliebt sich in Luise, die Tochter des Stadtmusikanten Miller. Doch aufgrund des Standesunterschieds ist die Beziehung der beiden von Anfang an zum Scheitern verurteilt. Der Präsident will seinen Sohn aus machtpolitischen Interessen mit Lady Milford, der Mätresse des Herzogs, verheiraten. Zusammen mit seinem Haussekretär Wurm schmiedet er eine Intrige, die Luise aus Angst um ihren Vater, der verhaftet wurde, veranlasst einen Brief zu schreiben, der auf Untreue schließen lässt. Der Absolutheitsanspruch und die Eifersucht Ferdinands führen letztendlich dazu, dass er erst Luise und dann sich selbst vergiftet.

54   http://www.KlausSchenck.de/ks/downloads/theaterworkshop12.pdf

Nachdem wir viel Zeit mit dem Werk verbrachten und es intensiv im Deutschunterricht durchgenommen hatten, hatte die Klasse natürlich gewisse Erwartungen an das Theaterstück, die es zu erfüllen galt. Von außen jedoch war man erstmal nicht sicher, ob man hier richtig sei, das Gebäude sah eher „wie eine Bruchbude" aus. Hinter einem großen Baucontainer hatte sich der Eingang versteckt, der unerwartet in die Tiefe ging, man musste ein paar Stufen hinuntergehen und stand dann bereits direkt vor dem Theaterraum. Dieser Vorraum ähnelte einer Abstellkammer. Der erwartete „Theatersaal" blieb aus und entpuppte sich als kleines, dunkles Kellergewölbe, das bereits überfüllt war. Saß man in der ersten Reihe, war man direkt am Geschehen (man hätte den Schauspielern praktisch ein Bein stellen können), so nahe war die Bühne. Dann ging es endlich los, die Erwartungen waren bereits deutlich reduziert, man war gespannt, was da wohl kommen mag. Die Eingangsmusik war unerwartet modern, und auch Luise und Ferdinand sahen aus wie ein ganz normal verliebtes Paar, dem man jederzeit auf der Straße begegnen könnte. Jeder einzelne Charakter war interessant und in seiner Darstellung passend. So ähnelte der Präsident in seiner Lederjacke und dunkler Sonnenbrille fast einem „Mafiaboss". Besonders gelungen war die Figur des Hofmarschalls von Kalb, dessen Kostüm sehr exzentrisch und vor allem sehr bunt ausfiel, die Anspielung auf Homosexualität war kaum zu übersehen. Auch die Mutter von Luise war genau so, wie man sie sich vorstellen würde in ihrer dümmlichen Art und Weise. Der alte Miller kam als liebender und sich sorgender Vater schauspielerisch sehr gut 'rüber. Ebenfalls beeindruckend war die Schauspielerin der Lady Milford, die in der Lage war, sich so mit ihrer Rolle zu identifizieren, dass ihr sogar echte Tränen über die Wangen liefen, in der Szene, als Ferdinand sie besuchte und ablehnte. Dies erklärte uns die Schauspielerin auf unsere Frage nach ihrem „Tränen"-Trick. Auch schlug uns das Spiel von Mimik und Gestik der Luise in ihren Bann, mit dem sie besonders gut ihre Gefühlsschwankungen zeigte. Ferdinand entsprach völlig dem Bild des „Sturm und Drängers" in seinem euphorischen und überschwänglichen Wesen. Mit dem Song „Bridge over troubled water" fiel der Vorhang. Insgesamt begeisterte das Stück, (wider Erwarten!), und brachte uns allen das Werk noch etwas näher und dadurch auch verständlicher."[55]

Alexander: Theater-Nachgespräch (2004)

„Wusch ... Licht aus! Klatschen. Alles klatscht. Großes Theater in Tauberbischofsheim. Die Badische Landesbühne zeigte „Hamlet" von William Shakespeare. In modernisierter Fassung, aber großartig. Ein Kribbeln im Bauch stellt sich ein, trotzdem ein tolles Gefühl. Das Klatschen hört nicht auf. Wunderbar, diese Inszenierung. Die Masse strömt jetzt aus dem Saal. War's das jetzt? Nein! Denn nun ging's erst richtig los! Für fünfzig Schüler aus den Klassen WG 11.1 und 12.1 und ihrem Lehrer, OSR. Klaus Schenck, hieß es jetzt in „Körperkontakt" mit zwei Schauspielern der Gruppe zu treten. Nachdem die breite Masse endlich das Foyer der Festhalle verlassen hatte, hatten wir Zeit uns im großen Saal wieder in Position zu bringen. Rätselraten machte sich breit. Wie? Was? Wo? Wer kommt denn jetzt eigentlich genau? Wie sehen die denn so in „natura" aus? Vor versammelter Mannschaft trat sogleich Angelika Salvisberg, Chef-Dramaturgin der Badischen Landesbühne.

---

55 http://www.KlausSchenck.de/ks/downloads/theaterkabale.pdf

Sie gab einige Instruktionen. Die allgemeine Ratlosigkeit wich der Vorfreude, das Warten auf zwei der wichtigsten Personen in diesem Stück begann, dauerte aber nicht lange. Karsten Morschett, alias „Hamlet", und Jule Richter, alias „Ophelia", hatten sich für diese „Plauderrunde" bereit erklärt und gaben uns nun die Ehre! „Also, hier haben wir jetzt Hamlet und Ophelia!", schallte es gleich voller Begeisterung von Herrn Schenck herüber. Als die allgemeine Vorstellungsrunde losgehen sollte, begann aber dann unglücklicherweise die Technik-Crew mit dem Abbau und das Bühnenbild wurde unter ohrenbetäubendem Lärm geradezu in seine Einzelteile zerlegt. Nachdem auch diese Hürde geschafft war, ging sofort die erste Meldung los: „Also, erst mal ein großes Kompliment! ... Das war super!", hörte man aus einer der hinteren Reihen. In vielen Gesichtern war nun Staunen zu erkennen. Doch auch in Hamlets und Ophelias Augen war ein gewisses Scheinen zu sehen. Man erlebt ja nicht alle Tage, dass nach der Aufführung noch einmal fünfzig Mann den Saal stürmen und sich mit den Schauspielern mit der Thematik des Stücks befassen und damit, was es heißt, den Beruf Schauspieler zu leben. Die Probezeit für ein Stück nimmt für eine Schauspielergruppe bei der Badischen Landesbühne etwa sechs Wochen in Anspruch, wobei in dieser Zeit vormittags auf den Brettern gestanden wird, nachmittags man meist schon auf dem Weg zum nächsten Ort ist – je nachdem wie weit weg – und abends dann die Aufführung des Stücks aus den zurückliegenden Proben. Text lernen? Möglich nur dazwischen. Ein anstrengender Job! „Aber auch eine Herausforderung!", so Karsten Morschett und strahlt dabei echte Begeisterung aus. „Effektiv proben wir drei Wochen für ein Stück." Wahrlich, diese eingespielte Truppe ist immer on tour! Es gehen jetzt mehr Finger hoch. „Wie stark kann man sich selbst als Schauspieler mit dem Werk und vor allem mit der Rolle identifizieren?" – „Nun, man kann Glück oder Pech haben. Es ist immer ein Angriffspunkt möglich, an dem man ansetzt und der dann erweitert wird. Vieles ist dabei auch Interpretation." – „Änderungen im Verlauf der Proben kommen immer vor. Die meisten Dinge laufen dann in Abstimmung mit dem Regisseur." So einige Erklärungen von Hamlet und Ophelia. Und es ist kaum Zeit für Verschnaufpausen: „Wie sieht es denn mit der Vorbereitung aus?" Ein heißes Thema! Phantasie lässt sich nicht aus dem Nichts schaffen – zumindest nicht so leicht. Karsten Morschett dazu wörtlich: „Wir haben uns eine ganze Sammlung von Filmen angeschaut!" „Es waren hauptsächlich halt die gängigen Hamlet-Verfilmungen", kommentierte Jule Richter die Sache, stets mit einem Lächeln auf den Lippen. Es machte Spaß – auf beiden Seiten – diese Gesprächsrunde zu verfolgen. Grundlegend gebe es bei dieser Art von Vorbereitung aber weniger zu schauen, wie wurde es dort im Film gemacht und was kann übernommen werden, als mehr darum, Probleme aufzuspüren und Lösungen zu finden, die bei der eigenen Inszenierung aufkommen. Viele Regisseure begutachten solches Filmmaterial oft schon weit im Voraus. „Wie sieht es denn mit Textdrehern aus?" – Das Interesse wuchs sichtlich in der Aktivität der Schüler. Das einstimmige Votum der Profis lautete hierzu, dass so etwas eigentlich nicht vorkäme, denn die Texte seien voneinander zu unterschiedlich, außer dass vielleicht einmal im Stück selbst vertauscht wird, was aber eher selten sei. Bei der Frage nach der Einbringung eigener Ideen kam eine sehr interessante Antwort zurück: „Das ist so halber, halber", einige Regisseure sagten, das muss so und so gemacht werden, andere böten viel Platz für die Schauspieler. „Der Regisseur ist mehr für die Visionen zuständig." – „Meistens ist es aber eine gemeinsame Entwicklung", was am Ende rauskomme. Auch die allgemeine Fangfrage in dieser Branche, ob lieber Alt oder Neu, ließ dann nicht mehr lange auf sich

warten: „Es ist einfach klasse in dieser Form zu reden! ... Ich liebe ‚Hamlet'und Shakespeare", schwärmt Jule Richter, denn „frei reden kannst du immer", so Karsten Morschett,
der querbeet alles spielt, bevorzugt aber Komödien.

   Am Ende dieser Session war allen klar, „das müssen wir wieder machen!", so Herr
Schenck sofort hinterher und machte gleich den nächsten Termin aus. Auch das Problem
einer anderen Räumlichkeit wurde ohne langes Herumreden ins Auge gefasst. Alles in
allem war der Austausch für alle Zuhörer eine außergewöhnliche Erfahrung und führte zur
Erkenntnis, dass Theater doch auch etwas für Jugendliche sein kann! Wir freuen uns schon
jetzt auf das nächste Stück der BLB und auf ein noch intensiveres Austauschen danach!"[56]

Theaterworkshop als Zeichensetz-Klassenarbeit

In meiner Jahresplanung Klasse 11 kam einige Monate später das Thema „Zeichensetzung" mit
Klassenarbeit. Ich schrieb dazu immer einen Text, in dem ich Ereignisse der Klasse Revue passieren ließ, natürlich in der mir eigenen Form der Übertreibung, ähnlich einer Büttenrede. Hier eine
Zeichensetz-Klassenarbeit über den Theaterworkshop. Jeder kann seine Zeichensetz-Fähigkeiten
testen, er muss überall die notwendigen Satzzeichen einsetzen, dafür wird bei den Zitaten auch
entsprechend Platz gelassen:

   *Theaterluft Theaterleidenschaft Theaterpädagogin doch das was an sich so klar ist war denen die
sich ins Theater gezwungen sahen und dann noch Schreckliches beim Theaterworkshop am nächsten
Tag fürchteten alles andere als klar!*

   *Als der Deutsch-Lehrer den Raum 110 betrat schlug ihm feindliches WG11.1-Eis entgegen.   Ich
bin doch nicht der Eismann der im Tiefkühlraum pädagogisch zaubern soll! Gut dass ich einen großen
starken Kollegen dabei habe der wird mir helfen wenn die Eismänner besonders aber die Eisfrauen
denn diese fürchte ich mit gutem Grund am meisten zu marschieren beginnen um mich lebendigen
Typ auf Minusgrade abzukühlen!   so dachte komplett irritiert der Lehrer. Doch nach wohl gewählten
Worten verließ der große starke Mann den Raum ließ den kleinen in der Höhle der Löwinnen allein
mit Theaterpädagogin Prinz die das ahnten die meisten noch gar nicht sie krabbelten im Geiste unter
Tischen balancierten total gestört Stühle auf der Nase dieser Schenck murrten die Ängstlichen dieser
Schenck mit seinen verrückten Ideen oh warum haben wir denn keinen normalen Lehrer wir sind
so lieb wir sind so klein wir wollen vernünftig unterrichtet sein nun um den Satz vernünftig zu Ende
zu führen Theaterpädagogin Prinz also verwandelte sich schon sehr bald in eine Theaterprinzessin
doch von dieser Erkenntnis war die WG11.1-Weiblichkeit zu Anfang noch weit entfernt. Hanna die
Verkörperung des kritischen Geistes blickte finster die Arme abwehrend vor der Brust verschränkt
Wenn ich eine Schlange imitieren muss Lehrer pass auf dich beiße ich zuerst!   Und Nicole zischte
nur   Ich bin dabei!   Nur Serpil das liebe türkische Wesen hatte noch nicht den kalten Killerblick
sie lächelte still vor sich hin. Und Hanna wer sie kennt fürchtet sie wollte als Schlange nicht nur
den Lehrer beseitigen sondern gleich mit einem anonymen Schreiben Theaterpädagogin bzw. das
gesamte Theater-Ensemble. Auch Natascha schwankend zwischen Deutsch-Genie und Kritikergeist
Natascha die sportlich Große Bewegliche die nur von ihrer kleinen Schwester auf offener Bühne zu
Fall gebracht wird Natascha diese karnevalistische Tanzsäule die ihrem kritischen Geist ständig mit*

---

56   http://www.KlausSchenck.de/ks/downloads/theaterhamlet.pdf

dem Apfel der Erkenntnis auch hier ganz wählerisch Pink-Lady muss es sein ständig ja auf jeden Fall täglich Nahrung verschafft dieses KTSC-Geschöpf war wild entschlossen ihren Widerstandsgeist in die Waagschale zu werfen sollte Schlangenimitation das Gebot der Theaterstunde sein! Das alles spürte der Deutschlehrer flüchtete hinter seine Kamera mit zitternder Hand was die Bildqualität nicht gerade erhöhte und flehte   Oh ihr Götter steht mir bei die machen hier mich noch zu Brei!

Nach und das muss ehrlich gesagt sein einer Gesprächsrunde bei der von Auftauen noch keine Rede sein konnte begann das Programm und die WG11.1-Schlangen im Geiste schlängelten und zischten nicht bissen niemanden sondern verwandelten sich überraschend leicht auch das muss um der Wahrheit willen gesagt sein in Metzger Pfarrer Polizisten die Hyperkritischen erwärmten sich nicht nur an Prinzen-Ideen nein sie begannen schauspielerisch zu glühen. Mit dem Panther begann es war es Tobias war es Philipp auf jeden Fall staunte jeder über den Mutigen dem Panther kam man nur mit der Axt bei um dann in der Spielzeugkiste zu landen. Welch reiche Phantasie welch Zukunfts-chancen für manchen Theatertalente erblühten von Nicole bis Jacky und auch Hannah die Stille von der ersten Bank hatte die Rolle ihres Lebens gefunden: Hey mit was wollt e denn bzahlä Du Großä wänn nät glei's Gäld nausrückscht fängscht oine a wenn größa bischt als i. Und du Reider-Mampfi du Pfäde-Pimpf di schrubb i in die Eck do koscht dann uff'm Schduhl Hoppe-Hoppe-Reiter macha! I will Gäld säh guckt nät so bläd! Mit was wollt ä denn bzahlä hääh!   Ihr Temperament zeigte Hannah vor Jahren in Berlin als sie in der U-Bahn lag und strampelte   Wenn ich nicht sofort zu Madame Tussauds darf ziehe ich die Notbremse!   Seitdem hat Hannah bei Schullandheimaufenthalten immer einen Sozialarbeiter um sich der sie beruhigt.

Und was war dann am Ende Freiwillig und mit Begeisterung lag man als toter III am Boden gestaltete kreierte phantasierte die Schlangenzeit war vorbei die Minusgrade auch die Prinz-Sonne leuchtete theatralisch über den WG11.1-Geistern aus Kaltblütern wurden Begeisterte von der Muse Geküßte Idee auf Idee Szene auf Szene und als es klingelte konnten es die WG11.1-Theaterleute kaum fassen vorbei die Welt der Phantasie vorbei der Zauber der Verwandlung vorbei vorbei nur ein Stück Sehnsucht nach diesem Zauberreich blieb dann verwandelten sich alle wieder in vernünftige Schüler die Mathe und Wirtschaft lernten.[57]

Die Lösung finden Sie hier:
→ http://wwwKlausSchenck.de/ks/downloads/g64-10-kazeichwg11-11loes.pdf

---

„Hybrid"-Lektüre: Artikel des **5. Kapitels** und weitere Beiträge finden Sie schnell und unkompliziert unter
→ **www.KlausSchenck.de/ks/lehrerbuch**

---

57   http://www.KlausSchenck.de/ks/downloads/g64-10-kazeichwg11-11.pdf

Link-Liste zum Thema „Theater":
→ *Hamlet und ein Schauspieler-Date*
→ *Kabale und Liebe zwischen Rumpelkammer und Kellerloch*
→ *Mit Nathan und Recha auf Du und Du*
→ Theaterworkshop 2006, Klasse 11
→ Theaterworkshop 2006, Klasse 12
→ Theaterworkshop 2007 mit Zeichensetz-Klassenarbeit
→ Theaterworkshop 2010
→ Interview mit Schauspielerin Mareike Dick
→ Theaterkritik zu *Besuch der alten Dame* (Dürrenmatt), 2011
→ Theaterworkshop 2011, Klasse 11
→ Zeichensetz-Klassenarbeit mit Lösung zu Theaterworkshop 2011
→ Theaterworkshop 2012, Klasse 11
→ Theaterworkshop 2013, Klasse 11

6. KAPITEL: DAS FACH „DEUTSCH" ALS ZUKUNFTS-KOMPETENZ

Deutsch-Präsentationen

Die Geschichte unserer Präsentationen reicht bis ins Jahr 2010 zurück, es ist die Geschichte der damaligen Schülerzeitung „Financial T('a)ime" (FT). Ich war schon fast besessen von ständig neuen Ideen, mich faszinierten die Möglichkeiten im Netz, eine Welt, die mir eigentlich verschlossen war und die mir die damaligen Redaktionsmitglieder öffneten. 2008 stiegen wir von Printmedien auf Internet-Schülerzeitung um, 2010 nun die Idee, unseren Kanal mit Unterrichtsmaterialien attraktiver zu machen. YouTube kannte ich noch nicht, das musste mir erst mein Administrator Johannes erklären, der baute dann die bereits gedrehten Sendungen auf unseren neuen YouTube-Kanal, der inzwischen über 300 Videofilme bietet: www.youtube.com/user/financialtaime

Als Lachnummer unsere erste Sendung 2010 als Outtakes, fünf Anläufe für den Beginn: https://www.youtube.com/watch?v=uq2Fpzqjtl4

Wir hatten uns eine eher preisgünstige Kamera gekauft – Schülerzeitungen haben nie viel Geld, folglich auch noch kein externes Mikrofon, so starteten wir mit dem ersten Activboard der Schule! Dieser Start am Activboard machte uns in den kommenden zwei Jahren zur „Activboard-Schule" Deutschlands. Zwei Gründe: Wir waren die Ersten, die verständliche Handbücher zu ActivInspire verfassten, die gab es nirgends auf dem Markt. So meldeten sich aus ganz Deutschland Schulen und fragten an, ob sie die Handbücher für ihre Schule übernehmen dürften. Die erste Klasse, die mit dem neuen Activboard arbeitete, hatte ich in Deutsch (Klasse 12), der Klassenlehrer war Lehrer für Datenverarbeitung, der natürlich von diesem neuen Ding in technischer Hinsicht fasziniert war, und die Schüler wiederum spielten in jeder Pause an der intelligenten Tafel herum, um ständig Neues zu entdecken, das Neue zu perfektionieren – in dieser Hinsicht bestand ein enges Verhältnis zwischen Klassenlehrer und Klasse, gegenseitig stachelten sie sich mit immer ausgefalleneren technischen Lösungen an. Und genau in dieser Klasse begann ich mit dem Filmen von Unterrichtspräsentationen, die wir als Schülerzeitung ins Netz stellten. Damit waren wir die erste Schule im Netz mit Unterrichtspräsentationen am Activboard. Genau darin lag der Schwachpunkt vieler Schulen mit ihrem neuen Activboard, es fehlte noch die Erprobung im konkreten Unterrichtsgeschehen, und genau dies konnten wir bieten.

Ich wollte endlich „Power-Referate" haben, die die gesamte Klasse vom Stuhl reißen, wenigstens ständig fordern, niemand darf wegpennen, niemand darf abschalten, jeder musste jederzeit mit einer Aufgabe, einer Herausforderung rechnen und dann noch vor laufender Kamera. Ich nannte diese ganz neue Form der Präsentation „aktivierende Referate". So sind die meisten Deutsch-Referate aufgebaut, alle müssen mitmachen, der Stoff wird durch fordernde Aufgabenstellungen wiederholt und vertieft. Wir hatten ein eigenes Film-Team, das die Referenten notfalls dirigierte und ein Schild mit „Lauter sprechen" hochhielt, wenn in den hinteren Reihen das vorne Gesagte nicht verstanden wurde. Ich fotografierte und schrieb für die Benotung mit. Das war meine Welt, meine Präsentations-Idee wurde so großartig von meinen Schülern umgesetzt, ich war glücklich und platzte fast vor Stolz auf deren Leistungen.

Der „Hype" mit dem Activboard lag so zwischen 2012 und 2014. In diesen Jahren kamen viele Activboards an der Schule dazu und ich hatte meinen „eigenen" großen Klassenraum mit Activboard, das wurde in der Raumplanung berücksichtigt. Die ganze Schule war im Activboard-Fieber. Meine Begeisterung für sehr aufwändige Präsentationen, besonders am Activboard, übertrug sich auch auf die Präsentationen in anderen Fächern. Es war ein ständiges gegenseitiges Befeuern, jede Präsentation musste die andere überbieten, musste ganz neue technische Möglichkeiten aus der Tafel zaubern, ich ging vollständig in diesem Begeisterungs-Zauber auf. Das Ganze flachte ab 2015 komplett ab und 2018 fragte mich ein 12.-Klässler einer mir fremden Klasse, ob man an das Activboard auch etwas schreiben könne. Da war mir der schulische Niedergang unserer Activboard-Zeit und der Präsentations-Hexerei klar.

Manche meiner ehemaligen Schüler wirkten dann an den Unis als „Multiplikatoren". Im Uni-Raum stand so eine merkwürdige Tafel, mit der niemand, schon gar nicht der Professor, etwas anfangen konnte. Und dann kamen die ehemaligen Schüler unserer „Activboard-Schule", boten eine Vorführung an und erstaunten Professoren und Kommilitonen. Unsere Schule war damals der Zeit voraus und dies brachte der Schule den mit 15.000 Euro dotierten Medienpreis der Schwarz-Stiftung ein – in der Hauptsache dank der Schülerzeitung, die die moderne „Schulzeit" ins Internet stellte. Mit 5.000 Euro schafften wir uns ein mobiles Studio an, an dem bis heute all unsere Sendungen entstehen, jetzt unter dem neuen Namen „FT-Abi-Plattform".

Auch nach meiner Pensionierung führen wir – u.a. mit ehemaligen Redaktionsmitgliedern – unseren Service mit Schulsendungen und Schülerartikeln fort. Der jetzige Schwerpunkt sind meine Interpretationen von den Werken der aktuellen Abi-Pflichtlektüre. Diese „FT-Couch-Tipps" werden im Netz mit vielen Dank-Kommentaren bedacht, was für uns alle eine große Ermutigung darstellt.

Marina und Milena: Erfolgskonzept der aktivierenden Referate (2015)

100.000 von Schülern und Abiturienten kennen sie schon. Die legendären Schenck-Referate. Egal ob es sich um die Videos auf dem FT-Youtube Kanal oder um die Kopiervorlagen auf der Homepage handelt, die Präsentationen sind Vorbild für ganz Baden-Württemberg. Doch warum ist das so, warum sind sie so erfolgreich und bekannt?

Bei dem Ganzen handelt es sich um ein systematisches Kompetenztraining. Begonnen wird bereits in der 11. Klasse, dort lernen die Schülerinnen und Schüler, wie man mit dem Active-Board umzugehen hat. Sie erfahren alle möglichen Techniken, die für eine gute und vor allem einzigartige Präsentation notwendig sind. Weiter geht es mit der Hausarbeit. Diese raubt so manchen die kompletten Weihnachtsferien und gewiss auch den letzten Nerv, bringt aber auch viele Vorteile mit sich. Neben neu erworbenen Kenntnissen über den Umgang mit dem Computer lernt man zudem, wie eine richtige Hausarbeit, was für das wahrscheinlich geplante Studium erforderlich sein wird, erstellt wird. Dazu gehört vor allem das richtige Sammeln von Materialien sowie Grundkenntnisse über die bestehenden Zitierweisen. Hiermit sind die Anforderungen an die „Hausarbeits-Unterstufe" abgedeckt.

Doch damit nicht genug steht in der zwölften Klasse bereits die nächste Hausarbeit an. Diese verlangt jedoch noch viel mehr an Engagement, Aufwand und Mühe. Mit einfachem Zusammenfassen von Büchern der Sekundärliteratur, ist es nun nicht mehr getan. Angestrebt wird daher eine ausführliche Materialsuche, bei der man seine Kompetenz unter Beweis stellen muss. Der Besuch der Unibibliothek Würzburg ist dafür die optimale

Lösung. Die bevorstehende Hausarbeit ist von höherem Niveau, weshalb sie nicht mehr nur, wie es in der 11. Klasse war, aus einer Ausarbeitung besteht, bei der man mit Fleiß punkten kann, nein, sie beinhaltet daneben auch noch zwei daraus resultierende Verkürzungen: Kopiervorlage und Lernkärtchen. Beide dienen sowohl zur Wiederholung für das Abitur als auch als Vorlage für die jeweiligen Präsentationen. Mit diesen wird die Kombination der Hausarbeit und somit der GFS – bestehend aus: Ausarbeitung, Kopiervorlage, Lernkärtchen und Vortrag – vollständig abgerundet. Die Referate sind in einem genauen Anforderungskatalog definiert, welcher durch Druck und Begeisterung an der Arbeit zum Ziel führen soll.

Schwerpunkte stellen die Stoffwiederholung, Einbezug der Mitschülerinnen und Mitschüler sowie der Wettbewerb, ständig neue Ideen zur Visualisierung hervorzubringen, um sein Vorgängerreferat toppen zu können, dar. Die hinzukommende Filmaufnahme steigert zum einen das Selbstbewusstsein und dient zum anderen der Ich-Stärkung. Der Einbezug der Mitschüler ist in der Hinsicht wichtig, dass sie nicht während der Präsentation wegpennen (daher auch der Name „aktivierende Referate"), sondern dazu gezwungen sind, aufzupassen, um aktiv mitzuarbeiten, falls der Referent sie aufruft.

Dieses hohe Anforderungskonzept, angefangen in der 11. Klasse bis hin zum Abitur, ist das Geheimnis des Erfolges, weshalb die Schenck-Referate im Allgemeinen so viel Einfluss haben, um auch an anderen Schulen die Präsentationsansätze zu verändern und ihr Niveau zu steigern.[58]

Dank-Kommentare der letzten Jahre

Wir haben kurz vor dem Deutsch-Abitur 2018 die Marke von 1.000.000 Klicks übersprungen, dazu kamen viele aufbauende Kommentare, wir bleiben dran! In 48 Stunden vor dem Deutsch-Abitur 2019 gab es ausschließlich vom allgemein-bildenden Gymnasium 11.000 Klicks (am Montag über 7.000) und die Wiedergabezeit hat sich mehr als verdoppelt. Bei 30.000 Abiturienten ein gutes Drittel in zwei Tagen!
Vielen Dank für eure motivierenden Worte!

+++ Februar 2020
Sie sind das Beste, was jedem Abiturienten passieren konnte! Ich wünschte, ich hätte Sie als Deutschlehrer!

+++ August 2019
Guten Tag Herr Schenck,
Ich habe dieses Jahr mein Abitur in Baden-Württemberg geschrieben und möchte mich an dieser Stelle (wenn auch etwas spät) bei Ihnen bedanken. Bei der Vorbereitung für das Deutsch-Abitur haben mir die zahlreichen Videos von Ihnen und Ihrem Team auf YouTube super weitergeholfen! Diese sind in meinen Augen sehr gut aufbereitet und fassen Wichtiges auf den Punkt zusammen, sodass ich es mir gut merken

---

58   http://www.KlausSchenck.de/ks/downloads/45-2015-08-20referate.jpg.pdf

konnte und es mir damit sehr viel geholfen hat! (Ich habe die Erörterung gewählt und auch in der Vorbereitung sehr stark darauf gesetzt). In meiner kompletten Schulzeit war ich in Deutsch nie wirklich gut – und in der Abitur-Vorklausur habe ich dennoch 14 NP und im eigentlichen Abitur 13 NP erreichen können, was beides meine besten Deutschnoten seit langem waren und ich darüber sehr glücklich war. Daher wollte ich Ihnen nun für den Einsatz und die klasse Videos bedanken! Ein super Angebot!
Viele Grüße
Markus

+++ die aufbauendste Kollegen-Mail/Mai 2019:
Sehr geehrter Herr Schenck,
vergangene Woche erreichte mich ein Gruß von Ihnen – ohne dass wir uns jemals begegnet sind! Eine Schülerin aus meinem Kurs hat Sie auf einer Jobmesse getroffen und erkannt, weil ich mehrfach auf Ihre Homepage und Ihre Videos hingewiesen habe. Ich unterrichte Deutsch und Geschichte ... und sitze gerade an den Zweitkorrekturen meines nun 3. Abiturjahrgangs. Über Ihren Gruß habe ich mich sehr gefreut, weil ich mich seit dem Entdecken Ihrer Homepage mit dem Gedanken trage, Ihnen einmal zu schreiben. Ich finde es sehr beeindruckend, was Sie mit Ihren Schülern auf die Beine stellen und Ihr Engagement ist mir ein Vorbild! Ihre Leidenschaft für die Literatur – aber auch für Ihre Schüler! – ist spürbar. Durch den indirekten Kontakt über meine Schülerin (ich war sehr erstaunt, dass sie Sie angesprochen hat!) war ich nun motiviert, meinen Plan, Ihnen zu schreiben, in die Tat umzusetzen. Herzliche, kollegiale Grüße!

+++ der begeistertste Kommentar nach der Notenbekanntgabe/D-Abi:
– financialtaime Nochmal vielen, vielen Dank für die unglaublich gute Vorbereitung. Ich habe dank Ihnen tatsächlich 15P im Werkvergleich im Abitur geschafft. Ich bin vollkommen überwältigt und bin heilfroh mit Ihren Materialien gelernt zu haben! Danke!

+++ das heißeste Lob zu Jahresbeginn 2019 („Steppenwolf"-Interpretation)
– Danke für 13 Punkte ohne die Lektüre jemals gelesen zu haben !👍

+++ Ende 2019
– Ich küsse dein Auge brudi
– Ich küss dein Kopf für 11 Punkte in der Klausur ♥

+++ Ende 2019
– Du bist jaa süüüß!!!

Weitere lesenswerte Dank-Kommentare unter:
→ http://www.KlausSchenck.de/ks/deutsch/index.html

Die beliebtesten Deutsch-Videos:

→ Hesse, *Steppenwolf*

→ E.T.A. Hoffmann, *Der goldne Topf*

→ Goethe, *Faust I*

→ Treichel, *Der Verlorene*

→ Aufbau/Abi – Textanalyse

→ Aufbau/Abi – Texterörterung

„Hybrid"-Lektüre: Diese und weitere Beiträge des **6. Kapitels** finden sich schnell und unkompliziert unter

→ **www.KlausSchenck.de/ks/lehrerbuch**

Grammatik im Wettkampf-Modus

Gymnasiasten sollten die zentralen Grammatik-Begriffe kennen. Sie brauchen diese zum Erlernen der Fremdsprachen, zum Erfassen der Muttersprache und zur Interpretation der Literatur. Punkt!

Schülerinnen und Schüler meiner Klassen waren bei den Fremdsprachen-Lehrkräften ziemlich beliebt. Sie, die Schüler, hatten die Grammatik drauf: geübt, gepaukt, sportlich trainiert! Es war schon ziemlich verrückt – meine Wettkampf-Methode zum Grammatik-Bimsen. Ansatz: jede Woche eine Probe-Klausur im Wettkampf-Modus. Und wenn die Schüler sagten, jetzt haben wir's drauf, wird geschrieben!

Ansatz zur Grammatik: Üben, üben, üben und immer an realistischen Klassenarbeiten der Vorgänger-Generationen. Ansatz zum Klassenarbeits-Training: Wie schaffe ich es, dass innerhalb von Sekunden die Schüler in Klassenarbeits-Reihen sitzen, die Probe-Klausur zackig ausgegeben, nach 30 Minuten wieder eingesammelt, den Mitschülern gegeben, von diesen korrigiert und benotet wird? Antwort: mach daraus einen Wettkampf! Ich glühte für diese Idee: ständig Action, ständig Bewegung, ständig Lachen und dazu noch Grammatik-Üben. Marina wird dies in einem Artikel für die Jugendseite im städtischen Amtsblatt erklären.

Ich war in diesen verrückten Aktionen einfach ganz ich, sie entsprachen mir. Ich feilte ständig an Perfektionierungen. Es war so lustig, es hätte nicht viel gefehlt und wir wären alle vor Lachen auf dem Boden gelegen – mein Standard-Klassenzimmer hatte nicht umsonst einen Teppichboden! Dann bauten wir noch richtige Sportphasen ein, konkret zehn Liegestütze bei offenem Fenster, ich natürlich voll dabei, die Liegestützen wurden laut gezählt, solange machten die Mädels den Hampelmann, denn Liegestützen könnten Mädchen nicht, so wurde mir das erklärt. Ich freute mich auf diese Doppelstunde, sie war so entspannend, tat einfach gut.

Irgendwann kam ich auf die Idee, vor der Grammatik-Klassenarbeit eine Phantasiegeschichte zu erzählen. Alle Schüler legten ihren Kopf auf den Tisch, es herrschte Totenstille und ich erzählte … Wir gingen durch einen Grammatik-Wald und die Bäume und Sträucher wurden zu Grammatik-Begriffen, die auf uns herabsahen, die wir streichelten, denen wir begegneten, auch auf der Wiese Grammatik-Begriffe und so kamen wir ganz gemütlich zur Klassenarbeit in konzentrierter Stille. Nachdem die Klasse in der Realität wieder angekommen war, machten wir einige Entspannungsübungen, um die Angst zu kanalisieren und wegzubekommen. Als Anti-Angststrategie

rannten die Schüler wieder nach vorne, um sich nun die „Noten-Klassenarbeit" zu holen und dann loszulegen. Jetzt galt's! Jede Grammatik-Arbeit war komplett gleich aufgebaut. Durch die vielen Probe-Klausuren wussten die Schüler im Schlaf, wie die Reihenfolge der Aufgabenstellung sein wird, auch die Aufgabenstellung als solche war ihnen in Fleisch und Blut übergegangen, an diesem Punkt gab es keine Überraschungen! Ich nahm immer die Klassenarbeit des Vorjahres, ließ die Aufgabenstellung stehen und baute einen neuen Text rein, meist irgendeine Episode, die so ähnlich in der Klasse geschehen ist, natürlich total übertrieben – auf Büttenrede-Niveau. Und wenn es mir gelang, dass jemand trotz Angst und Stress während der Klassenarbeit leise lachte, war das mir eine besondere Freud: Ziel erreicht! Aber meist war die Anspannung zu stark.

Einer Klasse gefielen meine Phantasiegeschichten und Entspannungsübungen richtig gut, sie bat mich total überraschend mit ihnen in ein anderes Klassenzimmer zu gehen und ihnen vor ihrer Mathe-Arbeit eine Phantasiegeschichte zu erzählen, sie hatten nämlich irre Angst. Das war für meine Erzählphantasie natürlich eine besondere Herausforderung, da ich bei meinen Mathe-Kenntnissen natürlich keinen Mathe-Waldspaziergang zustande brachte, irgendwie erfand ich eine Geschichte. Danach noch die Entspannungs-Einheit und der Mathe-Lehrer staunte nicht schlecht, als er in die Stille die Tür öffnete und die Schüler schon in Klassenarbeits-Formation saßen, dazu noch absolut ruhig.

Diese Bitte der Klasse empfand ich als ein persönliches Geschenk an meine Ideen und war in mir einfach glücklich, hatte ich ein kleinwenig Entspannung in die Mathe-Angst gebracht, die ich mehr als gut kannte. Noch heute träume ich von Mathe-Arbeiten und ihren Schrecken als Schüler. In einem Traum saß ich ganz vorne, mein Stammplatz bei meiner Größe. Der Mathe-Lehrer kam, die Mathe-Arbeit hingeknallt, meine Verzweiflung wuchs und wuchs. Ich erklärte dem Lehrer, ich sei schon Lehrer, ich müsse nicht mitschreiben, er nur: Schreib! So entschwand in meinem Traum Studium, Lehrerberuf, eigentlich alles – ich allein mit der Mathe-Arbeit … Das Erwachen aus diesem Alptraum dann sehr erleichternd! Nebenbei, mein Mathe-Lehrer in der Oberstufenzeit erklärte mir den Stoff immer wieder nach der Stunde – Gegenstück zu meinem knallharten „Traum-Mathe-Lehrer"!

Marina: Wettkampf – Stressabbau (2015)

Aufregung, Nervosität, Stress. Jeder kennt die Stunden, Minuten, gar die Sekunden vor einer Klassenarbeit, in denen man versucht, sich trotz der vielen Übungen, die Herr Schenck auf seine Homepage stellt, inklusiv Lösungen, noch einmal jedes Lernkärtchen anzuschauen, jedes Detail und jede Information aufzunehmen, die die Mitschüler in hitzigen Diskussionen verbreiten oder die das Arbeitsblatt bzw. die Stoffsammlung einem bietet, und hofft, dass es dann später in der Klassenarbeit, in der entscheidenden Situation, nicht zu einem vollkommenen Blackout kommt. Doch das Gute daran ist, es muss nicht so sein! Es gibt eine wirklich simple Methode, aus dieser angespannten Psyche eine lockere zu machen, die dafür sorgt, dass die Schüler all diese negativen Emotionen unbewusst bei Seite legen und sich somit automatisch bereit für die Klassenarbeit fühlen.

Die Lösung lautet: **Wettkampf**! Dieser wird im Deutschunterricht von Herrn Schenck am Wirtschaftsgymnasium Tauberbischofsheim systematisch vor jeder Grammatik-Klausur anhand von alten, bereits geschriebenen Klassenarbeiten geübt. Somit werden die Schüler optimal auf ihre eigene, bevorstehende Klausur trainiert. Die Angst davor, nicht zu wissen, wie der Ablauf bzw. der Aufbau sein wird, ist somit aus dem Weg geschafft.

Der Wettkampf an sich ist eigentlich ganz einfach: Schritt 1: Auf Pfiff bilden die Schüler, die sich momentan geordnet in drei Zweierreihen befinden, drei Einzelreihen. Und das mit Tempo, denn, um den Druck zu erhöhen, damit der Stress vor der Arbeit umso mehr abgebaut wird, wird dabei die Zeit gestoppt. Der Rekord liegt bei gerade einmal sechs Sekunden. Schon in diesem Stadium empfinden die Schüler mehr Freude als Aufregung, denn sie geraten immer in witzige Situationen. Schritt 2: Alle Schüler rennen, wieder auf Pfiff, nach vorne und versuchen sich so schnell es geht die Klassenarbeit zu ergattern. Je schneller man sie hat, desto mehr Zeit hat man, um sie auszufüllen. Damit sind wir schon bei Schritt 3, dem eigentlichen Horror: Das Ausfüllen der Probe-Klausur. Sie besteht aus vier Teilen: Das Bestimmen von Wortarten, Zeiten, Konjunktiv/indirekte Rede und Stilfiguren. Wer denkt, dass man dieses Unterstufenwissen nicht braucht, der liegt falsch! Es ist nicht nur wichtig für die bevorstehende Arbeit, sondern auch eine sinnvolle Wiederholung für den Sprachunterricht, wie beispielsweise den Spanischunterricht, den einige Schüler an dieser Schule wahrnehmen, weiter für die Interpretation von Gedichten, Texten und Lektüren und ebenso für den späteren Bewerbungstest, dem sich sicher der eine oder andere unterwerfen muss. Schritt 4: Jeweils einer der drei Reihen rennt von vorne nach hinten, sammelt alle Übungsarbeiten ein, rennt wieder vor, hin zu einer anderen, vorher vereinbarten Reihe und teilt sie dort wieder aus, damit sie in Schritt 5 korrigiert werden können. Schritt 6: Die von den Schülern fertig korrigierten Arbeiten werden an die Person zurückgegeben, die die Arbeit ausgefüllt hat. Dabei ist es wichtig, dass die gemachten Fehler von den Schülern selbst erklärt werden. Somit wird der Lerneffekt noch größer.

Ziel dieses spielerischen Wettkampfes ist, sich zu entspannen, sich von allen negativen Emotionen zu lösen, indem man sich durch positiven Stress, verursacht durch den Wettkampf, ablenkt. Durch die Bewegung, das Rennen, gerät man in spaßige Hektik, was das Angstgefühl automatisch ausschließt.

Das Feedback der Schüler beweist, dass diese Methode Spaß macht, von der Angst ablenkt und befreit und man neue Kraft und Energie für die Klausur sammeln kann.[59]

Habe den Mut, dich auch mal voll zu blamieren: Der Lehrer als Fechtheld (2006)

> „Auf der Planche, da ist der Mann noch was wert,
> Da wird das Herz noch gewogen.
> Da tritt kein anderer für ihn ein,
> Auf sich selber steht er da ganz allein."
> (so ungefähr bei Schiller: „Wallensteins Lager", 11. Auftritt)

Es bringt Pluspunkte, sich auch mal der Sportswelt seiner Schüler zu stellen, auch wenn man eine schlechte Figur macht – und nicht nur bei gesicherten Klassenzimmer-Wettkämpfen zu pfeifen und zu stoppen. Kommentar der Fechtjugend am Rand der Planche: „Stellt der sich aber an!"

59 http://www.KlausSchenck.de/ks/downloads/46-2015-09-03grammatikwettkampf.jpg.pdf

„Aber der ist der einzige Lehrer, der es auch mal probiert. Denk doch mal an die Frau … und Herrn …, zum Abwinken, die würden es nie probieren, der macht's!"

Mit Schiller im Herzen und einem Termin bei Fechtheldin Elke Birthelmer, meiner Schülerin aus WG 12, wollte ich auf der Planche meinen Mann stehen. Sie versprach mir ihre schützende Zweit-Fecht-Uniform und einer so lieb schauenden Elke vertraue ich blind. Nur in der Größe sah ich ein Problem, ich bin männlich, na ja, gut Trampolin trainiert, schlank, also Schlapper-Fecht-Look, egal, notfalls kann man mich ja noch ausstopfen.

Pünktlich erschien ich zum Waffengang. Recht schnell fand ich die richtige Halle. Leicht irritiert sah ich überall nur Fechter. Elke kam auf mich zu und ihre kleine Schwester musste mich auch gleich besichtigen, den ersten Birthelmer-Familien-Check bestand ich problemlos. Zog mich um, erschien nun kampfesfreudig in Fitness-Kleidung. In einer anderen Halle war für uns die vorderste Planche schon reserviert, bei allem Ehrgeiz, weiter hinten wäre mir lieber gewesen. In der Ecke lag ein größerer Haufen weißer Kleidung. Zunächst gab mir Elke das Fechthöschen, passte aber nicht, zu klein, das mache nichts, meinte Elke, na, ihr nicht, dachte ich! Dann das stoßsichere Westchen, ich wusste gar nicht, wie ich da reinkomme, sollte ich es mir über den Kopf ziehen oder vielleicht doch mit den Füßen reinsteigen?? Elke, dann auch Sandra bemühten sich redlich, mir die Reihenfolge der Schlupfbewegungen klar zu machen, ich fühlte mich an die verwirrende Reihenfolge der Tanzschritte beim Tanzkurs erinnert. Nach mehreren Anläufen war ich drin, bekam es aber nicht zu, ich war zu dick! Zunächst dachte ich natürlich, Elke habe mir das Hemdchen ihrer kleinen Schwester angedreht, nein, gefehlt, es war Elkes Zweituniform und ich kam nicht rein, das heißt, ich bekam sie nicht zu! Ich hielt den Atem an, Reißverschluss zu, ich fühlte mich zum Ritter mutiert. Weitere Jacke: klappte, und dann die Waffe. „Sie müssen sie greifen wie eine Pistole!" Bin ich Polizist? Ich wurschtelte mit meinen Fingern herum. Nachdem Elke sie mir in die richtige Stellung gebogen hatte, war auch dieses Problem gelöst. Sie zeigte mir den Ausfallschritt, wir übten noch Stiche, Schnellkurs von zwei Minuten, also, es konnte losgehen.

Helm über Kopf gedrückt, Kopf zu dick, Brille stört. Dann: Helm auf, Kopf drin, Schenck Atemnot! Peinlich! „Ich krieg' keine Luft!!" Elke irritiert, das gibt es doch nicht, da sind doch genug Löcher, ich begann zu hecheln, kalter Schweiß auf der Stirn, mir wurde ganz schummerig. „Die hält mich für blöd!" Das darf doch nicht wahr sein, mein Kampf zu Ende, bevor begonnen, schämte mich! Nahm den Helm ab, atmete durch, schaute Elke erst gar nicht an, hätte im Fechthallenboden verschwinden wollen. Noch nicht auf der Planche und schon fertig? Neuer Anlauf: „Klaus, reiß dich zusammen, ganz ruhig atmen!"

Mental wieder nach unten gebracht, – erster Fußkontakt mit der Planche. Dann bat mich Elke die elektronische Sicherung an der Waffe anzuschließen. Sie hatte wohl wenig Vertrauen in meine Ehrlichkeit. Das fand ich schon ein wenig kränkend. Dann band sie mich noch an einer Schnur fest, an Abhauen war jetzt nicht mehr zu denken! Sie zeigte mir die Startlinie und erklärte mir die Ampelanlage. Rot heißt: so nicht, Grün heißt: weiter so! Kapierte es sofort! Super Start, gleich einen Doppeltreffer, die ganze Ampelanlage leuchtete: „Gut gemacht, Herr Schenck!", sagte die Fechtheldin gönnerhaft und ich war mächtig stolz. Ich tastete mich weiter vor und wedelte mit meiner Waffe: „Stoßen Sie doch zu, Herr Schenck! Mein Gott, trauen Sie sich doch!" Inzwischen war auch die Fechtjugend als Zuschauer eingetroffen. „Jetzt trauen Sie sich doch endlich, stoßen Sie zu!" Ich hoppelte im Ausfallschritt los, fuchtelte mit meiner Waffe wild entschlossen, Elke tänzelt weg, ich stoße, sie weg, plötzlich sie da, Stich, Punkt für sie! Rote Ampel, ich kapier': besser machen! Draußen kringelt sich die Sportjugend vor Lachen. Sandra: „Hey, Herr Schenck, lassen Sie sich von einer Frau abstechen?? Nicht gefallen lassen. Zeigen Sie's ihr!" Verpeile zunächst Startlinie, verwirrt, draußen dröhnt's: „Zustoßen, zustoßen!" Mein charmantes Gegenüber: „Trauen Sie sich, trauen Sie sich!" Ich schwitze wie blöd, das geht vielleicht in die Knochen, ... alter Schlappen, ist das anstrengend. „Und los", kommandiert die Fechtmeisterin. „Jetzt gilt's, da wird das Herz noch gewogen!" Mit Schiller auf den Lippen und der Entschlossenheit im Herzen: „Völker, hört die Signale, auf zum letzten Gefecht!" Hoppel, Hoppel, Hoppel, Angriff, letztes Gefecht. Ich spüre nur einen Stich, rote Ampel leuchtet, weiblicher Kommentar: „Ziemlich durchsichtig! Sie müssen täuschen, raffinierte Finte, so gewinnen Sie keine Frau!" Geknickt marschiere ich wieder zurück und suche die Startlinie. Jetzt fragt auch noch der Trainer: „Hey, worum kämpft ihr?" Mir fällt nichts ein, bin total außer Atem, Sandra sofort: „Herr Schenck, wir kämpfen nachher um die Klassenarbeit, wenn ich gewinne, sagen Sie mir die Aufgaben!" Diesen Vorschlag findet auch Elke super, ich weniger, ich hauche nur leise: „Wir kämpfen um die Ehre!" Sehr überzeugend klang es nicht und geistreiche Aussagen lagen mir im Augenblick eh total fern. Startlinie und los! Ich sehe vor mir nur eine Waffenspitze hin und her tänzeln, haue immer voll drauf, kann gar nicht so schnell gucken, wie Waffenspitze vor mir durch Luft wirbelt ... Stich, rote Lampe, Startlinie.

Um mir eine kleine Pause und Luft zu verschaffen, fragte ich, was dies für eine Waffe sei, die ich da habe. Nein, ich fragte nicht, ist das ein Schwert, so doof bin ich wirklich nicht! Die Fechtjugend kippte vor Lachen fast von den Stühlen: „Der weiß nicht, was für eine Waffe er hat!" Nun versuchten alle durcheinander mich aufzuklären, am Ende wusste ich nur so viel: Ich hatte einen Degen in der Hand!

So ging es fast vierzig Minuten, mich konnte man einsammeln, ich kippte fast von der Planche, die dicke Leberwurst in Ritterrüstung! „Noch einen Punkt, auf, Herr Schenck, letzter Angriff!" Ein Häuflein Lehrer wankte Elke entgegen, ein Stich, rote Lampe: so nicht! Für diese Erkenntnis hätte ich die rote Lampe nicht gebraucht.

Ich fix und fertig, schwarz vor den Augen und Durst, entsetzlich Durst. Für ein „Red Bull" hätte ich Sandra die Klassenarbeit verraten und für 'nen „Red Bull Pack" Elke die Interpretationsstelle, aber die großen Fechtheldinnen hatten diese einmalige Chance verpasst.[60]

Pflichtlektüre – mein Deutsch-Zentrum

Literatur ist etwas Wunderbares – wert, ihre Lektüre zu erzwingen. In Baden-Württemberg sind nur drei Werke verpflichtend. In meiner Oberstufenzeit kamen wir auf 25–30, also ungefähr das Zehnfache. Alle Monate ein neues Werk, es war für mich eine großartige Bereicherung und Erweiterung meines Horizontes. Natürlich sehen das bis heute meine damaligen Klassenkameraden anders, sie haben die Werke ja auch nicht gelesen!

Literatur ist für mich das Herzstück jedes Deutsch-Unterrichts. Wenn Lehrkräfte nicht willens sind, Literatur bei den Schülern durchzusetzen, oder gar ihnen erklären, dass sie selbst keinen Bock auf die Werke haben und es bei der Null-Bock-Einstellung belassen, betrachte ich das als „Verrat" an unserem Fach. Auch mir lag nicht jedes Werk, besonders nicht im Deutsch-Leistungskurs. Die Hose von Sternheim, Berlin Alexanderplatz von Döblin, Die Blechtrommel von Grass, Der Prozess von Kafka, alles Werke, die mir am Anfang nicht lagen, durch die ich mich teilweise quälte – sowohl beim Lesen als auch beim Verstehen.

Ich machte zu Beginn aus meinem Widerwillen, meinem Unverständnis keinen Hehl, dann

---

60   http://www.KlausSchenck.de/ks/downloads/fechtheld.pdf

kam aber der entscheidende Satz: „Wir werden das Werk gemeinsam verstehen, durchdringen, intellektuell erobern!" Und das meinte ich auch so und das erfuhr ich auch so: Oft besser als alle Sekundärliteratur waren meine engagierten Schüler. Ihre Fragen, ihre Ideen, ihr exakt definiertes Unverständnis eines Wortes, eines Satzes, eines Buch-Ansatzes zwangen mich zum Nachdenken, zum Grübeln, zur neuen Herangehensweise und damit letztendlich zu neuer Erkenntnis. Es war so bereichernd, so schön, so beglückend auf einem Durchdringungs-Weg gemeinsam mit seinen Schülern zu sein. Wir eroberten das Werk dank Nachdenkens, es war unsere Interpretation – es war das großartige Geschenk junger Menschen an einen leidenschaftlichen Deutsch-Lehrer, der die Interpretations-Weisheit auch nicht mit Löffeln gefressen hatte. Der in seinem eigenen Unverständnis verharrte, blockiert war, bis ihn eine Frage, eine ganz überraschend andere Sichtweise während des Unterrichts neue Erkenntnis schenkten. Oft geschah dies von Schülern unbemerkt in mir und so bereichert verließ ich den Unterricht und freute mich den nächsten Schul-Stunden entgegen. Der beste Deutsch-Unterricht geschah bei den Werken, die mir zuwider waren, die ich nicht so recht verstand, das spornte die Schüler zur Suche an, das machte sie intellektuell lebendig, das ließ sie spüren, wie wertvoll sie mir in meinem Werk-Durchdringen waren, es gab ihnen eine ganz besondere Würde. Wir hoben einen gemeinsamen Schatz, den Schatz der Erkenntnis, wir machten Literatur lebendig – in uns!

Anders verhielt es sich bei Werken, die mir sofort eingängig waren. Die Schüler überließen mir die Interpretation, schrieben fleißig mit und dachten bei den Klassenarbeiten um der Note willen noch ein wenig weiter, das war's dann aber auch. Die Literatur-Klausur war ein weiteres Herzstück meines Unterrichts. Mir ging es um viel mehr als die Notenfindung. Es war die große Chance, dass sich junge Menschen in konzentrierter Stille tief in eine Textstelle vergruben, überraschende Vergleiche zogen, die verschiedenen Werke auf ganz neue Weise miteinander in Beziehung setzten und mich ab und zu bei der Korrektur verblüfften und zum Nachdenken brachten. Wenn in der Oberstufe nur noch zweistündige Klassenarbeiten geschrieben werden, die Schüler also nie in ihrem Schul-Leben – außerhalb des sechsstündigen (!) Deutsch-Abiturs – einen kompletten Aufsatz schreiben, nie die Zeit haben, etwas intellektuell zu durchdringen, sich dieser Herausforderung zu stellen, so betrachte ich das als ein „Verbrechen" an unserem Fach, an einer angemessenen Abitur-Vorbereitung und letztendlich auch an dem Werk selbst. Es ist der Triumph der „Korrekturfaulheit" über das pädagogische Ethos, eine Entwürdigung der Klassenarbeit zur reinen Notenfindung statt diese vier bis sechs Schul-Stunden zu einer vom Schüler in tiefer Konzentration zu lösenden Gedankenaufgabe zu machen.

Wir, Schüler und Lehrer, wir gemeinsam beleuchten aus unterschiedlichen Richtungen, mit unterschiedlichen Methoden das Werk: durch suchende Gespräche, durch Zitat-Wettkämpfe, aktivierende Referate, verpflichtende Hausarbeiten, durch Kopiervorlagen und Lernkärtchen. Literatur wird zu uns, berührt uns, prägt uns und hinterlässt Spuren in uns – als Gedanken, als Begegnungen, als Lösungsideen heute für Problemstellungen morgen. Literatur ist die einzigartige Möglichkeit, Lebenskonstellationen in ihrer Konsequenz und Chance vom Schluss her betrachten und durchdenken zu können, während unser Leben immer nur das Gegenwärtige klar sichtbar macht, aber die zukünftigen Auswirkungen im Dunkeln lässt. Literatur ist Warnung und Ermutigung der Dichter an uns, im Heute einen Kompass für morgen zu finden. Literatur schenkt uns mehrere „Leben", um dann unser einziges gemäß den so gewonnenen Maßstäben sinnvoll und damit sinnschenkend zu leben!

„Hybrid"-Lektüre: Artikel des **6. Kapitels** und weitere Beiträge finden Sie schnell und unkompliziert unter
→ **www.KlausSchenck.de/ks/lehrerbuch**

→ **Präsentationen**:
- Lehrertipps für perfekte Präsentationen (Einstieg, Gliederung, Stellwand, Activboard, Abrundung, Fehlerquellen, Benotungsraster, hilfreiche Tipps)
- Präsentationsüberblick zum „Deutsch-Bereich"

→ **Grammatik**:
- Links zu allen Grammatik-Tabellen, -Sendungen plus Stilfiguren

→ **Pflichtlektüre (Baden-Württemberg)**:
- Identischer Unterrichts-Aufbau zur Pflichtlektüre, gezeigt an Frisch *Homo faber*
- Lektüretest, Hausaufgabenblatt, Interpretation, Stundenbeginn, aktivierende Referate, Klassenarbeit, Fehleranalyse, Abi-Anweisungen
- Beispiel einer lernpsychologischen Deutsch-Abi-Vorbereitung: Last-Minute-Pauk-Programm
- Deutsch-Abi-Themen als „Abi-Retter" im Netz

→ **Rechtschreibung und Kommasetzung**
- Neue Rechtschreibung im Schüler-Design (Sendungen + Manuskript)
- Kommasetzung light von Schülern für Schüler (Sendung + Manuskript + Übungsmaterial)

→ **Hausarbeiten als Zukunfts-Kompetenz**
- Gesamtüberblick zum Fach „Deutsch", zu Hausarbeiten an sich und Literatur-Hausarbeiten in Klasse 11, 12 und Portfolio-Arbeiten
- Hausarbeits-Tipps von Schülern für Schüler
- Lernpsychologische Rocky-Tipps (Therapiehund) zu Hausarbeiten
- Stellungnahmen nach Erstellen der Hausarbeit

7. KAPITEL: RELIGION, PSYCHOLOGIE, SCHÜLERZEITUNG – LEHRERTRÄUME

Religion, mein Lieblingsunterricht

Ich bin jetzt genau ein Jahr pensioniert. Es ist wieder Freitag. Über viele Jahre war es mein Reli-Tag: die ersten zwei Stunden die 13., die nächsten die 12., die letzten zwei Stunden die 11er und dann ging ich komplett entspannt – das Wochenende vor mir – in die Firmen-Kantine in Schulnähe zum Mittagessen.

Ich vermisse meinen Reli-Unterricht! Es ist der einzige Unterricht, der mir fehlt. Konkret ist es die 13. Klasse, die 11. eher weniger. Hintergrund: Ich war der einzige evangelische Religionslehrer, und das für zwei Schulen in der Oberstufe! Die Kurse waren oft klein und die vielen Gespräche – weit über die Religion hinaus – machten mir die Schülerinnen und Schüler vertraut, viel vertrauter als in „Deutsch", oder auch in „Psychologie", wo ich viele Schüler erst in der 13. kennenlernte. Umgekehrt machte ich richtig intensiv meinen Lehrplan-Stoff, die Klassenarbeiten als Lernarbeiten waren gefürchtet, mir aber in Blick auf die mündliche Prüfung wichtig. In meinem Leben komme ich auf rund fünfhundert mündliche Abi-Prüfungen in „Religion"!

Nein, die vielen Gespräche mit den Schülern waren nicht die Erfolge ihres Ablenkungsmanövers vom Stoff, sie kamen aus dem Stoff und hatten auch oft mit dem Stoff nicht mehr viel zu tun, die Gespräche speisten sich aus dem Interesse von Schülern und Lehrer an Zeitfragen und an grundsätzlichen Anfragen. Ich hörte den Schülern genau zu, fragte zurück, mich interessierte ungemein deren Meinung, deren Argumente, deren Welt, die mir ohne eigene Kinder verschlossen war.

Und woher die Zeit für so viele Gespräche? Ich zeigte fast keine Filme, und wenn, dann nur Dokumentationen, die mir immer viel bedeuteten. Dieses ständige Filmzeigen erschien mir so billig gegenüber den wertvollen Gesprächen, der gedanklichen Auseinandersetzung, der gegenseitigen Wertschätzung. Zwei, drei Jahre Gemeinsamkeit, eine oft kleine Gruppe, da entsteht etwas zwischen Lehrer und Schülern, von dem ich den Eindruck habe, es bedeutete mir mehr als den jungen Menschen.

Noch heute gratuliere ich per Mail ehemaligen Schülern zu Sporterfolgen, wünsche viel Glück zu Europa- und Weltmeisterschaften, bekomme aber fast nie eine Reaktion. In mir sind noch deren Hobbys, deren Fragen – und bekomme ich einen Artikel, einen Radio-Vortrag auf SWR2 zu dieser Thematik, so schicke ich ihnen diesen noch heute – auch ohne Rückmeldung. Diese jungen Menschen behalten in mir ihre Bedeutung – über viele Jahre hinweg, teilweise über Jahrzehnte. Für sie scheine ich oft vergessen, ohne Belang, einfach Vergangenheit, die nicht mehr interessiert. Anders für mich, ich hatte sie mir vertraut gemacht, und das machte sie mir einzigartig (siehe Saint-Exupéry: *Der kleine Prinz*, 21. Kapitel, Freundschaft mit dem Fuchs) und es blieb in mir die Verantwortung für sie.

Es ist wieder Freitag, ich schaue auf die Uhr, jetzt wären wieder die 12er dran, jetzt würde ich in der großen Pause im Klassenzimmer alles für die 11er richten, die mir eher abweisend und fremd erscheinen und ich denke wieder an meinen „kleinen Prinzen" und an seine Begegnung mit dem Fuchs und seine Lehre. Diese Menschen vor mir hatte ich noch nicht „gezähmt":

»Man versteht nur die Dinge, die man zähmt«, sagte der Fuchs. »Die Menschen haben keine Zeit mehr, um etwas kennen zu lernen. Sie kaufen sich alles fertig in den Geschäften. Da es aber keine Läden für Freunde gibt, haben die Menschen keine Freunde mehr. Wenn du einen Freund willst, dann zähme mich!«

»Was muss ich machen?«, sagte der kleine Prinz.

»Du musst sehr geduldig sein«, antwortete der Fuchs. »Du wirst dich zunächst mit einem kleinen Abstand zu mir in das Gras setzen. Ich werde dich aus den Augenwinkeln aus anschauen und du wirst schweigen. Sprache ist eine große Quelle für Missverständnisse. Aber jeden Tag setzt du dich ein wenig näher ...«[61]

Mein Religions-Unterricht war nicht spektakulär. In der 11. Klasse begann ich immer mit einer Gruppen-Fotostory zu einem Leitthema. Es gehörte zur Unterrichtseinheit „ICH". Ich hatte mehrere Ziele: Koordination einer Gruppenarbeit, Kreativitäts-Aufgabe, Auseinandersetzung mit der Thematik, Kennenlernen des Computers. Nur die Fotostorys sind auf meiner Homepage, bei denen die Schüler zustimmten.

Link zu den Reli-Projekten:
→ http://www.KlausSchenck.de/ks/religion/projekte/index.html

Einmalig war der Besuch im damaligen Augustiner-Kloster in Messelhausen, dem Orden von Martin Luther. Das Kloster in Messelhausen wurde nur wenige Jahre später aufgelöst.

→ **Link**: http://www.schuelerzeitung-tbb.de/blog/archives/2440

In diesem Kapitel will ich nur zwei Sachen vorstellen: Der Besuch in Religion 12 von Fecht-Weltmeister Matthias Behr, das Gespräch kreiste um den Umgang mit einem Schicksalsschlag – dem tödlichen Unfall auf der Planche[62]. Und mein Hausarbeitsthema „Mein Leben" – bis vor über zehn Jahren.

Carlotta: Gespräch mit Matthias Behr (2018)

Im Rahmen des Unterrichts hatten wir, die Klasse evangelische Religion von Herrn Schenck, die Chance, in einem intensiven Gespräch mit dem ehemaligen erfolgreichen Florettfechter und Leiter des Olympiastützpunkts Tauberbischofsheim, Matthias Behr, uns mit seinen Schicksalsschlägen und ihrer Bewältigung auseinander zu setzen. In einer Doppelstunde davor beschäftigten wir uns mit der Biografie von Herrn Behr und arbeiteten gemeinsam mit Herrn Schenck verschiedene Fragen zum Thema „Fechten" und dem damit verbundenen Fechtunfall 1982 und seine Bewältigung heraus. Obwohl Matthias Behr nach der Show von Markus Lanz [...] mit diesen grübelnden Fragen in der Öffentlichkeit abgeschlossen hatte, wollte er seine Lebenserfahrungen an uns weitergeben und überwand sich noch einmal, mit seinen Höhen und Tiefen konfrontiert zu werden.

---

61 https://www.derkleineprinz-online.de/text/21-kapitel (abgerufen am 26.8.2019)
62 Der Fechter Matthias Behr verletzte Wladimir Smirnow am 19. Juli 1982 während der Fechtweltmeisterschaften 1982 in Rom tödlich, als Behrs Klinge brach.

Mit den heutigen Fechtwaffen erscheint es fast unmöglich, dass solch ein tödlicher Unfall durch den Bruch einer Klinge verursacht wird. Doch zurzeit der Weltmeisterschaft 1982 war es in intensiven Trainingseinheiten üblich, dass dutzende Klingen durch ihre Instabilität brachen.

Nach der Tragödie auf der Planche in Rom verließ die deutsche Nationalmannschaft die Weltmeisterschaft und Matthias Behr versuchte zunächst Abstand durch einen Urlaub mit der Familie zu gewinnen. Er beschrieb es als seinen „innersten Wunsch", an der Beerdigung von Wladimir Smirnov teilzunehmen, konnte sich jedoch nicht überwinden in die Ukraine zu reisen, da er Angst hatte, als Mörder von dem „Helden der Nation" wahrgenommen zu werden. Lange hatte Matthias Behr versucht, die Witwe Emma Smirnova zu kontaktieren, doch all seine Bemühungen erschienen erfolglos – bis zu dem Zeitpunkt, als ein Fernsehteam ihm erste Kontaktdaten zu der Witwe verschaffte.

Matthias Behr fühlte bis dahin eine stete Unruhe – ohne einen Kontakt, ohne ein Gespräch war es ihm unmöglich, in sich selbst die erhoffte Ruhe zu finden. Als die beiden sich dann in der Markus-Lanz-Show 2017 begegneten, Seit an Seit vor der Kamera saßen, konnte Herr Behr auf vieles eine Antwort finden, für ihn noch wichtiger, Versöhnung und Gleichklang spüren und in sich mit den ständigen Schuldfragen, dem Ungelösten abschließen.

Als wir genau diese Frage der Schuld stellten, verglich Herr Behr den Fechtunfall mit einem Autounfall. Man fährt verkehrsgerecht und trotzdem kann etwas passieren, für das man gar keine Schuld trägt und dennoch mit dem Geschehenen belastend leben muss. Matthias Behr selbst half der Gedanke, ein vom Schicksal, von Gott Auserwählter zu sein. Durch den tragischen Unfall wurden alle Sicherheitsvorschriften deutlich verschärft, aber auch das Material von Waffe und Maske so sicher, dass ein derartiger Unfall nicht mehr möglich ist. Es ist diese sinngebende Form der Bewältigung, ohne die Herr Behr verzweifelt wäre. Dieses sinngebende Annehmen von Schicksalsschlägen gab uns Matthias Behr auf unseren Lebensweg mit.

Ein Mann blickt zurück – offen, ehrlich und überzeugend, wir aber können im Augenblick nur nach vorne blicken in der Hoffnung, von extremen Lebensschicksalen und dunklen Lebensphasen verschont zu werden.[63]

„Mein Leben" – die besondere Hausarbeit

In meinen Augen ist es die wichtigste Hausarbeit, die man einem jungen Menschen stellen kann: Woher komm' ich, wo steh' ich, wohin geh' ich! Zunächst hielten die Schüler mich für „durchgeknallt" – was für eine komische Aufgabenstellung und was geht mein Leben den überhaupt an? Das war meist die erste Reaktion. Ich erklärte die Möglichkeiten anhand eines Ideenblattes, erzählte von der positiven Resonanz in vorherigen Klassen und besonders bei Schülerinnen kam das Thema ziemlich gut an.

Eine ehemalige Schülerin aus dem Wirtschaftsgymnasium sagte mir nach vielen Jahren: alle geschriebenen Hausarbeiten würde ich verbrennen, aber diese Hausarbeit nie und nimmer. Die will ich meinen Kindern und Enkeln zeigen!

———

63   http://www.KlausSchenck.de/ks/downloads/118-2018-09-16-behr-besuch-artikel.pdf

Ich habe über viele Jahre jungen Menschen ihre persönliche Hausarbeit gegeben und sogar ihr Familienleben verändert. Plötzlich kam es zu Gesprächen am Abendessenstisch, die ohne diese Aufgabenstellung nie stattgefunden hätten. Tanten, Omas, Opas, Lehrer, Trainer, Pfarrer, niemand war plötzlich sicher, nicht befragt zu werden. Selbst Eltern sprachen mich in der Stadt auf diese Aufgabenstellung an. Sie waren total verblüfft, welche Fragen von ihrem Kind gestellt wurden, und wie sie als Eltern selbst grübeln und sogar recherchieren mussten. Mich beeindruckte ungemein, welche Ideen die Schülerinnen entwickelten. Die eine erzählte ihr Leben anhand ihrer Kinderlieder, also musste ich mir vor jedem Kapitel das Lied anhören, das mir auf Kassette mitgeliefert wurde. Eine andere drehte einen Film und brachte ihre Mutter vor Kamera und Mikrofon in große Nöte mit der Frage: „Mama, bin ich ein Wunschkind?" Und man sieht, wie die Mama druckst und macht und nach einer Antwort ringt.

Ich hörte 2006/07 mit dieser Aufgabenstellung auf, es wurde mir zu heikel. Der eine Schüler erzählte detailliert seine kriminellen Sprühaktionen heimlich auf dem Bahnhof, die andere Schülerin schilderte ausführlich ihren geplanten Selbstmord mit der Beerdigung, dazu ihren Hass auf das Leben und die Lehrer, besonders auf mich. Sie liebte Computerspiele und war eine ausgezeichnete Sportschützin, mich hätte sie auf jeden Fall nicht verfehlt. Am Ende stand dann: „So, Herr Schenck, jetzt grübeln Sie aber und hoffentlich haben Sie eine richtig schlechte Nacht nach dieser Hausarbeit!" Ich sprach dann mit der Schülerin, für sie war alles ein Witz und ich solle mir „nicht ins Hemd machen". Und meine Sorge um sie war jenseits ihrer Vorstellung. Ich wollte mit dieser Hausarbeit nicht länger Selbstmord- oder Amok-Phantasien Raum geben, auch nicht kriminelle Aktivitäten lesen und bei all dem in die Situation kommen, handeln oder schweigen zu müssen, und genau dies nicht entscheiden zu können.

Aus dem Wirtschaftsschulbereich (Hauptschüler, die die Mittlere Reife machen) stellten mir einige Schülerinnen ihre Arbeit zur Verfügung, wobei hier nichts korrigiert oder verändert wurde!

Einleitung 1

Zuerst möchte ich mich kurz vorstellen und eine kleine Info über mich geben.
Ich bin am 3.01.1988 geboren und habe drei Schwestern: Marianne (22), Andrea (18) und Katrin (11). Ich wohne in Uissigheim, einem Stadtteil von Külsheim, in der Maisenbachsiedlung wo ich nur vier Nachbarn habe. Mein ganzes Leben habe ich bis jetzt auf einem Bauernhof verbracht. Ich bin froh, dass ich hier außerhalb wohne, weil man hier gute Möglichkeiten zu Spaziergängen hat und ein Wald in der Nähe ist. Man kann einfach in Ruhe in der Natur leben. Außerdem fühlt man sich nicht ständig beobachtet.

Ich bin mir sicher ich werde diese Arbeit bestimmt noch einige Male in meinem Leben lesen und somit auch immer in meiner Gegend aufbewahren und nicht in irgendeinen Karton stecken. Vor allem mache ich diese Biographie für mich und solange ich damit zufrieden bin, denke ich nicht über die entstehende Note nach. Im Allgemeinen finde ich diese Arbeit sehr sinnvoll, doch manchmal wenn ich mir überlege was ich schreiben soll, fällt mir nicht immer wirklich viel ein. Über meine Kindheit (Baby, Kindergarten, ...) kann ich nicht sehr viel schreiben, da ich mich an fast nichts erinnere und meine Eltern können mir auch nicht viel darüber berichten, da ich schließlich eins von vier Kindern bin. Doch ich glaube mein Rückblick wird trotzdem sehr ausführlich.

Meinen Rückblick werde ich mit verschiedenen Überschriften gestalten, damit man schon beim ersten Blick auf die Arbeit eine Vorstellung davon bekommt. Auch möchte ich wirklich nur die Momente in meinem Leben beschreiben, die wirklich entscheidend und wichtig für mich waren.

In dem Bereich Gegenwart möchte ich auf jeden Fall meine jetzige Sicht zum Leben beschreiben und was in diesem Jahr 2004 passiert ist.

Der Teil Zukunft wird eher kurz, da ich nicht weiß wie meine Zukunft aussehen sollte. Doch meine Wünsche werde ich auf jeden Fall erläutern.

Einleitung 2

In einer ruhigen Minute, als ich in meinem Zimmer saß schnappte ich meinen Block und notierte mir, was mir in meinem Leben alles wichtig war/ist. Dabei kam wirklich viel zusammen aber das meiste konnte ich unter Überbegriffe setzen. So war ich zumindest nicht mehr so überrascht, was doch schon alles in den letzten 17 Jahren war und woran ich mich so alles erinnert habe.

Auch wenn ich zu geben muss, als Sie die Hausarbeit vorgestellt haben dachte ich als erstes daran, wie kann ich nur die Seiten füllen? Dazu sollten Sie vielleicht wissen, das ich ein recht fauler Mensch bin, wenn es ums Schreiben geht. Da kamen mir die vielen Bilder natürlich recht aber nicht nur deshalb. Vor allem möchte ich sie beifügen um Situationen klarer werden zu lassen und einen eigenen Eindruck davon zu hinterlassen. Wie sie sicherlich wissen, „kann ein Bild mehr Aussagen als 1000 Worte". Trotzdem werde ich das eine oder andere Thema, welches in meinem Leben eine sehr wichtige Rolle gespielt hat mit einem Text versehen.

In den Herbstferien möchte ich den größten Teil der Arbeit erledigen wie die Texte schreiben und Bilder aufkleben.

Dank des Aufschubes kann ich danach noch einzelne Details ausbessern oder hinzufügen. Dazu werde ich vermutlich ganz viel Tee brauchen aber das macht nichts, so lange es Spaß macht und das eigene Leben sollte das, auch wenn es nicht immer einfach ist, denn Probleme gehören dazu und aus der Lösung lernt jeder meist mehr als wenn es gerade so geklappt hat und nicht mehr darüber nach gedacht wird.

Somit wünsche ich viel Spaß beim durchsehen der Mappe.

Schluss 1

Zum Schluss möchte ich sagen dass es mir wirklich etwas gebracht hat denn jetzt werde ich mich dieses Jahr mit Sicherheit mehr anstrengen um ein gutes Zeugnis zu bekommen leider konnte ich nicht mehr über mich schreiben es noch so viel über mich zu erzählen aber die Zeit für den Abgabe Termin ist morgen und alles an einem Tag zu schreiben weil man zu faul wahr es vorher zu machen, ist einfach zu viel selbst für den schnellsten Tipper der Welt deshalb habe ich mich nur auf das wesentliche konzentriert und hab mich kurz gefasst, ich hoffe jedoch es gibt genug Information über mich in diesem schreiben so das ihr euch vorstellen könnt was für ein Mensch ich bin und das es euch dabei hilft mir mehr Ver- und zu Zutrauen als bisher ihr könnt euch aber euch aber darauf freuen das ich ein Zweites schreiben über mich machen werde den ehrlich gesagt es hat mir sehr viel spaß gemacht und diesmal werde ich mir die Zeit nehmen um alles ausführlich was es gibt über mich aufzuschreiben das wird sicher eine menge Zeit in Anspruch nehmen aber ich bin mir sicher das es euch gefallen wird. Was ich aus der Geschichte gelernt habe ist man ist mit Sicherheit nicht immer obenauf aber wenn man schon down ist dann sollte man wenigstens den restlichen mut zusammen nehmen und sich wieder aufrappeln um sein leben wieder auf die richtige spur zu bringen damit man nicht eines Tages und erkennt das dass ganze leben das man die ganze zeit gelebt hat nicht umsonst war man sollte sich immer anstrengen sich verlieben eine Familie gründen und das Leben einfach genießen. Ich weis das jeder Mensch ein sinn im Leben braucht um erfolgreich zu sein ich kenne zwar den Sinn des Leben nicht, weis aber das jeder Mensch einen Platz auf dieser Erde zu füllen hat und auf diese weise bekommt man auch so eine art Sinn des Lebens. Ich jedenfalls werde mehr mit meiner Familie unternehmen und mich in der Schule anstrengen ich werde mir aus jeder Lage einen Freund machen und keinen Feind das wird mir zwar schwer fallen aber es ist wert den am Ende werde ich meinen Kindern Erzählen müssen was für ein Mensch ich war und ich will ihnen mit Sicherheit nicht sagen das ich ein Versager ohne Job bin und einen Haufen Feinde und keine Freunde habe. Ich Wünsche mir das ich das was ich hier nieder geschrieben habe auch einhalte. Ich danke euch allen das ihr euch die Zeit genommen habt mich besser kennen zu lernen auf diesem Wege viel glück im Leben und der Liebe.

Schluss 2

Ich fand diese Arbeit sehr sinnvoll, aber doch auch ein wenig stressig. Anfangs wusste ich nie was ich schreiben könnte, doch als ich dann einmal damit begonnen hatte, fiel mir so viel ein, dass ich kaum noch aufhören konnte. Auch wenn ich nur kurz die Hausarbeit im Kopf hatte, fiel mir jedes Mal etwas Neues ein, das ich schreiben konnte. Ich glaube, wenn ich diese Arbeit abgegeben habe, mache ich mir immer noch Gedanken darüber.

Wenn ich mir diese Arbeit später einmal durchlese, ist es doch interessant zu sehen, wie sich meine Zukunft entwickelt hat. Ob meine Wünsche und meine Ideen in Erfüllung gegangen sind.

Dies zu schreiben hat viele Erinnerungen herbeigerufen, bei denen ich auch teilweise richtig traurig wurde. Manchmal habe ich mich dann auch in alte Zeiten zurück gewünscht um diese noch einmal zu erleben.

Die Erwartungen der Einleitung haben sich mehr als nur erfüllt, da ich gar nicht wusste, was ich in meinem noch recht kurzem Leben alles ergeben hat und was ich schon alles geschafft habe. Ich bin mir sicher, dass es sich gelohnt hat in der Vergangenheit zu stöbern um mich selbst besser kennen zu lernen.

Es hat mir trotz dem erwähnten Stress Spaß gemacht und ich werde vielleicht auch wenn ich älter bin, wieder so eine Biographie nur für mich verfassen.

Zukunft

Über die Zukunft, kann ich nicht viel sagen. Ich weiß, das ich jeden Tag so genieße wie er kommt. Was ist, wenn ich lange plane und es nicht so klappt? Die Folge ist, das ich mich ärgere, nein das muß nicht sein, ich werde mich überraschen lassen denn wirklich planen kann man nur sehr wenig. Was ist wenn ich sage, in 10 Jahre möchte ich 2 Kinder? Was ist, wenn ich dann keinen Partner habe und ohne wird das wohl nicht klappen oder auch aus anderen Gründen.

Deshalb möchte ich darüber nichts schreiben. Ich kann höchstens meine Ziele nennen. Ich möchte vorerst die Noten fürs 2. Jahr BK schaffen, danach entweder in die Lehre gehen oder eine 3 jährige Ausbildung zur Physiotherapeutin machen. In den Sommerferien habe ich ein freiwilliges Praktikum im Ärztehaus beim Thomas Egger gemacht, es war zu sehen, wie Menschen sich über minimale Fortschritte freuen, was in der heutigen Zeit leider unter gegangen ist! Daher finde ich diesen Beruf sehr interessant, denn hier ist nicht die Hektik verbreitet.

Jeder Patient hat 25 min und die genießt er oder arbeitet hart daran wieder zurück auf den Weg zu kommen, z.B. in einem neurologischen Fall: Jemand kann rechts und links nicht mehr unterscheiden und er macht minimale Fortschritte vielleicht erst nach dem 150 mal aber das Erfolgserlebnis lässt ihn hart weiter arbeiten und vielleicht irgendwann sein Ziel erreichen. Das finde ich klasse und würde auch gerne dabei helfen.

Schluss 3

Nun ist die Mappe bis zu meinem jetzigen Lebensabschnitt mit sehr vielen wichtigen Ereignissen gefüllt. Es gibt noch viele leere Folien. Ich wollte sie nicht unnötig füllen, denn das Leben wird noch vieles bereit halten, was ich nachträglich hinzufügen kann. Auch wenn ich Ihnen die Mappe jetzt „fertig" abgebe wird in den nächsten Jahren noch viel passieren, was ich dazu heften möchte um sie (wenn der Zeitpunkt gekommen ist) als fertig zu erklären.

Mir hat die Arbeit bis hier hin sehr viel Spaß gemacht. Als Beispiel: Als ich die alten Fotos ausgrub, kamen sehr viele Erinnerungen hoch und nicht nur ich amüsierte mich darüber. Bis ich alle Bilder durch hatte habe ich meine ganze Familie mit in den Bann gezogen. Ich habe dabei gleich noch viel erfahren, wie was gelaufen ist oder wie ich mich da und dort angestellt habe ect.

Das schwierigste an dem ganzen war für mich das Deckblatt. Es wird den Ersten Eindruck hinterlassen und der sollte "gut" sein. Er soll mich darstellen, so wie ich wirklich bin. Meine Mom hat mir da einen guten Tipp gegeben.

Wie in der Einleitung erwähnt, kann ich nun bestätigen ich hab ganz viel Tee gebraucht und was Süßes war auch hin und wieder dabei. Unter anderem habe ich meine Familienmitglieder (vor allem meine Mom) immer wieder gebraucht, weil ich vieles Nachfragen musste, um es bestätigt zu haben oder zu erfragen.

Dabei habe ich auch viele Geschichten von meinen Eltern erfahren und ganz lustige Bilder gesehen.

Abschließend kann ich sagen, das mir die Arbeit viel Spaß gemacht hat.

Allerdings habe ich es als sehr schwierig empfunden, das sie benotet werden soll. Deshalb hab ich sie für mich gemacht und den Gedanken das es jemand „korrigieren" wird bei Seite geschoben. Ich hoffe, das ich es trotzdem geschafft habe mein Leben so darzustellen, wie es bisher war und Ihnen einen Einblick davon geben zu können.

Link zu „Mein Leben" und anderen Projekten:
→ http://www.KlausSchenck.de/ks/religion/projekte/index.html

Psychologie – mein verwirklichter Lehrertraum

Träume und Taten verbindet ein „T". **T**räume heute sind **T**aten morgen: träumen, anpacken, durchziehen, verwirklichen! Ich will keine Strukturen ändern, ich will keine neuen Menschen schaffen, ich will keine Gerechtigkeits-Illusionen verwirklichen, das dauert mir alles viel zu lange und das Ergebnis ist mehr als offen! Ich warte nicht auf die Idealzeit mit Idealmenschen in Idealstrukturen – meine Zeit ist meine Zeit und meine Zeit ist begrenzte Zeit!

Der Jammer-Ringelpiez im Lehrerzimmer war mir zuwider, die Klagen aber nicht falsch, ihnen fehlte jedoch jedes konkrete Tun. Ich beschloss, mir mein eigenes Fach zu kreieren. Ich hatte einen Traum: Ich will mit Schülern gemeinsam mich auf den Weg machen. Ich will den Schülern das vermitteln, was mir wichtig ist, und das sind die Fragen: Woher komm' ich, wo steh' ich, wohin geh' ich – Vergangenheit, Gegenwart, Zukunft als Einheit, als in sich Verwobenes: die Idee eines Psychologie-Kurses, aber nach meiner Konzeption, mit meinen Themen und dem Schüler mit seinen Fragestellungen im Zentrum.

Der Gesamtaufbau stand mir innerhalb von Sekunden vor Augen: in 13.1 Wissensstoff zur Psychologie, um sich selbst besser zu erfassen. In 13.2 schreibt jeder eine Hausarbeit mit Präsentation plus Kopiervorlage zu dem, worüber er schon immer gerne präsentiert hätte, worüber es ihm wichtig ist zu sprechen, es mit anderen zu teilen, ohne dass andere dieses Anliegen lächerlich finden und machen. Kurz, ich wollte einen Freiraum für junge Menschen, der ihnen und mir gehört. Das Training von Hausarbeit und Präsentation war mir für das Studium wichtig, das Finden eigener Stärke für den Beruf, der Glauben an sich für das ganze Leben. Halbheiten sind mir verhasst, ich erwarte vollen Einsatz für das, wofür man sich entschieden hat, keine Ausreden, sondern Verantwortung – doch was ich schulisch erlebte war Halbheit, Trägheit und Verantwortungslosigkeit.

Der **T**raum stand, nun die **T**at: Ich schaute mir die Fächermöglichkeiten am Wirtschaftsgymnasium an und fand das Fach „Philosophie". Ich stellte fest, es gab dazu keinen verbindlichen Lehrplan, ich hatte meine Lösung gefunden! Ich ging zum damaligen Schulleiter, erklärte, ich wolle ein neues Fach unterrichten, das ich inhaltlich „Philosophie-Psychologie" nenne und das im Zeugnis unter „Philosophie" firmiert. Ich erklärte ihm in groben Zügen meine Idee, natürlich hatte ich die Psychologie-Konzeption des ersten Halbjahrs bereits im Kopf und das Material für die Themen der Referate im zweiten Halbjahr in mehreren Leitz-Ordnern gesammelt. Ich war für das Überzeugungsgespräch entschlossen vorbereitet und mein damaliger Chef gab mir das „Ja". Ich warb bei meinen Schülern und überschritt knapp die Grenze von sieben. Wir trafen uns Freitag nachmittags, es gab keinerlei anderen Unterricht, der Schulleiter schloss die Schule ab und winkte uns von außen durchs Fenster. Wir waren – bis auf die Putzfrauen – allein in der Schule. In diese Stille hinein machten wir 2006/07 unseren ersten Philosophie-Psychologie-Kurs.

Er war für alle ein tiefes Erlebnis. Ich hatte mir mein eigenes Refugium geschaffen, ich hatte eine Doppelstunde, die meinem idealistischen Junglehrertraum entsprach, ich war angekommen … in meiner pädagogischen Idealität – einmal pro Woche.

Alle Materialien, Unterrichtspräsentationen und Kopiervorlagen sind wie immer mit Links abrufbar.

Liebesbrief an die Psychologie

Geliebte Psychologie,

seit wann bist du in mein Leben getreten? Ich weiß es nicht so recht, vermutlich schlichst du dich ganz leise in meine Kinderseele, als ich in vielen Briefen von mir erzählte, vollkommen unanalytisch mich fragte, weshalb ich, die Menschen so und nicht anders sind. Du, Psychologie, schlichst dich ein, wenn ich oder andere mir zur Frage wurden, du warst da, wenn ich mir fern war, wenn ich an mir und meinem noch kleinen Umfeld litt, du diktiertest mir Tausende von Briefen, du führtest das Wort in Hunderten von Diskussionen mit meinen Eltern, mit Mitschülern, Lehrern, du begleitetest mich auf der Suche nach mir selbst, meiner Persönlichkeit. Bei den Fragen nach dem Verhalten der anderen standst du unbemerkt an meiner Seite, besonders bei den oft heftigen Reaktionen der anderen auf mich. Du warst da, bevor ich dich kannte, gar benannte, du warst meine Frage nach mir, mein Fragen war dein Raum, zunächst unreflektiert, gefüllt mit Emotionen der Beglückung, der Liebe, der Freude, der Wut, der Aggression, des Hasses. Mein Warum war dein Sein, mein Warum machte mich offen für dich, mein Warum war meine Liebeserklärung an dich!

Mein Zweifel an mir ließ mich nach dir fragen, es schaffte die Offenheit, dir immer wieder und immer stärker begegnen zu wollen, deine Erkenntnisse, deine Antworten zu begehren, sie zu brauchen, aufzusaugen in meine noch jugendliche Seele – Licht, Klarheit, Ordnung durch dich zu schaffen! Du machtest mich mit den Jahren mir zum Freund, du entwirrtest mir Verworrenes, versöhntest mich in mir!

Reflektierend nahm ich dich zu Beginn meines Studiums wahr, voll Spannung auf jede Vorlesung, es ging dabei nicht distanziert um dich, stets ging es um mich, deine Antworten schafften denkerisch Raum im Ungeordneten und so entstand mit der Zeit die bekennende Liebe zu dir, Psychologie!

Nun bist du Teil meines Unterrichts, im Sprechen von dir begegne ich mir immer wieder neu, du hilfst mir zu überraschenden Begegnungen mit offenen Schülern. Wie in „Religion" ist auch der Unterricht über dich nie getrennt von mir, das macht dich für junge Menschen spannend oder besonders allergisch. Du öffnest Schülerseelen und lässt gleichzeitig Schüler in furchtsamer Eile den Riegel vor ihre Seelentür werfen.

Meiner Liebe, meinem intensiven Verhältnis zu dir verdanke ich viel. Ich verdanke dir die beglückende Annahme meiner selbst in all ihrem Plus und Minus, eine Annahme, der die Annahme durch Gott im christlichen Glauben bereits voranging. Mit der durch Elternliebe gewachsenen Selbstliebe machst du mich für andere liebesfähig und damit liebenswert. Beginnend mit der Frage nach mir lehrst du mich die Frage nach anderen, im Spiegel meiner Seele schaffst du die Voraussetzung mich in anderen zu spiegeln, fühlend ihnen zu begegnen: ganz neu, überraschend sie zu verstehen.

Der Liebe zu dir verdanke ich nicht nur mein Glück, mein Glücklichsein, meine beglückende Sicht der Dinge, nein, ich verdanke ihr auch Verständnis, Toleranz und wundervolle Begegnungen mit anderen.

Geliebte Psychologie, Freundin und Begleiterin, Zwillingsschwester der Religion, euch, Schenke-rinnen von Heilung und Heil, euch möchte ich als Erkenntnis- und Kraftquelle danken! Haltet mir die Treue!

Philosophie-Psychologie-Seminar – aus Lehrersicht (2009)

„Club der Interessierten", so definierte die Schülerin Julia Spiesberger in ihrem kurzen Statement zum Philosophie-Psychologie-Seminar diese Veranstaltung am Dienstagnachmittag. Ich hatte zu Ende des letzten Schuljahres schon resigniert, den Kurs abgeschrieben, kein Schülerinteresse in Sicht. Am letzten Tag vor den großen Ferien wuselten Katharina Steinmeyer, Simone Matzer und Julia Spiesberger durch die Schulflure mit Namenslisten in der Hand, warben und hatten Erfolg: Maximalzahl der Teilnehmer erreicht, sogar überschritten!

Was sofort in diesem Seminar auffiel, war Engagement bei Zuhörern und Referenten. Der gesamte Stoff wurde durch Referate vermittelt, ein Seminar von Schülern für Schüler. Ausschließlich Schülerinteressen bestimmten die zweite Hälfte des Schuljahrs: *Wofür dein Herz schlägt, das mach zu deinem Referat*, war das Motto, und schreib darüber eine Hausarbeit, entsprechend auch die innere Beteiligung. Die Anfangsreferate dauerten fast immer zwei Schulstunden, es wurde diskutiert, was das Zeug hält, verbunden mit persönlichen Stellungnahmen und Geschichten – Schule als Idealfall.

Was bedeutete mir das Seminar? Es war meine Idee mit Schülern wenigstens einmal pro Woche so zu arbeiten, weswegen ich eigentlich vor über zwei Jahrzehnten Lehrer wurde. Damals ahnte ich nicht, dass ich 80 Prozent meiner Zeit in Korrekturen stecken werde und für intensive Vorbereitungen nur die Ferien blieben. Die Situation ist, wie sie ist, nicht änderbar. Also beschloss ich, mir ein Fach zu basteln, was eine Bedingung erfüllt: es muss allen Freude machen! Was ich für mich kreierte, wurde auch den Schülern zu einem Fach, „was eigentlich keine Schule mehr ist, kein Unterricht im herkömmlichen Sinn". So stand es mehrfach in den Schülerrückmeldungen. Ein größeres Lob konnte diesem Seminar kaum gegeben werden.

Schon die vorgegebenen Psychologie-Referate des Anfangs wurden in einer Perfektion und mühevoller Vorbereitung präsentiert wie selten in anderen Unterrichtsfächern. Vieles wurde hinterfragt, nachgefragt, neu bewertet und auf sich bezogen. Das machte dieses Seminar aus. Oft stand in den nachdenklichen Mienen geschrieben: Es geht um mich! Immer wieder tauchte der Eine oder die Andere in sich ab, ein Stichwort, eine Idee, ein beschriebenes Experiment genügte – konzentrierte Stille, Nachdenklichkeit, Schweigen, Rückzug in sich, während die Diskussion noch in vollem Gange war. Teilweise gingen die Diskussionen nach der Schule weiter bis an den Familientisch.

Nochmals zurück zu meiner Frage: Was bedeutete es mir? Viel, sehr viel! Ich war Teil des „Clubs der Interessierten", die übliche Hierarchie von Lehrer und Schüler war aufgehoben, ich war Teil eines engagierten Ganzen, ich genoss diese entspannte Atmosphäre und merkte des Öfteren: Jetzt geht es um dich! Dieses Referat, diese Schüler-Äußerung trifft deinen Punkt! In keinem anderen Fach, am ehesten vielleicht noch in „Religion", stehe ich als Mensch, nicht als Lehrer, so zur Disposition wie in diesem. „Tua res agitur" heißt es auf Latein, deine Sache wird verhandelt! So spürte ich es auch.

Dieses Seminar war für mich eine stete Bereicherung, ich freute mich auf die persönlich gewählten Referate, viele waren Neuland für mich, der Experte war der Schüler und von ihm lernten wir alle, Mitschüler und Lehrer! Wir tauchten ein in andere Welten, neue Gedanken, interessante

Untersuchungen, wir wurden konfrontiert mit persönlichen Erklärungen, Schicksalsschlägen, Erfolgen und Niederlagen. Wir hörten zu, diskutierten, lehnten ab, begrüßten, stellten in Frage und verteidigten, es war unser Seminar, unsere Zeit, unsere Themen. Ich habe in der Gestaltung, aber auch inhaltlich vieles, fast alles aus der Hand gegeben und wurde genau dadurch mit so vielen interessanten Stunden beschenkt, dafür möchte ich allen Teilnehmerinnen und Teilnehmern von Herzen danken![64]

Julia Sp.: Philosophie-Psychologie-Seminar – aus Schülersicht (2009)

Zwei Stunden mehr Unterricht die Woche, eine Arbeit, eine Hausarbeit, zwei Refera-te. Zunächst einmal reizt das Seminar uns Schüler nicht gerade mit unwiderstehlichen Verlockungen. Extra-Arbeit – wer von uns hört so was denn schon gerne? Aber für uns, diejenigen, die den Kurs im letzten Jahr belegt haben, ist all das zu einem bereichernden Beiprodukt eines spannenden Seminars geworden. Die Zusatzarbeit betrachten wir nicht mehr als solche, für uns ist sie viel mehr zu einem wissbegierigen Stöbern und Schnüffeln, einer Art Entdeckungsreise durch die Materie, geworden. Ähnlich die zwei Schulstunden am Nachmittag, die eher die Bezeichnung „Diskussionsrunde" als „Unterricht" verdienen.

Schon während der Mittagspause blieb die sonst übliche „Oh-nein-jetzt-noch-2-Stun-den-Unterricht-ich-würde-lieber-nach-Hause-gehen"-Haltung aus. Ganz im Gegenteil blickten wir Schüler immer gespannt dem nächsten Referat entgegen, während sich im Klassenzimmer allmählich eine lockere Atmosphäre der Neugierde und des Wissensdursts niederlegte. Im ersten Halbjahr gestaltete sich der „Unterricht" mit Referaten zum Thema „Psychologie". Anfänglich waren wir dem Theorie-lastigen Unterrichtsinhalt gegenüber skeptisch. Aber ziemlich schnell stellten wir fest, dass alle Themen sehr realitätsnah waren. So wurde das erste Halbjahr zu einer Reise durch die Psychologie, die uns unsere Persön-lichkeiten, unsere Eigenheiten und Verhaltensweisen erklärte, unsere Träume entschlüs-selte und uns aufzeigte, welcher Teil unserer Persönlichkeit in unseren Genen verankert und welcher Ergebnis unserer Erziehung und unseres Umfelds ist. In den anschließen-den Diskussionen teilten wir Erfahrungen und Eindrücke und erörterten, in wieweit die einzelnen Theorien der Psychologen in der Praxis anwendbar sind. Dieser erste Teil des Kurses enthüllte uns die Psyche des Menschen und gab uns erstaunliche Erklärungen für unsere Verhaltensweisen. Der zweite Teil des Seminars bestand aus unseren persönlichen Referatsthemen, die wir ganz frei wählen durften. So bekam jeder die Möglichkeit, sich mit dem auseinander zu setzen, was ihm am Herzen liegt, was ihn begeistert oder bewegt. Entsprechend einfach fiel es uns, die Hausarbeiten zu schreiben und die Referate zu halten. Man spürte regelrecht die Leidenschaft, den persönlichen Bezug und das Anliegen hinter den Vorträgen und wurde oft schnell von der Begeisterung angesteckt.

Für alle hieß es immer wieder Neuland zu betreten, sich andere Blickwinkel aufzei-gen zu lassen und sich dazu inspirieren zu lassen, sich Gedanken zu machen. Offenheit, Wissbegier, Vielfalt und kritische Augen begleiteten das Seminar, das nicht zu Unrecht mit „Philosophie" betitelt wurde. Denn definiert man den Philosophen mit den Worten Sophia Elisabeth Gerbers, „Philosophen sind wie Tankwarte, die die Menschen mit ihren

---

64   http://www.KlausSchenck.de/ks/downloads/h18philosophielehrersicht.pdf

Gedanken erfüllen und antreiben wollen", so sind wir in dieser Zeit wohl alle zu „kleinen Philosophen" geworden. Im Namen des Philosophie-Kurses möchte ich hiermit Herrn Schenck für die Möglichkeit danken, einen Unterricht zu erleben, wie man sich ihn als Schüler erträumt: voller Faszination, Elan und Zwanglosigkeit.[65]

Julia St.: Philosophie-Psychologie-Seminar – aus Schülersicht (2011)

„DIE AUFGABE DER UMGEBUNG IST NICHT, DAS KIND ZU FORMEN,
SONDERN IHM ZU ERLAUBEN, SICH ZU OFFENBAREN."
Maria Montessori

Dieses Zitat passt genau zum Wahl-Kurs „Philosophie/Psychologie". In dem von Herrn Schenck angebotenen Fach wird niemand verformt, sondern es wird die Chance geboten, ein Thema zu bearbeiten, für welches man sich auch wirklich interessiert. Dieser Kurs ist für diejenigen Schüler gegründet worden, die sich genau wie Herr Schenck für Themen des Menschen und der Psychologie interessieren und sich dafür begeistern können.

Die Kursteilnehmer haben in ziemlich vielen Bereichen freie Hand, wenn es um die Wahl der Unterrichtsinhalte geht. Zwar werden die Referatsthemen des ersten Halbjahrs vorgegeben, da man zuerst einmal einen vielfältigen Einblick in die verschiedenen Formen der Psychologie haben sollte, bevor man sich im zweiten Halbjahr dann auf sein individuelles Thema stürzen kann ...

Dies ist ein weiterer Vorteil des Fachs „Psychologie": Herr Schenck lebt für seine Arbeit und davon können alle profitieren. **Wie oft sitzt man im Unterricht nur seine Zeit ab, weil der unterrichtende Lehrer fast selbst anfängt zu gähnen?** Die Lehrplan-Themen fesseln nicht, der Lehrer hat keine Chance! In „Psychologie" findet man sich in Diskussionen zu Bereichen wieder, von denen man dachte, man würde nie die richtige Gelegenheit haben, mit Gleichgesinnten über diese Themen zu reden. Außerdem hat man die Chance, seine Mitschüler näher kennenzulernen, denn in diesem Kurs erfährt man zwangsläufig mehr über die Persönlichkeiten der Teilnehmer, als man denkt. Man referiert nicht nur über irgendein Thema, sondern man sucht sich meistens genau das heraus, welches man mit sich selbst identifiziert und was etwas mit einem selbst zu tun hat. Somit erfährt man auch gleichzeitig mehr über sich selbst, was wirklich interessant ist![66]

65 http://www.KlausSchenck.de/ks/downloads/h18philosophieausschuelersicht.pdf
66 http://www.KlausSchenck.de/ks/downloads/h46-philosphierueckblickjulia.pdf

> **„Hybrid"-Lektüre**: Weitere interessante Links zu diesem Themenkomplex des
> **7. Kapitels** finden sich unter
> → **www.KlausSchenck.de/ks/lehrerbuch**

→ Ordner mit allen Informationen zum Fach „Psychologie"
→ Überblick über alle Zusammenfassungen/Kopiervorlagen und Sendungen im Netz
→ Zusammenfassungen/Kopiervorlagen und Sendungen im Netz nach Jahrgängen geordnet

→ **Die beliebtesten Psychologie-Sendungen**
  – Posttraumatische Belastungsstörung
  – Resilienz
  – Wahrnehmung
  – Borderline Persönlichkeitsstörung
  – Depressionen
  – Warum wir träumen
  – Nahtod-Erfahrung
  – Schönheit
  – Vegetarismus
  – Entstehen von Gedanken und Gefühlen
  – Schüchternheit
  – Burnout

→ **Die neueste Psychologie-Serie zum Thema „Introversion"**
  – Introvertiert – anders, aber nicht daneben!
  – Introvertiert/extravertiert – und du?
  – Unterschiede kennen – Stärken nutzen!
  – Die Stillen/Serie: Introversion – Schüchternheit – Hochsensibilität
  – Die Stillen/Serie: Introversion bei Kindern/Schülern
  – Die Stillen/Serie: Stärken der Introvertierten

→ **Sende-Reihe zum Zeitgeist**
  – Selbstmanagement
  – Handy-Tipps
  – Beschleunigung
  – Tagträume

Die Schülerzeitung – Lebensschule + Schulglück

Die Schülerzeitung – meine Schule fürs Leben. Als Mittelstufen-„Pimpf" gab ich zusammen mit meinem Lehrer-Vorbild die Schülerzeitung heraus. Lehrer-Schüler-Projekte hinterlassen tiefe Spuren in der Schul-Erinnerung. Bei mir waren es Theateraufführungen, Schattenspiele und dann die Schülerzeitung. Diese Schul-Projekte stehen für gegenseitige „Befruchtung", gegenseitiges Angewiesensein, letztendlich gegenseitiges Vertrauen. Der Lehrer kann nichts ohne die Schüler, die Schüler nichts ohne den Lehrer, nur als Team sind sie erfolgreich, nur als Team erobern sie den Gipfel der Aufführungen oder den einer Schülerzeitung.

Schul-Erinnerung „Schülerzeitung": Es kommt auf dich an! Du musst weitermachen, weiterkämpfen, nicht aufgeben, dranbleiben, obwohl wieder einer seine Artikelzusage, Zeichnungszusage, Werbezusage, Spendenzusage zurückzog. Schülerzeitung war Einsamkeit, Hilflosigkeit und Beharrlichkeit und ein schulisches Umfeld ohne Ermutigung, eine Erwachsenenwelt, die in ihrer verletzenden Arroganz mich meine Kleinheit, Lächerlichkeit, die Sinnlosigkeit meines Engagements spöttisch und von oben herab spüren ließ. Ich habe alles durchgezogen, nur zwei Lehrer standen mir bei, ein paar Schüler, wir packten es. Ich ging finanziell ein ziemliches Risiko ein und bekam die Kurve. Finanzielle Risikobereitschaft, Erfolgs-Glaube und das Glück in der Beharrlichkeit nahm ich aus dieser Zeit mit. Die Dunkelheit ist die Straße zum Licht, „per aspera ad astra" (durch das Raue zu den Sternen/durch Nacht zum Licht), ohne die Kraftquelle dieser Lehre hätte ich Jahrzehnte später vieles wohl nicht durchgestanden.

An meiner ersten Staats-Schule als neuer Lehrer bat mich der Schulleiter um eine Schülerzeitung und ich lieferte. Was mir an Missgunst, Neid und Hass von vielen Seiten meines Kollegiums entgegenschlug, war jenseits des bisher Erlebten, ich hätte nie, nie gedacht, dass dies möglich ist. Ich war glücklich über die Lehrerstelle und glühte für meine „Berufung". „Die Dunkelheit ist die Straße zum Licht", ich dachte fast jeden Tag daran, „per aspera ad astra". Die Schülerzeitung wurde der Erfolgsschlager der Schule, jedes Jahr eine Ausgabe, fast jedes Jahr einen Preis vom Kultusministerium und mit der letzten Ausgabe sogar den Bundespreis, verliehen von Bundespräsident Johannes Rau auf Schloss Bellevue.

An der zweiten Schule wiederholte sich fast alles – bis in Details, nur ich war abgebrühter, emotionsloser und kalt entschlossen. Nichts Neues unter der Sonne, nichts Neues in der Schulrealität – mit dem Unterschied, ich wusste jetzt um das Licht, also hakte ich die Dunkelheit als Notwendigkeit fast schon gleichgültig ab, „per aspera ad astra". Und wieder war es die Schülerzeitung, die zum Aushängeschild der Schule wurde, wieder einen Bundespreis, diesmal beim Schülerzeitung-Wettbewerb des „SPIEGEL" – nichts Neues unter der Sonne!

Schülerzeitung in meinem Verständnis ist Lebens-Chance für junge Menschen. Sie erfahren, wie ihre Stärken plötzlich zählen – ihre Stärken im Schreiben, im Zeichnen, im Organisieren, im Akquirieren. Sie lernen Ideen zu entwickeln, neue Wege zu gehen, beharrlich zu bleiben und am Ende erfolgreich zu sein. Schülerzeitung ist eine Denk-Fabrik des Neuen, ein Engagement-Whirlpool an Ideen, eine Anforderungsschmiede des Hundertprozentigen, ein Trainingslager im Heute für die Herausforderungen im Morgen. Eine Schülerzeitung wird zu einer Schicksalsgemeinschaft in schmerzhaften Niederlagen: Ich sehe uns noch, wie wir alle mit hängenden Köpfen dasaßen und alle mich ansahen: „Und jetzt, Herr Schenck, was machen wir jetzt?" Die Dunkelheit ist die Straße zum Licht, „per aspera ad astra". Meine Antwort: „Wir machen weiter!"

Die Dunkelheit ist nicht nur Straße zum Licht, die Dunkelheit schweißt zusammen, aus der Dunkelheit entsteht der Wille zum Licht, die Zuversicht, die Gewissheit. Und dann kam ein Projekt nach dem anderen, ein Erfolg nach dem anderen, sogar international. Wir waren ständig der Zeit voraus, ganz früh der Übergang zur Internet-Schülerzeitung, dann die Sendungen und Unterrichtspräsentationen am Activboard im Netz, die Zusammenarbeit mit *Würth Industrie Service*, mit anderen Firmen, mit dem örtlichen *Rotary*-Club. Ideen, Ideen, Ideen und immer galt: Durchziehen, durchziehen, durchziehen – fast atemlos, eine „Bergsteiger-Gruppe", die sich blind vertraut, in immer steilere Wände – immer voran, wir packen das, wir schaffen das, da oben ist der Gipfel, los! Und auf jedem Gipfel erkannten wir, da gibt es noch andere, noch höhere. So stiegen wir von Gipfel zu Gipfel, nicht Lehrer, nicht Schüler, nur Gipfelstürmer, und das machte auch den Abschied nach den gemeinsamen Jahren stets so schmerzhaft. Auf jeden Fall für mich, der ich zurückblieb.

Zwanzig Jahre Schülerzeitungs-Engagement

Der folgende extrem ehrliche Artikel stammt aus der gemeinsamen Printausgabe 2013 mit *Würth Industrie Service*, Bad Mergentheim. Es war die letzte „Financial T('a)ime"-Printausgabe und sie war der leidenschaftliche Appell für die „motivierende Leistungsschule". Die Bilanz atmet die Frustration der vergangenen Monate, in denen wir letztendlich zu zweit plus den Layouter alles stemmen mussten. Ich schrieb den schonungslosesten Artikel über Schülerzeitung, Schüler und Schule. Er ist durchzogen vom Werben für meine Anspruchs-Pädagogik, durchdrungen von meinem Zorn auf Gleichgültigkeit, Verantwortungslosigkeit, Häme und gipfelt in meinem glühenden Appell für Wertschätzung, Dankbarkeit und Anerkennung – plus dem Stolz auf das mit den Redaktionsmitgliedern Geleistete.

Über zwanzig Jahre Schülerzeitungsarbeit, meine Bilanz ist sehr zwiespältig. Wie bei allen Printausgaben davor stand ich in den entscheidenden Wochen auch diesmal mehr oder minder allein da, und genau dann, als ich am stärksten die Hilfe der Redaktionsmitglieder gebraucht hätte. Mehrere traten gleich aus, als es ans Akquirieren von Anzeigen ging, andere tauchten ab, so machten Serpil, die Verlässliche, und ich fast alles vor Ort allein! Es sind die 70%-Typen, die einen in den Grenzbereich der eigenen Kraft bringen: 30% Leistung aus Strohfeuer-Begeisterung, 40% Leistung durch Druck und 30% kann ein anderer machen. Diese 70%-Typen vergällen einem jedes anspruchsvolle Projekt!

Ich habe sie „gefressen" diese Verantwortungslosen, überall drin, aber nirgends dabei – diese Gleichgültigen, die es überfordert, täglich die Mails der Schülerzeitung zu lesen, obgleich sie sich stundenlang mit Facebook-Nichtigkeiten aufhielten. Ich schütze meine Anspruchsredaktion vor diesen Unzuverlässigen durch die Verpflichtungserklärung und die dreimonatige Probezeit: klare Regeln, klarer Kurs und oft auch klare Trennung! Dafür schätze ich die Verlässlichen, die Engagierten, die Kreativen, denen die Zeitung ihre vielen Erfolge verdankt.

Was ist die Zielsetzung dieser Printausgabe: Ich will und werbe für die motivierende Leistungsschule! Ich hasse dieses Billige, dieses Halbfertige, dieses Minimalistische! Ich ertrage nur schwer diese Sklaven der eigenen Lustlosigkeit, diese Menschen, die nicht wissen, weshalb sie überhaupt auf unserer Schule sind, die ohne Ziel, Plan und Power durch den Schultag „vegetieren", Wochenende und Ferien als Rübe vor der Nase, um sich überhaupt zu bewegen! Dennoch liebe ich dank der notwendigen Distanz meinen Beruf, Lehrersein mit dickem Fell ist mein realisierter Traum!

Motivierende Leistungsschule ist eine fordernde Chancen-Schule für Engagierte, nicht nur für Begabte. Wer durchdrungen ist von Ehrgeiz, Wille, Fleiß, mit dem will ich mich auf den Weg zum Schulerfolg machen, ihm will ich helfen, die fehlende Begabung durch Üben, Trainings-Methoden und Lern-Strategien zu ersetzen. Für ihn habe ich meine Deutsch-Homepage gestaltet, meinen Lyrikband für Blindfüchse geschrieben. Diese Engagierten sollen durch gerechte Kopfnoten motiviert werden.

Motivierende Leistungsschule will ich in dem mir vorgegebenen Rahmen verwirklichen. Klarer Ehrgeiz des Lehrers, klare Forderungen an die Schüler, klare Noten bei Erfolg und Misserfolg. Schüler bringen deutlich mehr Leistung, als man es landläufig erwartet! Schüler müssen nur im Rahmen ihrer Möglichkeiten konsequent gefördert, besonders aber gefordert werden, ohne vor ihrem ständigen Gejammer einzuknicken, ohne der Versuchung zu erliegen, beliebt sein zu wollen, sich mit billigen Tricks bei Schülern „einzuschleimen", sie fürs eigene Ego zu missbrauchen.

Ich liebe meinen Beruf wegen der Freiräume, die er schenkt! Nicht warten auf die Idealität, sondern sich seine eigene Idealität schaffen: meine Fachkreation „Psychologie", ab diesem Schuljahr „Stärken-Seminar" genannt! Diese wöchentliche Doppelstunde ist mein Sauerstoff-Zelt, um vieles andere zu ertragen und spielerisch locker wegzustecken.

Eine motivierende Leistungsschule verharrt nicht in ihren Schulmauern, sie findet Sinn und Motivation in der Begegnung mit der Berufswelt. Dies ermöglicht die Partnerschaft zu „Würth Industrie Service" (Bad Mergentheim). Raus aus der Schule, rein in die Firma: Gespräch mit den Personalern [...], Werksbesichtigung, Simulation eines Vorstellungsgesprächs unter realen Bedingungen, einen Tag davor ein Benimm-Seminar für rund tausend Euro (bezahlt durch Werbeeinnahmen der „Financial T(a)ime") für die gesamte Redaktion mit allen Teams und freien Mitarbeitern.

Nächste Variante – rein in die Schule, raus aus der Firma: Julia Dürr, meine ehemalige Schülerin und jetzt Studentin bei „Würth Industrie Service", leitete ein mehrstündiges Bewerbungstraining zusammen mit ihrem Kommilitonen Dominik Mayr in meiner 12. Klasse, während Dominik Hoppe parallel meine 11. Klasse übernahm.

Eine motivierende Leistungsschule bringt die Welt in die Schule für eine Schule der Welt! In einer gemeinsamen Aktion von Monaten wurden weltweit alle Adressen der Goethe-Institute herausgesucht, um sie anzuschreiben und zur Mitarbeit zu gewinnen. Inzwischen haben wir eine Partnerschule in China (nahe Hongkong) und sind in „Japan heute" (Goethe-Institut Tokyo) mit Artikeln vertreten. Das Neueste: Dank unserem Administrator Tobias Rösch haben wir auf unserer Homepage das FT Global Network, was für internationale E-Mail-Partnerschaften aufgebaut wurde.

Eine motivierende Leistungsschule motiviert auch ihre Lehrer! Das ist der einzige Traum, den ich mir abschminken musste! Die Jauche, die man uns Jahr für Jahr über den Kopf kippt, also Bosheit, Häme, Gehässigkeit in der Abi-Zeitung, daran gewöhnt man sich, die wirklich verletzende Jauche aber ist die Gleichgültigkeit gegenüber Lehrer-Engagement, die Ignoranz persönlichen Beistands für Schüler, das Hinweg-Gehen über Mühen, Hilfen, individuelle Strategien, dieses Hinweg-Trampeln gilt auch für Eltern in ihren Kumpanei-Beziehungen mit ihrer „Brut" gegen uns. Willst du Tag für Tag demotiviert werden, werde Lehrer! Stehst du aber darüber, hast du den richtigen Beruf gewählt!

Wertschätzung ist ein roter Faden in dieser Printausgabe: Dankbarkeit für erlebte Hilfe, Lob für geleistete Arbeit, Anerkennung für das Tun anderer. Fehlende Wertschätzung, fehlendes Wort, fehlender Dank sind ein Mordanschlag auf zwischenmenschliches Engagement – ohne Anerkennung erstarrt das Menschliche zur Eis-Säule. Keine Resonanz auf gemailte Fotos, geschickte Materialien, geleistete Hilfe. Dieses Dank-Barbarentum schnürt meinem Engagement die Luft ab. Die Schüler sind Spiegelbild der Eltern, der Erwachsenen, einer erkaltenden Gesellschaft, vor der es mir graut, gegen die es aber lohnt anzukämpfen!

Eine motivierende Leistungsschule bietet Freiräume, in denen junge Menschen ihre Selbstwirksamkeit spüren, Anerkennung finden, Kreativität entfalten, folglich für die Zukunft gestärkt werden. So ein Freiraum für Engagierte ist unsere Schülerzeitungs-Redaktion, in der wir schon das Morgen im Heute leben, in der die Ideen eines jeden gewürdigt und oft auch gemeinsam umgesetzt werden. Jeder bringt seine Fähigkeiten ein und die Fähigkeiten eines Jeden werden gleich einem Puzzleteil zu einem Gesamtbild, konkret zur Erfolgsgeschichte der „Financial T(a)ime". Wer in dieser Anspruchsredaktion seine FT-Begeisterung lebt, bereit ist auch mal an seine Grenzen zu gehen, wird nicht nur bei der

Bewerbung gute Karten haben, wird nicht nur auf Uni und Beruf gezielt vorbereitet, er wird in der Gegenwart Wunderbares spüren, erleben und davon erfüllt sein: das Aufgehen im leidenschaftlichen Tun, der Stolz auf gemeinsamen Erfolg, … – und das nenne ich das Glück!

Corona: Wir hatten die Schaltkonferenz-Lösung schon damals

Als wir das Wort „Coronavirus" noch nicht kannten, als wir uns noch nicht vorstellen konnten, dass Schulen landesweit geschlossen, Abitur-Termine gekippt, Länder voneinander abgegrenzt, Läden, Gaststätten, Opern, Museen dicht gemacht, Atemmasken und Desinfektionsmittel gestohlen, Fußball-Spiele ganz „gecancelt" werden … Als wir das alles noch nicht kannten, als wir uns das alles noch nicht vorstellen konnten, hatten wir in schulischer Hinsicht aber schon die Lösung: die Schaltkonferenz als virtuellen Raum! Wir: die Redaktion der damaligen Schülerzeitung „Financial T('a)ime" (Wirtschaftsgymnasium Tauberbischofsheim). Nur die Probleme waren andere als zu Zeiten von „Corona": die Mails wurden weder gelesen noch beachtet und jede Redaktionssitzung stand unter dem Diktat des Bus-Fahrplans. Alle Naselang stand einer auf mit der Begründung: mein Bus geht! Es war wie das politisch nicht korrekt klingende Lied von den „zehn kleinen Negerlein": am Ende war der beratende Lehrer allein!

In *Magazin Schule* (Nr. 17/2006) lasen wir über „Neue Kommunikationsformen in der Schule" und nahmen Kontakt zu Roland Bauer, Referat Weiterbildung am Kultusministerium, auf. Der war total überrascht von dieser neuen Idee einer Schülerzeitung. Alles dauerte noch ein Jahr, die Technik-Begeisterung der Redaktionsmitglieder hielt sich in Grenzen. Nach vielen Mails und einem Treffen bei Herrn Bauer bekamen wir im Januar 2008 die Einführung in die virtuelle Welt einer Schaltkonferenz. Dies war nur möglich, weil unsere Schule als Weiterbildungsträger beim Kultusministerium registriert war.

Die notwendige Software von „vitero" lud sich jedes Redaktionsmitglied auf seinen Computer, eine Installation war nicht notwendig. Und so wurde geübt, trainiert – Flops und Erfolgserlebnisse hielten sich die Waage und am Ende waren wir fit für Redaktionssitzungen als Schaltkonferenzen. Auf Kosten der Schülerzeitung bekam jeder einen Kopfhörer mit Mikrofon und eine Webcam: wir planten, konnten gegenseitig Materialien austauschen, gemeinsam an Materialien arbeiten, diese abspeichern. „Wir begegneten im Heute dem Morgen, in der Gegenwart der Zukunft", so beschrieben wir es in einem Artikel drei Monate später.

Unsere hochfliegenden Träume von einer Zusammenarbeit mit Schulen auf der ganzen Welt erfüllten sich nicht, vermutlich waren wir dafür der Zeit zu weit voraus, technisch wäre es möglich gewesen. So begnügten wir uns mit einer Übertragung unserer Schaltkonferenz zu einer Präsentation von Roland Bauer in Bad Rappenau, der sich von dort in unsere Schaltkonferenz einklinkte. Damit war der Beweis erbracht: Was in Bad Rappenau klappte, hätte mit der ganzen Welt funktioniert.

Im Rückblick waren die Schaltkonferenzen unserer Redaktion deutlich konzentrierter als im „Face-to-face-Modus". Es gab keine Abschweifungen, kein „Geschwätz" untereinander – jeder zu Hundertprozent bei der Sache, der Konzentrationslevel so hoch wie nie zuvor. Auch zurückhaltende Redaktionsmitglieder kamen zu Wort, sie mussten nur auf „Wortmeldung" klicken, sofort war diese sichtbar. Die Reihenfolge der Wortmeldungen wurde mit Ziffern verdeutlicht. Wir beamten uns in die Zukunft und scheiterten zugleich an der damaligen Gegenwart: an Funklöchern, an der fehlenden Schnelligkeit der Internet-Verbindungen – die ständigen Abstürze während den Sitzungen, die ständige Frage in die Runde: ist XY wieder da?

Zurück zu Corona und zu den geschlossenen Schulen: Wir hatten damals nicht nur die Technik für Videokonferenzen, wir waren auch fit darin. Bei Corona wäre es für mich als Deutschlehrer ein Leichtes gewesen, ganze Klassen in das System zu integrieren, nicht nur über einzelne Passagen der Abi-Lektüre zu diskutieren, sondern Schüleraufsätze gemeinsam zu korrigieren – wobei die Schüler Vorschläge in diese Aufsätze hätten schreiben können.

Auch wenn es die Schülerzeitung seit Jahren nicht mehr gibt, so leben doch unsere drei Internet-Kanäle weiter, und mit jeder Schul-Schließung steigen die Klickzahlen, besonders bei unseren Sendungen zum Deutsch-Abitur und zu den Pflichtlektüren. Was wir damals begannen und aufbauten, dient nun aktuell Tausenden von angehenden Abiturienten zur Abitur-Vorbereitung unter extrem schwierigen Bedingungen: Täglich klicken sich zurzeit rund Zweitausend auf unseren Kanälen zum erhofften Erfolg!

Wir sind damals neue Wege des virtuellen Miteinanders gegangen, es hat sich bewährt! **Wir wollen alle Schulen ermutigen, im Rahmen des Möglichen auf diese virtuellen Chancen zu setzen!**

Corona-Krise: #WirSchreibenUnsMut

Corona-Krise – Dein Text, deine Zeichnung, dein Foto

Uns überrollt im Augenblick etwas, was wir nicht kennen, was uns Angst macht und was unser Leben – aller Voraussicht nach – verändern wird.

Manchen von euch ist es wichtig, dieses diffuse Gefühl
- in Worte zu kleiden (höchstens ½ – ¾ Seite, Arial 12),
- in Zeichnungen zu fassen,
- in Fotos zu verdeutlichen.

Wir bieten den Kreativen unter euch unsere Plattform **www.KlausSchenck.de** für euren Text, eure Zeichnung, euer Foto, nicht aber für Fake News oder Verschwörungstheorien:
- andere lesen/sehen es,
- anderen hilft es
- und andere helfen dir mit Text/Zeichnung/Foto.

Inklusiv Fotos und Zeichnungen darf euer Beitrag nicht länger als eine Seite sein!

Wir haben euch jahrelang mit Materialien für Klassenarbeiten und fürs Deutsch-Abitur unterstützt, nun wollen wir euch helfen, in dieser für viele von euch bedrückenden Situation durch Schreiben, Zeichnen, Fotografieren euch zu finden und so zu ermutigen.

Bitte schickt euren Text in einer Word-Version/kein PDF, die Zeichnung eingescannt als JPG (hohe Auflösung!) und auch das Foto/die Fotos als JPG (mind. 1 MB) plus Text/Word.

Ob ihr euren Namen oder ein Pseudonym unter euren Beitrag setzt, das überlassen wir euch! Wer möchte, kann auch seine Mail-Adresse angeben.

Liebe Erwachsene,
meine Corona-Aktion stößt bei Oberstufenschülern auf kein großes Echo, anders verhält es sich bei Leuten meiner Generation, sie finden die Aktion gut. Diese Aktion ist für Menschen gedacht, die schreibend/zeichnend – teilweise über Stunden – schöpferisch ihre Situation in Worte oder Zeichnungen fassen und so sich im eigenen Tun ermutigen, unabhängig davon, ob und wie viele es lesen. Aber es macht einen Unterschied, ob ich über Stunden etwas schaffe, um es dann in den Papierkorb zu knüllen, oder ob ich es auf eine Plattform stelle mit der Möglichkeit, dass es auch andere zur Kenntnis nehmen. Für diese Möglichkeit und die Ermutigung der Kreativen stelle ich meine Plattform zur Verfügung! Im Augenblick bin ich der größte Profiteur meiner Idee, was eigentlich nicht so gedacht war, ich genieße es, mich regelmäßig im Schreiben zu vertiefen und im eigenen Tun so viel Sinnerfüllung und innere Orientierung mir selbst zu schenken.

Mailt/mailen Sie alles als Anlage an: Klaus.Schenck@t-online.de

Wir sind gespannt!
Klaus Schenck/„FT-Abi-Plattform"
Ein herzliches Dankeschön an unsere FT-Grafikerin Mara Löffler!

„Hybrid"-Lektüre: Artikel des 7. Kapitels und weitere interessante Links finden sich unter
→ www.KlausSchenck.de/ks/lehrerbuch

Hier auch Artikel und Sendungen, die weit über den gezeigten Themenkomplex hinausreichen:
→ Psychologie
  – Die beliebtesten Sendungen
  – Neue Serie: Introversion
  – Aktuelle Serie zum Zeitgeist
→ Schülerzeitung (FT)
  – Rückblick auf zehn Jahre
  – Zentrale Links
  – FT-Aktivitäten in Video-Clips
  – Kritische Sicht zum Schülerzeitungs-Engagement und die wichtigsten Artikel aus der Printausgabe 2013
  – Schülerzeitung aus verschiedenen Perspektiven
  – Schülerzeitung als Karrieresprungbrett einer Medien-Laufbahn
→ Corona-Krise: #WirSchreibenUnsMut, hier aufgeführt nur meine Artikel unter dem Hashtag #IchSchreibeMirMut:
  – Angst
  – Ein feste Burg ist mein Zuhaus'
  – Die Stunde der Introvertierten
  – Die Stunde der Briefschreiber
  – Die Stunde der Dankbarkeit
  – Die Stunde des Landlebens
  – Die Stunde des Gottvertrauens
  – Die Stunde der Disziplinierten
  – Die Stunde des Wesentlichen

8. KAPITEL: VOM ENGAGEMENT-LEHRER ZUM LEHRER-ZOMBIE

Dieses Kapitel schildert eindrücklich und sehr persönlich mein Lehrerleben – zwischen Begeisterung und Anfeindung. Ausführlich und ehrlich zeige ich meine Seelenlage in der Auseinandersetzung mit meinem Schulleiter, den inneren Tod meines Lehrer-Engagements und das Finden der eigenen Harmonie durch Schreiben und die Veröffentlichungen im Netz. Schon sehr bald wandelte sich die „Anklage" in eine Mission für mehr Respekt und Wertschätzung gegenüber engagierten Kolleginnen und Kollegen. Ich wollte meine Möglichkeiten von Schreibfähigkeit und eigenen Internet-Kanälen nutzen, um andere Kollegen spüren zu lassen: ihr seid mit euren Verletzungen nicht allein, in meinen Worten spiegeln sich eure Gefühle. Und sollten Schulleitungen ihren Umgang mit dem „Pädagogen-Fußvolk" ein klein wenig wertschätzender nach den Schilderungen gestalten, würde mich das ungemein glücklich machen: Mission erfüllt!

Die Zeit vor der Pensionierung: in der ‚Hölle' glücklich

Ich gehöre der „verlorenen Lehrer-Generation" an. Zweites Staatsexamen 1984, Einstellungsquote acht Prozent, 92 Prozent „auf der Straße". Wer die Kombination „Deutsch" und „Englisch" hatte: Selbst mit Notendurchschnitt 1,0 gab es keine Einstellung. Vom Referendariat bis zur Einstellung in den Staatsdienst: in knapp zehn Jahren 15 Umzüge, so meine Erinnerung – immer dorthin, wo es Arbeit gab. Während andere Familien gründeten, Kinder bekamen, Häuser bauten, packte ich in regelmäßigen Abständen einen VW-Bus mit meinem kleinen Hausstand.

Und doch – das Leben meinte es gut mit mir! Nie eine längere Arbeitslosigkeit, oft Aufgaben, in die ich meine Begeisterung goss. Und diese Begeisterung trug mich weiter: ging eine Berufstür zu, ging meist eine größere auf. Ich glaubte an mich, meine Aufgabe, meinen Erfolg. Mit rosaroter Powerbrille sah ich meine prekäre Gegenwarts-Welt und nahm ich die Brille ab, blickte ich in eine mich ängstigende Zukunft. Als dann nach dem Bewerbungsgespräch am damaligen Oberschulamt der Anruf mit meiner neuen Schule kam, hatte ich Tränen in den Augen: Ich hatte es geschafft, ganz, ganz knapp! Ich war entschlossen, alles, wirklich alles zu geben, um mich dieser Lebenschance würdig zu erweisen.

An meiner neuen Stammschule wurde ich von der Personalratsvorsitzenden mit dem Satz begrüßt: „Sie sind wie ein Diamant, der erst noch geschliffen werden muss!" Und ich dachte nur, du wirst scheitern, deine Schleifscheibe wird blank an mir, niemals wirst du mich billig formen – „Kriegserklärung" an meine Lehrer-Persönlichkeit! Gleich wurde ich an eine andere Schule abgeordnet, der Kollege hatte einen Herzinfarkt erlitten. Ich betrat das Sekretariat: „Da in der Ecke sehen Sie noch die Mappe des Kollegen!" Und mir war schlagartig klar: Schule ist ein „Schlachtfeld", ich werde keinen Herzinfarkt bekommen!

Im Kollegium unbeliebt, bei den Schülern unterschiedlich ankommend, aber ich war glücklich: rosarote Powerbrille. Ich war am Ort meiner Träume angekommen, ich spürte die Anfeindungen, sie juckten mich weniger als mich die Aufgabe mit jungen Menschen beglückte. Mit einem Oberstufenschüler saß ich in einem Biergarten, er sah mich lange an, dann sagte er: „Herr Schenck, verlassen Sie diese Schule! Sie ahnen nicht, was Ihre Kollegen über Sie im Unterricht sagen! Sie sind anders, nicht besser, nicht schlechter, einfach anders! Wechseln Sie die Schule!" An einer Schule „anders" zu sein gleicht einem sozialen Todesurteil! Der „Schul-Diamantschleifer" surrte in Höchstgeschwindigkeit, ich getraute mich kaum noch ins Lehrerzimmer, las Bücher über Mobbing und dachte: Wow, du bist spitze, bis zur höchsten Mobbing-Stufe alles gepackt. Reaktion: Ich gründete eine Schülerzeitung! Sie holte gleich einen Sonderpreis, die Schleifscheibe wurde nun zusätzlich mit groben Steinchen gespickt, eine „Inquisitionsveranstaltung" einberufen: Ich sollte bestimmten Artikeln, der ganzen Schülerzeitungsidee abschwören und zurück ins Glied der Engagementlosigkeit, Farblosigkeit, Durchschnittlichkeit.

Ich bin protestantischer Theologe mit Spezialgebiet „Kirchengeschichte". Martin Luther: „Hier stehe ich ...", Klaus Schenck: „Hier sitze ich ..." Hier meine Mannen, dort meine Gegner, alle hatten die Schülerzeitung in Händen, dort Angriff, hier Verteidigung, der *Reichstag zu Worms* in einem Konferenzraum der Schule. Im Lehrerzimmer kam es am Schwarzen Brett zu Handgreiflichkeiten, Kolleginnen zogen die Männer auseinander. Der „Krieg" war im vollen Gange, die Munition waren die Schüler und diese Kugeln schlugen ein. Die Schülerzeitung wurde ausgebaut, fast jede Ausgabe holte einen Landespreis, die letzte den Bundespreis, überreicht durch Bundespräsident Johannes Rau auf Schloss Bellevue, Berlin.

Doch zurück zum „Stellungskrieg": Zwei Kollegen – spätere Freunde – boten mir in ihrem eigenen Mini-Lehrerzimmer Zuflucht. Meine ersten großen Veröffentlichungen wurden deutschlandweit abgedruckt – in *Eltern for family*, *Stern*, *Rheinischer Merkur*. Blanker Hass in einer Abi-Zeitung. Alles war so krass: Die Schülerzeitung erzielte in Baden-Württemberg Spitzenpreise und das Motto an der Schule hieß: Das wird Schenck nicht überleben! Ich getraute mich kaum noch aus der Wohnung, Telefonterror, Autoscheinwerfer in mein Zimmer. Motto: Das wird Schenck nicht überleben! Wöchentlicher Gesprächskreis, Einzelgespräch mit einem privat bezahlten Psychologie-Professor – alles half nichts!

Was mir aber half, war mein Fitness-Center. Ich bereitete ein halbes Jahr keinen Unterricht mehr vor, es fiel den Schülern nicht besonders auf, vermutlich unterschied sich mein Unterricht nicht sehr von dem der Kollegen. Statt Unterrichtsvorbereitungen ging ich fast täglich ins Fitness-Center und nach einem halben Jahr war der ganze böse Zauber vorbei. Auch kollegiale Bosheit ist zeitlich begrenzt. Jeder hatte Angst, nun der Nächste zu sein! Diese Angst schützte mich, aber ich gewann auch Respekt bei Kollegen, die ich als meine Gegner betrachtete. Sie baten mich, mit ihnen zusammenzuarbeiten, Projekte zu machen, für sie Zeitungsartikel zu schreiben, ich war über diese Anfragen extrem glücklich! Einer, unnahbar, ruppig, der mir von der ersten Sekunde zeigte, mich nicht verputzen zu können, nahm mich plötzlich zur Seite: „Klaus, du bist doch Theologe. Könntest du meine Beerdigung halten? Das würde mir viel bedeuten!" Ich habe Theologie studiert, aber fürs Lehramt und nicht für den Pfarrberuf, also musste ich ihm die Bitte abschlagen.

In meiner Seele festigte sich die tiefe Erkenntnis: Am Ende siegt die Liebe, nicht Neid, Bosheit, Hass! Die Lästereien im Kollegenunterricht – „und was hat der Schencki-Boy heute schon wieder gesagt, gemacht?" – hörten auf. Eine glückliche Zeit begann. Noch immer galt die Regel „Entweder liebt man Schenck oder hasst man ihn", aber es gab nun auch Grautöne, nicht mehr nur schwarz-weiß!

Ich wechselte – viele Jahre später – die Schule wegen meiner damaligen Partnerin. An der neuen Schule merkte ich dank rosaroter Powerbrille 'mal wieder nichts: Ich war begeistert, ich war glücklich bis zu dem Moment, als eine Kollegin mich zu einem persönlichen Gespräch in ein Klassenzimmer bat: „Gehen Sie zurück an Ihre alte Schule! Sie gefährden hier den Schulfrieden! Ihretwegen haben sich Gräben im Kollegium aufgetan. Gehen Sie!" Ich war so 'was von sprachlos, aber dank meines jahrelangen „Überlebenstrainings" unter Schulbedingungen steckte ich es weg, verlor aber meine Unbeschwertheit. Der Schulleiter erwartete von mir eine Schülerzeitung, nur deshalb kam ich als evangelischer Religionslehrer in die katholischer Provinz an diese Schule. In „Deutsch 13" wurde richtig gepowert, nach der ersten Klassenarbeit flossen fast Tränen; ich war entschlossen, meine Deutsch-Mission zu erfüllen. Es war eine tolle Klasse, wir wurden eine eingeschworene „Kampfgemeinschaft" mit dem einen Ziel: ein super Deutsch-Abitur! Am Ende: Zweistelliger Abi-Schnitt, eine ganze Anzahl Einser – Aufgabe erfüllt!

Die Strukturen von Kollegien sind auch im Negativen nahezu deckungsgleich! Wieder Schülerzeitung, wieder Landespreis, wieder „Inquisitionsveranstaltung", kleine Steigerung: als Personalversammlung im großen Lehrerzimmer getarnt. Wieder *Reichstag zu Worms*. Forderung diesmal, nicht abzuschwören, sondern die Gesamtlehrerkonferenz bestimmen zu lassen, was in die Schülerzeitung kommt. Für eine Person, für den der *Reichstag zu Worms* auf dem Level von „Und täglich grüßt das Murmeltier" läuft, war die Sache sehr unangenehm, mehr aber auch nicht. Ich hielt eine emotionale Rede, sprach von der Freiheit der Schüler, der Aufgabe der Schule, von den Chancen der Schülerzeitung, ich glühte in meiner Verteidigungsrhetorik – und gewann. Kollegen schüttelten mir danach die Hände: „großartige Rede"! Die Schülerzeitung wurde zum Aushängeschild der Schule.

Groß beliebt war ich nicht – weder bei Schülern noch bei Kollegen, ich war einfach anders, das Wort „anders" war der rote Faden, der für alle alles erklärte. Die Schülerzeitung wurde mein Leben. Wir sattelten zu einem ganz frühen Zeitpunkt auf Internet-Zeitung um, luden deutsche Auslandsschulen in der ganzen Welt in Briefform zum Kontakt ein, begannen zu filmen, einen eigenen Film-Kanal zu entwickeln, schrieben Handbücher zum „Activboard", für dessen Handbücher wir Anfragen aus ganz Deutschland erhielten. Mitgestaltung des „Tages der deutschen Sprache" in Holland, Journalisten-Woche in Berlin dank Bundespresseamt, eintägiges Benimm-Seminar, regelmäßiges Bewerbungstraining, Firmenbesuche, SWR-Tag mit Landesschau-Moderation, eigene Jugendseite im Stadtanzeiger. Volles Unterrichts-Engagement, volles Schülerzeitungs-Engagement, meine Gesamt-Arbeitszeit: um die 60–70 Stunden pro Woche. Ständig neue Ideen: Grammatikunterricht im Wettkampf-Modus – mit Pfeife und Stoppuhr; Klostertag, Jakobusweg vor Ort, UB-Training, Theaterworkshops, Theaterbesuche, Schauspieler-Gespräche ...

Ich schuf mir mit „Psychologie" mein eigenes Unterrichtsfach – es gab noch keinen Lehrplan, wir waren der Lehrplan, die Schüler präsentierten, was sie beschäftigte, umtrieb, was sie verarbeiten wollten: Missbrauch, Magersucht, Depression, Krebserkrankung der Mutter, ADHS. Wir führten das Glückstagebuch ein, immer erzählte Einer vor der Klasse von seinem aktuellen Glück, weiter Selbstbewusstseins-Training und Stärken-Findung. Diese Doppelstunde war die schönste der Woche, auch für meine Schüler – so ihre Aussagen. Schule in Idealform – ich hatte die Konzeption entwickelt, für sie gekämpft, sie durchgesetzt. In einem Schuljahr waren es sogar zwei Kurse, so groß war das Interesse.

Meine letzten Lehrerjahre begannen. Ich wollte bis 70 Jahre unterrichten – beliebt oder unbeliebt, die Schule war meine Lebensaufgabe, an der ich keine Sekunde zweifelte. Sie schenkte mir Sinn, Struktur und Erfüllung. Vor der Pensions-Zeit graute mir. Ich erkundigte mich stets nur, wie man verlängern könne.

Neuer Schulleiter: Der Start entsprach nicht meinen negativen Erwartungen, ich hatte mich wohl geirrt. Das „Activboard", womit die Schule dank der Schülerzeitung sehr bekannt wurde, rückte nicht mehr wie früher ins Zentrum, mein Zukunftstraining in Blick auf die Uni mit Hausarbeiten bereits in der 11. Klasse wollte der neue Chef kippen oder stark beschränken: „die anderen Deutsch-Kollegen machen es doch auch nicht!"

Als Eltern und Schüler der 11. Klasse sich über meine Hausarbeitsanforderungen beschwerten, wurde ich schließlich im laufenden Schuljahr Ende Januar aus der Klasse genommen. In der gleichen Woche hielt ich Vorträge in der Schul-Cafeteria über die Pflichtlektüre, die angehenden Abiturienten – auch von den umliegenden Gymnasien – füllten den Raum. Mein „Deutsch-Abi-Trainer" beim Bange-Verlag erschien. Vor Ort „Ohnmacht": Die „befreiten" Elftklässler schrien mir nach, jeder Schultag war in dieser Phase ein Spießrutenlauf. In den „siegreichen" Schüler-Augen war ich vogelfrei und so fühlte ich mich auch. Hier die gedemütigte „Lehrer-Existenz", dort der ungemein anerkannte Deutschlehrer – als Vortragender, als Buchautor und natürlich auch als Interpret im Netz. Dieser Spagat zerriss mich fast, besonders die gefühlte Rechtlosigkeit an der eigenen Schule machte mir zu schaffen.

Beim Abi-Ball zwei Schuljahre später nochmals der Triumph-Satz von der Bühne per Lautsprecher: „Wir machten Herrn Schenck abdanken!" Ich war nicht der Einzige, den diese Klasse „auf dem Gewissen" hatte. „Die Tyrannei von Eltern und Schülern" hatte die Herrschaft übernommen und so kippten neben mir noch andere Lehrer. „Das eben ist der Fluch der bösen Tat, / Daß sie, fortzeugend, immer Böses muß gebären." (Schiller/*Wallenstein*-Trilogie) Aus der „Gesprächskultur der Schule wurde eine Exekutionskultur", so meine Formulierung in der Personalversammlung.

Ein Jahr später wiederholte sich das Tribunal-Procedere. Im Endeffekt wurde mir alles genommen, was mich als Lehrer ausmachte. Ich wechselte die Taktik, nahm die endgültige „Liquidierung" meines Lehrerlebens vor Ort an, machte „Engagement-Selbstmord" und wurde zum „Lehrer-Zombie": Keine Freude, kein Hass beim Betreten des Schulgebäudes, letztendlich war mir alles gleichgültig. Meine Gleichgültigkeit war identisch mit der Gleichgültigkeit meiner Deutsch-Schüler und auf diesem Level verstanden wir uns prima, indem wir uns gegenseitig mehr oder minder nicht mehr wahrnahmen.

Was mich überraschte, wie ich innerhalb weniger Monate an der Schule komplett meine Persönlichkeit änderte: mein Lehrer-Engagement im Sinkflug, meine Drückebergerei im Steigflug, mein Dienst nach Vorschrift im Grenzbereich. Ich hatte längst entschieden, regulär mit 65 Jahren in Pension zu gehen. Inzwischen gehörten mir als „Kleinunternehmer" drei Internet-Kanäle, zum Teil von der ehemaligen Schülerzeitung, betrieben von ehemaligen Redaktionsmitgliedern und anderen Personen. Ich veröffentlichte in der Lokalzeitung am Weltlehrertag (5. Oktober), schrieb viele Artikel für den Lehrerverband. Mein Feindbild: die Billig-Noten-Anstalten, diese Verantwortungslosigkeit für die Zukunft junger Menschen, um sie in der Gegenwart für das eigene Ego auszusaugen.

Mein letztes Schuljahr war das „gechillteste" meines Lebens. Als „Lehrer-Zombie" berührt dich nichts mehr, auch nicht die Zahl der Unterkurse und die null Notenpunkte im Mündlichen. Und doch bereitete ich jede Unterrichtsstunde wie früher penibel vor, aber die Resonanz war mir komplett gleichgültig. Dann unterrichtete ich halt für die Wand, ich wurde ja bezahlt. Meine Migräne-Attacken gingen deutlich zurück, meine Vorfreude auf die Pensionierung stieg mit jeder Woche und mein Verhältnis zu den Schülern war nicht mehr so feindselig wie früher. Ich kämpfte nicht mehr für sie. Ich ließ sie in Ruhe und sie mich, „gentlemen's agreement". In mir war alles tot, aber ich funktionierte perfekt – entmenschlichter Unterrichtsroboter. Ich hatte es einfach drauf – ohne Seele, ohne Herz, aber mit absoluter Routine.

Ich genoss mein letztes Lehrerjahr vor Ort, auch war ich mir meiner Macht bewusst: Ich ließ es gespannt darauf ankommen, und es passierte: Nichts. Nicht einmal, als die Ergebnisse meiner Deutsch-Klausur unter einem Fünf-Punkte-Schnitt lagen. Ich konnte es begründen und ich tat's. Und selbst, als unsere Deutsch-Fachschaft beschloss, nur noch zweistündige Klassenarbeiten in der Oberstufe zu schreiben, was ich im Hinblick auf das sechsstündige Deutsch-Abitur mehr als problematisch finde (die Schüler nebenbei auch), schrieb ich wie jedes Jahr meine sechsstündige Klassenarbeit vor dem Abitur und besprach sie noch ausführlich mit denen, die ins Deutsch-Abitur gingen. Ein Lehrer-Zombie mag keine Seele mehr haben, aber hat dennoch Verantwortungsgefühl für die, die sich seiner Verantwortung anvertrauen.

Meine „Lehrer-Existenz" vor Ort neigte sich langsam ihrem Ende zu. Die Verabschiedung kam näher und ich war entschlossen, zum letzten Mal Rückgrat zu zeigen, zum letzten Mal Verantwortung an der Schule zu übernehmen für die, die zurückblieben, mich teilweise beneideten. Es wäre einfach feige, sich um eine ehrliche Abschiedsrede zu drücken, nur weil man Angst hat, sich mit ihr vor das gesamte Lehrerkollegium zu stellen. Ich hielt sie, deutete viele der hier genannten Aspekte klar an – mein letzter bewusster Dienst für mein Kollegium. Danach sagte eine Kollegin zu mir: „Das hast du für uns getan!", und ergänzte dann, „das haben die meisten hier so verstanden." Zum ersten Mal machte mich wieder etwas an dieser Schule glücklich. Ich bin meiner Verantwortungslinie treu geblieben, das gab mir meine verlorene Würde zurück.

In der „Hölle" glücklich – ich würde wieder Lehrer werden! Ich habe für meine Aufgabe, für meine Schüler geglüht – aber die Aufgabe für die Zukunft junger Menschen stand für mich im Mittelpunkt, nicht deren Sympathie in der Gegenwart, sondern deren Wertschätzung für erworbene Kompetenzen in den kommenden fünf bis zehn Jahren. Die tausenden Stunden für Unterrichtsvorbereitungen, Klassenarbeitskorrekturen, für die Schülerzeitung, für viele umgesetzte Ideen waren keine Zeitvergeudung in meinem Leben, die ich nun in der Rückschau bedaure. Die tausenden Stunden für Schule, für junge Menschen machten jenseits von Lob, Dank, Anerkennung Sinn!

Rückblick: Als besonderes Geschenk des Lebens betrachte ich mein ermutigendes Elternhaus und die Schuljahre mit meinem mich faszinierenden Religionslehrer, dessen Fächer ich später studierte und der in den Jahrzehnten meines eigenen Unterrichts gleich einem Stern in mir war – nicht erreichbar, aber Orientierung. Weiter Gottvertrauen und tiefe Dankbarkeit, in meinem Engagement-Leben mir wichtige Aufgaben zu erfüllen. Ich war – bis auf die wenigen Jahre am Schluss – in meinem Beruf meist glücklich, weil ich einen klaren Kompass hatte, eine klare Sinngebung, einen klaren Auftrag, das gab mir eine ungemeine Unabhängigkeit von Schülern, Eltern und Kollegen. In der „Hölle" glücklich – ich würde wieder Lehrer werden, wieder powern!

Powertypen, resigniert nicht, ihr seid das Salz der Schule! Wenn dieses Salz fad wird, wovon soll die Schule leben, wovon die Schüler zehren – und wovon ihr selbst?

Statt Gesprächskultur „Exekutionskultur"

In meiner 12. Klasse „Deutsch" neigte sich das Schuljahr seinem Ende zu. Es ging darum, die Literaturgeschichts-Referate nach dem schriftlichen Abitur festzulegen, sodass die Schüler diese bereits in den großen Ferien erledigen können und nicht erst während der Abiturphase. Die Note der Präsentation war die mündliche Note in 13.2, von daher bestand ein großes Interesse, solch eine Präsentation zu bekommen. Wir losten aus, aber die Zahl der Epochenreferate reichte nicht für jeden. Die Klasse bat nun, ich solle doch noch weitere Referate anbieten. Ich schlug einen Deal vor: Bei den Epochensendungen auf meinem YouTube-Kanal fehlten mir Epochen und diese Klasse sei meine letzte Chance, die Lücken noch vor meiner Pensionierung zu schließen. In der 12. Klasse waren schon Präsentationen gefilmt worden, also war meine Bitte nicht ungewöhnlich. Wir vereinbarten, dass die Punkte letztlich halbiert werden, wenn jemand nicht gefilmt wird, womit alle einverstanden waren. Die Bedingung: alle müssen an den zwei gemeinsam vereinbarten Nachmittagen anwesend sein. Die Klasse: *Klar, kein Problem!* Da ich dem Frieden nicht ganz traute, machte ich zu all den Vereinbarungen eine Abstimmung, alle waren tatsächlich dafür. Also wurden die Referate verteilt und die gemeinsame „Deutsch"-Welt schien in Ordnung.

Zu Beginn des neuen Schuljahres wurden die Klassenarbeits-Termine gemeinsam festgelegt und per Mehrheitsentscheid auch die zwei Nachmittage für die Referate. Ich ging in die Pizzeria, besorgte einen Stoß Speisekarten, denn zwischen den Referaten sollte eine Pizzarunde liegen. An dem Referats-Montag verkündete mir die Chefredakteurin in der Redaktionssitzung der Schülerzeitung, der großen Pause, sie wolle am Nachmittag bei ihrer Kunstgeschichts-Präsentation nicht gefilmt werden. Ich war einfach fassungslos, die Sendungen waren ein zentraler Teil unserer Internet-Schülerzeitung. Auch wenn ich persönlich wenig von ihr wusste, stand sie mir von allen Schülern der Schule am nächsten. Alle meine Projekte besprach ich mit ihr, ich war von ihr auch leistungsmäßig absolut überzeugt, ihre Meinung zählte für mich viel und veränderte Planungen und Ziele. Ich verwies auf die gemeinsam getroffene Abmachung zu Ende des letzten Schuljahres, auch darauf, dass dann ihre Punktzahl halbiert werde. Jetzt war ich ganz korrekt Lehrer. Danach hatten wir unseren „Deutsch"-Unterricht. Beim Nachmittagsunterricht klingelte mein Handy, ich hatte es diesmal vergessen abzustellen: Der Schulleiter war dran, schrie nur noch, die aktuellen Nachmittagsreferate würden gestrichen, die Schüler durch die Schulleitung darüber informiert, ich in zwei Tagen zum Schulleiter-Gespräch beordert.

Ich hielt meinen Berufsschulunterricht zu Ende, danach musste ich mich am Lehrerpult setzen. Vor mir der aufgestuhlte Raum, in mir Fassungslosigkeit, innere Taubheit, das für mich Unvorstellbare war geschehen. Die Person, die mir am nächsten stand, musste den Schulleiter informiert haben, von dem sie genau wusste, wie er gegen mich reagieren werde. Ich saß fassungslos an meinem Lehrertisch, zu keinem Gedanken mehr fähig, es hat die mir nächststehende Schülerin getan, das war das Schlimmste. Ich war so arglos, blind vertrauend gewesen. Es war das Verletzendste, was mir in meinem Lehrerleben passiert war. Während ich noch nach Fassung rang, ging die Chefredakteurin mit ihrer Freundin am Fenster vorbei, in den Taschen ihre Präsentationsmaterialien. Korrekt informierte ich sie über die Streichung der Präsentationen, die zweite Referentin sagte noch ein paar aufbauende Sätze, die andere kein Wort, einen Hauch von Siegeslächeln auf den Lippen.

Der Abteilungsleiter, der gleichzeitig auch Klassenlehrer genau dieser Klasse war, kam in den leeren Klassenraum, um mir mitzuteilen, dass auch mein verpflichtender Theatergang verboten worden war. Es war mir alles genommen – als Lehrer, als Mensch, in mir wurde es dunkel. Ich saß lange am Lehrertisch, dachte an die „Hinrichtung" in zwei Tagen. In diesem Moment war ich wirklich verzweifelt, in meinen Grundfesten getroffen, aller inneren Sicherheiten beraubt.

Die „Hinrichtung" exakt so, wie erwartet. Der Abteilungsleiter war natürlich jetzt in erster Linie Klassenlehrer dieser Klasse, mein Schulleiter war in seinem Wortschwall gegen mich gar nicht mehr zu bremsen. Von Zuhören seinerseits keine Spur, Erklärungen komplett sinnlos. Ich sah ihm ins Gesicht, hörte immer weniger zu. Ein ungemein tiefes Ruhen in mir, alles prallte an mir ab. Am Ende der „Hinrichtung" wurde mir auch meine Hilfe am Abend für schwächere Schüler nach der Herausgabe der Klassenarbeit verboten. Es war mir nur noch gleichgültig, alles nur noch gleichgültig. Als der Schulleiter mir am Ende des „Gerichts" die Hand gab, dachte ich nur: heute ich und morgen du! Ich war auf Rache aus! Du hast mich heute vernichtet und morgen werden es meine Worte tun – mit der Wahrheit! So nah war mir Michael Kohlhaas[67] noch nie. Später, aber nicht in diesen Stunden, Tagen, Wochen, spürte ich in diesem Werk immer deutlicher die

---

67 Gleichnamiges Werk von Heinrich von Kleist, Abi-Thema vor vielen Jahren. Kohlhaas, ein Pferde-Händler, dem Unrecht geschieht, der nur noch von der Wiederherstellung seines Rechts besessen ist, opfert dafür Familie, Besitz und Menschen, bekommt am Ende sein Recht, wird aber wegen seiner Verbrechen hingerichtet. Vgl. auch http://www.KlausSchenck.de/ks/downloads/h16kohlhaasharamona.pdf

persönliche Warnung an mich. Im Treppenhaus der Schule hingen die Fotos der Schülerzeitung. Und jedes Mal, wenn ich am Foto der Chefredakteurin vorbeiging, murmelte ich: „Dir geschehe wie du mir getan!" Tag für Tag, jeden Schultag mehrfach. Der Rachegedanken verbunden mit kompletter Gleichgültigkeit machte mich nicht nur ruhig, er machte mich stark, fast unverwundbar. Alles wurde mir genommen, ich hatte keine Angst mehr vor dem Schulleiter.

Eine Woche später hatten wir eine längere Redaktionssitzung am Abend, um ein Brief-Projekt fertigzustellen. Ich fragte die Chefredakteurin: „Warum hast du das getan, warum hast du mein Lehrerleben zerstört? Du weißt schon, was du getan hast, mein Lehrerleben ist zerstört, was tat ich dir?" Ihre wiederholte Antwort: „Die anderen der Klasse waren auch dafür!" Wenn sie hier nur ein Bedauern, ein kleines Bedauern, eine Entschuldigung, irgendetwas in dieser Richtung gesagt hätte, ich flehte fast darum, um irgendwie mit allem umgehen zu können. Es hätte mir gereicht, nur ein Wort des Bedauerns, in meiner aufgewühlten Seele hätte es gereicht, nur eine menschliche Geste, sie hätte alles verändert, sie kam nicht! Ein neues Redaktionsmitglied stellte lakonisch fest: unüberbrückbare Gegensätze! Wir erledigten unsere Briefaktion. Ich beschloss, die Redaktionsarbeit gegen all mein Inneres fortzusetzen, das Objektive der Schülerzeitung war mir mehr wert als das Subjektive von Verletzung, Wut und Rache. Auch schloss ich nicht aus, vielleicht vorschnell zu urteilen. Später erfuhr ich, wie die Chefredakteurin an diesem Montag von Schüler zu Schüler ging, die Klasse systematisch gegen mich aufwiegelte. Die beiden Klassensprecher gingen daraufhin zu ihrem Klassenlehrer, gleichzeitig auch Abteilungsleiter, der zum Schulleiter. Wir arbeiteten weiter an der Schülerzeitung, ich war ganz Beherrschung, aber die Chefredakteurin wusste, wie ich von ihr dachte.

Ich war überzeugt, ich stecke alles locker weg. Ich habe schon so vieles in meinem Leben wegstecken müssen, eine Narbe mehr oder weniger an der Lehrerseele, darauf komme es nicht mehr an. Ich irrte. Diesmal machte die Seele etwas mit mir, nicht ich mit ihr. Zunächst war ich locker drauf, die kumpelhafte Art meines Schulleiters widerte mich zwar an, aber ich konnte damit problemlos umgehen und mit der Zeit fand ich sie gar nicht mehr so übel. Jede Angst vor ihm war weg, die extremen Gefühle gegen ihn legten sich bei der konkreten Begegnung, um in Stille und Alleinsein umso härter nach oben zu quellen. Schwieriger war es mit der Schülerin. Meinen Schulleiter konnte ich in seiner Antipathie gegen mich, folglich auch in seinem Tun, verstehen, das erleichterte mir den konkreten Umgang mit ihm. Aber bei der Schülerin kenne ich ihre Beweggründe bis heute nicht, vielleicht hat sie die Lage auch falsch eingeschätzt. Es spielt keine Rolle mehr.

Langsam schlich sich eine Eiszeit in meine Lehrerseele, die alle Freude, Lebendigkeit, Schüler-Empathie gefrieren ließ. Aber mit ihr gefroren auch Rache und Hass. Meine Lehrerseele starb ganz leise und fast schmerzfrei den Kältetod – ein schöner Tod. Meine Lehrerseele war nun versteift, vereist, sie spürte nichts mehr. Und ich irgendwie befreit, aber nur im Alltag, nicht in mir, nachts. Auch merkte ich, wie der Unterricht mir immer schwerer fiel, die Leichtigkeit, die begeisterte Leichtigkeit war verflogen. Aber viel grübelte ich darüber nicht. Ich lebte vor mich hin.

Nun geschah wieder etwas, was ich nicht erwartet hatte und mir zu schaffen machte. Ich wollte nur eines, diese Klasse in meiner Seele, in meiner Erinnerung löschen. Mir war klar, dass ich keine Abi-Zeitung kaufen werde, nichts soll mich an diese Klasse mehr erinnern, nichts – nur ganz wenige Schüler ausgenommen. Die erste Überraschung: Wieder bekam eine Schülerin meines Kurses den *Scheffel-Preis*[68] für die beste Leistung im Fach „Deutsch". In ihrer Rede war sie so

--- --- ---

68 Scheffelpreis: Der Preis wird vergeben an die jeweils besten (in der Regel vom Lehrerkollegium vorgeschlagenen) Deutsch-Abiturienten der Gymnasien in Baden-Württemberg, Rheinland-Pfalz und im Saarland. Vgl. http://www.kulturpreise.de/web/preise_info.php?cPath=6_99&preisd_id=5070

ehrlich und wertschätzend wie noch nie eine Scheffel-Preis-Trägerin vor ihr. Ich war mehr als überrascht, ihre Ehrlichkeit frappierte mich:

„Zuallererst geht natürlich ein großer Dank an Herrn Schenck, denn ohne Sie und Ihren Deutsch-Unterricht würde ich heute nicht hier oben auf dieser Bühne stehen. Sie haben mich und die gesamte Klasse 13.1 durch Ihren ausgiebigen und bis auf den letzten Punkt durchgeplanten Unterricht auf das Deutschabitur vorbereitet, sodass wir diese große Hürde voller Vertrauen und Zuversicht meistern konnten. Der Scheffelpreis ist deshalb kein Preis, den ich alleine gewonnen habe. Vielmehr ist er eine Belohnung für eine erfolgreiche Lehrer-Schüler-Beziehung. Die Voraussetzung dafür ist das „Ja" des Schülers. Denn nur dadurch kann ein gemeinsamer Erfolg entstehen. Ich für meinen Teil habe dieses „Ja" in der 11. Klasse zunächst nicht gegeben und habe den „Schenckianischen Unterricht" zutiefst abgelehnt, was man auch an dementsprechenden Noten sehen konnte. Doch durch mein „Ja" zu diesem Unterricht und zu diesem Fachlehrer, welches ich in der 12. Klasse gab, konnte Ihre Arbeit, Herr Schenck, bei mir ankommen und wirken, weshalb mir die Chance ermöglicht wurde, mich im Fach „Deutsch" zu beweisen, Leistung zu bringen und zu wachsen. Deshalb möchte ich mich bei Ihnen ganz herzlich bedanken!"

Dann die Abi-Geschenke. Ich liebe das Schreiben, ich liebe Füller und ich bekam einen Füller mit Namens-Gravur. Dann überreichten sie mir noch ein „Freundesbuch", in das jeder etwas geschrieben hatte, die Chefredakteurin zitierte aus meinem Lieblingsgedicht von Hesse. Sie stand an meinem Tisch und fragte, ob ich mich freue: „Ja", sagte ich – und log damit. An diesem Abi-Ball bekam ich alles, was ich mir wünschte, in dieser Fülle hatte ich es noch nie erlebt, aber immer erträumt. Jetzt hatte ich es und war unfähig, es in mir ankommen zu lassen. Wie einer, der sich ein wunderbares Gemälde wünscht, es sich ersehnt, und als er es endlich bekommt, ist er erblindet. Es ist schwer, so beschenkt zu werden, wenn die Seele für die Schenkenden tot ist. Ich litt ob meiner inneren Resonanzlosigkeit mit den Abiturienten, besonders aber an mir. Ich war hilflos gegen mein Inneres. Ich war zum seelenlosen „Lehrer-Zombie" geworden, ganz unmerklich, beim Abi-Ball wurde es mir bewusst.

Mein letztes Schuljahr begann. Ich hatte mich entschieden, regulär in Pension zu gehen. Das letzte Schuljahr war ein lockeres: Abbau der Überstunden, recht wenig Korrekturen, ein mir in allen Punkten entgegenkommender Chef. Er stimmte sogar der Idee des stellvertretenden Schulleiters zu: eine Fotogalerie der Schülerzeitung mit gerahmten Bildern, was zwar ziemlich viel Geld kostete, das Treppenhaus jedoch merklich aufwertete und eine deutliche Anerkennung darstellte. Ich kümmerte mich um Fotos, Rahmen, aber ohne innere Freude, gar Stolz, letztendlich war es mir gleichgültig. Als „Lehrer-Zombie" lebte es sich freudlos, leidlos, aber nicht schlecht. Dieser Zustand wurde an der Schule immer stärker. Mit dem Betreten der Schule hängte ich meine Seele an den Kleiderhaken, nach Schulschuss nahm ich sie von dort. Außerhalb der Schule kehrte ganz, ganz langsam die Lebensfreude, meine Begeisterungsfähigkeit zurück. Ich hatte die Schule komplett von meiner Persönlichkeit abgespalten, und das machte mich wieder lebensfähig – außerhalb der Schule.

Ich engagierte mich als Pressewart des örtlichen Tennisclubs, war an den Wochenenden oft fotografierend auf der Anlage, baute meine drei Internet-Kanäle systematisch aus und begeisterte mich wieder für mein Tun – außerhalb der Schule. „Drinnen" aber legte ich einen Unterricht der Gleichgültigkeit hin, den ich in einer Grammatikarbeit beschrieb[69]. Aber so schlimm fanden die

———

69 http://www.KlausSchenck.de/ks/downloads/g75-6-grammatikarbeit.pdf

angehenden Abiturienten den Unterricht gar nicht, es war keine feindliche Atmosphäre, sondern wir waren im luftleeren Raum, keine Übertragungen irgendwelcher Schwingungen mit- und zueinander, wir ließen uns gegenseitig komplett in Ruhe. Im Unterricht herrschte Totenstille und mein Gegenüber wurde nun die Wand, die jetzt *Dantons Tod* von Büchner kennt und alle zentralen Epochen der deutschen Literatur.

Als der Abi-Ball rief, hatte ich kein Interesse, den „Interessens-Toten" zu begegnen, umgekehrt galt vermutlich das Gleiche. Ich setzte mich also auf mein Fahrrad und flüchtete vor dem Ball-Ort. Auch wenn ich die Sozialen Medien als Zeitdiebe ablehne, checke ich immer wieder meine Mails – beim Fahrradfahren am iPhone. Ich wurde in einer Mail gebeten, doch zum Abi-Ball zu kommen. Ich zögerte, empfand es als Schwäche nachzugeben.

Eine Schülerin wusste mich schließlich zu überzeugen. Ich raste also zurück, duschte, zog mich an und ging auf den Abi-Ball. Die Schulleitung schaute ziemlich verdutzt. Ich setzte mich an den Lehrertisch und unterhielt mich mit den Kollegen, als wäre ich schon seit Beginn anwesend gewesen. Bei der Geschenk-Übergabe an die Lehrkräfte bekam ich einen Riesenkuchen. Der Hintergrund: Bei zweimal nicht gemachter Hausaufgabe musste die Person einen Kuchen für die ganze Klasse mitbringen. Da fast keiner die Hausaufgaben machte, war unsere einzige gemeinsame Beschäftigung im Unterricht, die Kuchenliste auf dem Laufenden zu halten. Sie reichte oft Monate nach vorne. Gemeinsam aßen wir ganz freundschaftlich in jeder Schulstunde irgendeinen Kuchen, bevor unsere Wege sich dann im Unterricht wieder trennten.

Und es gab noch eine faustdicke Überraschung. Wie ich so am Tisch meinen Riesenkuchen gegen Kollegen-Begehrlichkeiten bewachte, kamen fünf Abiturientinnen der Klasse, angeführt von der Mail-Schülerin. „Wir wollen Ihnen nur sagen: Wir schätzen Sie! Und Sie sollen auch nicht denken, Ihr Unterricht war umsonst, sinnlos!" Ich war baff, einfach baff, auch welche Schülerinnen sich in der kleinen Gruppe befanden. Ich bedankte mich und schüttelte jeder die Hand. Es war ein so versöhnender Abschluss des Abi-Balls. Auch der Artikel über mich in der Abi-Zeitung war warmherziger und wertschätzender geschrieben als viele frühere Artikel.[70] Am nächsten Tag aßen wir in den „Religions"-Klassen den Riesenkuchen – zur Freude aller.

Woran scheiterte Michael Kohlhaas und was lernte ich von ihm? Jetzt höre ich mich selbst im damaligen Unterricht sprechen: „Michael Kohlhaas hatte eine pyramidale Motivation, d.h., wie bei einer Pyramide gibt es nur einen Punkt, nur eine Motivation – außer dieser Motivation gibt es nichts. Das erklärt seine Gerechtigkeits-Besessenheit. Wir aber sollten eine parallel angeordnete Motivation haben. Wenn die eine wegbricht, so haben wir noch andere Motivationspunkte, die uns zur Aufgabe werden können, die uns Glück, Zufriedenheit, gar Begeisterung schenken." Meine damalige Interpretation war der Schlüssel meiner jetzigen Lebensbewältigung. Nachdem zum zweiten Mal meine Lehrerexistenz bewusst zerstört wurde, löste ich mich von ihr; ein Akt des Selbstschutzes meiner Seele, ich spaltete meinen Lehrberuf komplett von mir und meinem Leben ab: Gab als Lehrer korrekt mein Wissen weiter, aber war nur außerhalb der Schule „lebendig". Ich akzeptierte diese Gespaltenheit, ich lernte in zwei komplett getrennten Welten zu leben. In der einen verdiente ich mein Geld, in der anderen war ich glücklich.

Ich bin jetzt genau ein Schulhalbjahr pensioniert und blicke in unserer geliebten Zweitwohnung in Arosa (Graubünden/Schweiz) von der schneebedeckten Terrasse in die herrliche Berglandschaft. Nachdem ich drei Rückblicke hier in Bergeshöhen geschrieben habe und entschlossen bin, sie ins Internet, mein (!) Ort der Gedanken- und Schreibfreiheit, zu stellen, spüre ich, wie sich auch

---

70 http://www.KlausSchenck.de/ks/downloads/g75-6-grammatikarbeit.pdf: Der Text der Abi-Zeitung findet sich als zweiter Teil unter diesem Link.

meine Sicht zur Schule leicht verändert. Ich fühle mich von einer Last befreit, die in der Stille, in Träumen immer wieder ihren Weg in Fühlen und Denken erzwang. Ich kann endlich mit vielem abschließen, ohne Dinge nochmals „aufzuwärmen". Noch spüre ich, wie schlagartig vieles hochkommt, allein schon beim Gedanken an das Vergangene. Ich will all dies in meiner persönlichen „Unrechts-Gruft"/Internet vergraben, in Frieden ruhen lassen. Nicht alles mag erledigt sein, den Rest überlasse ich der Zeit.[71]

Abende für schwächere Schüler (2018)

Das Verbot der „Abende für schwächere Schüler" durch den Schulleiter traf mich deshalb so stark, da es sich hier um eine besondere Form der Unterstützung Schwächerer handelte, die sich ungemein bewährt hatte.

Zunächst die Grundidee: Es ist für schwächere Schülerinnen und Schüler oft peinlich, sich in ihrer Unterstützungsbedürftigkeit vor der Klasse zu outen. Meist sind bei vielen die Probleme identisch, sodass die Erklärung für den einen Schüler den Durchblick beim anderen bedingt. Diese Zeit kann man nicht im regulären Unterricht aufbringen, deshalb bot ich nach der Herausgabe einer zentralen Klassenarbeit den Schwächeren an, sich an einem Abend unter sich in der Schule zu treffen. Zu diesem Treffen „durften" aber nur die kommen, deren Noten sich im unteren einstelligen Bereich befanden, meist wollten sich aber auch ein paar Durchschnittsschüler diesen kostenlosen Nachhilfeunterricht nicht entgehen lassen, so kamen letztendlich die Schüler bis ungefähr acht, neun Punkten.

Jeder Schüler bekam eine viertel Stunde, sein Problem am Visualizer zu präsentieren, und alle halfen dann, eine Lösung zu finden. Die Reihenfolge war klar: Start mit der schlechtesten Note bis hinauf zur besten im Raum. Meist war es so, dass die schlechten Schüler mehr Zeit in Anspruch nahmen, die anderen dann aber auf eine Darstellung ihrer Probleme verzichteten, da sich diese mit der Erklärung davor bereits erledigten. Da man unter sich war, war das kein Problem. Alle saßen an Tischen im Halbkreis um das Activboard. Aufgrund der geringen Zahl von Schülern – die Zahl lag so zwischen acht bis zehn – war dies möglich. Ich selbst stand am Activboard, der entsprechende Schüler saß am Lehrerpult, auf dem der Visualizer stand. Hier konnte er sich auch leicht Notizen machen.

Der Ablauf war relativ einfach: Jeder hatte seine Klassenarbeit dabei und legte die Seite unter den Visualizer, die komplett rot war oder bei der er die Korrektur nicht verstand. Am Activboard erschien dann die entsprechende Seite für alle groß sichtbar. Wir gingen gemeinsam die Sätze und Korrekturzeichen durch und suchten nach Lösungen. Am Ende ließen wir Pizzen in die Schule liefern und „feierten" so den Durchblick. Wir starteten um 19.30 Uhr, das Ende lag zwischen 22 und 23 Uhr.

Für mich war dies fast schon Ideal-Unterricht. Alle, die kamen, taten dies freiwillig. Es war bei ihnen eine Lernbegierde vorhanden, die ich so im Unterricht extrem selten erlebte. Dieses engagierte Mitmachen, dieses gemeinsame Suchen nach Lösungen, dieses Aufsaugen des Gelernten beeindruckte mich. Draußen war es Nacht, der Raum war durchdrungen, gefüllt von Lernbereitschaft, die natürlich – je später der Abend – nachließ. Der Schüler am Lehrerpult konnte sich so „blöd" anstellen, so begriffsstutzig sein, wie er wollte, keiner verdrehte die Augen, war genervt, keiner langweilte sich und jeder fragte so lange, bis er es begriff. Das konnte dann bei den Unterkurs-Leuten schon eine halbe Stunde sein, die Schüler mit acht oder neun Punkten

---

71 http://www.KlausSchenck.de/ks/downloads/g75-4neu1-exekutionskultur-ueberarbeitet-fotos.pdf

verzichteten meist auf Fragen, sodass die Zeit wieder eingeholt wurde, ohne dass sich jemand übergangen fühlte.

Mich beeindruckte an diesen Abenden, wie anders ich schwächere Schüler erlebte – im Kreis der Schwächeren. Leute, die sich normalerweise nie meldeten und ein Aufgerufen-Werden wenig schätzten, waren hier mit Feuereifer dabei, sprudelten fast schon vor Engagement. Und die gemeinsame Pizzarunde entspannte und schuf ein persönlicheres Verhältnis zwischen Klasse und Lehrer. Bei dem einem oder anderen war dieses Erfolgserlebnis im kleinen Kreis Ermutigung, auch im gesamten Klassenverband zum ersten Mal sichtbar mitzuarbeiten und sich sogar freiwillig zu melden.

Mir bedeuteten diese Abende viel, waren sie auch für mich ein motivierendes Erlebnis und das Verbot, sich auch 'mal außerhalb der Unterrichtszeit für die Schüler und mit den Schülern zu engagieren, bedauerte ich – für Schüler und Lehrer![72]

Ich sprech' hinein in den Interessens-Tod

In meinem letzten Schuljahr vor der Pensionierung stellte ich in meiner Abitur-Klasse die nachfolgende provokative Grammatikarbeit[73] zur Vorbereitung der Textanalyse. In der Klassenarbeit beschrieb ich die Unterrichtssituation aus meiner Sicht – voll Spannung, ob es eine Reaktion oder ein neues Miteinander gebe: Es passierte nichts.

Grammatikarbeit: Lehrergedanken vor der Klasse

Ich stehe vorne – komplett einsam – und spreche hinein in den Interessens-Tod, hinein in ein Etwas, was mir die Gedanken aus dem Kopf zwingen lässt, in einen Raum ohne Resonanz, ohne Echo, ohne Rückmeldung. Stete Frage: „Habt ihr Fragen?" Meist Schweigen. Ich schaue in Gesichter, die seelenlos vor sich hin starren, zu keinem Blickkontakt fähig, allein das Herstellen eines Blickkontaktes ist des Aufwandes zu viel. Es scheint alles so sinnlos. Zwei Welten begegnen sich, die ohne Berührung aneinander vorbeiwabern, konturlos, nicht greifbar, ohne Ecken und Kanten, die berühren könnten. Ich stehe und schaue in die Leere, stelle Fragen und beantworte sie mit einem achselzuckenden „Okay" selbst. Keinerlei Ärger in mir, keinerlei Protest gegen Schüler, die wohl schon beim Betreten der Schule sich von ihr verabschiedeten.

Das Leben findet in anderen Räumen statt, in der Schule verwandeln sich Schüler zu alten, freudlos schlurfenden Wesen, die in einem Seniorenstift ob ihrer Schrittgeschwindigkeit kaum auffielen. Ich frage mich, was diese vor mir Leben nennen? Wann leben sie? Was begeistert sie, wofür glühen sie, worin gehen sie voll auf? Schule, Wissen, Leistung sind es sicherlich nicht. Was dann? Haben diese jugendlichen Greise etwas, was sie ihr Leben nennen, worauf sie dann stolz sind? Alles perlt an meiner dicken Ölschicht aus Jahrzehnten Lehrerrealität ab, ich bereite wie immer jede Stunde zu Hause vor und frage nicht, ob mein Engagement sinnvoll sei, ich tue es – auch in den „leeren" Raum hinein.

Aber was geht in den jungen Lehrkräften vor, deren Unterrichts-Erfahrung sich kaum von meiner unterscheidet? Werden sie die Resonanzlosigkeit über Jahrzehnte ertragen, sie gleichgültig wegstecken wie ich? Ich gehe auf der Brücke dieser Schulrealität dankbar, gelassen und freudig meiner Pensionierung entgegen. Und diese entstresste Einstellung deckt sich vollkommen mit der entstressten Einstellung meiner Schüler – und so verstehen wir uns stressfrei prächtig! Und das ist gut so!

---

72   http://www.KlausSchenck.de/ks/downloads/g75-5-abendschwaechere-xx-fotos.pdf
73   http://www.KlausSchenck.de/ks/downloads/g71-kawortzeit-wg13-17-loesung.pdf

Abschiedsrede vor dem Kollegium (2018)

Liebe Kolleginnen und Kollegen,

Abschiedsworte atmen immer etwas Inhaltsschweres. Das verpflichtet, folglich habe ich es ausformuliert, um präzise und im vorgegebenen Zeittakt zu bleiben. Ich werde manches von mir erklären – als Lehrer, aber auch in Blick auf meine Pädagogik.

Für mich war Schule bis vor einigen Jahren etwas, für das ich glühte, das mir Sinn und Erfüllung schenkte, das mich spüren ließ, du hast deine Lebensaufgabe nicht nur gefunden, du hast deine Lebensaufgabe erfüllt, du hast deinen Lebensauftrag erkannt, angenommen und sich diesem hingegeben. Aus meinem protestantischen Verständnis heraus war Schule, Unterrichten „für junge Menschen präsent sein": Gottesdienst. Beruf von Berufung, der Ansatz von Martin Luther. Beliebt zu sein verblasste hinter der als absolut angesehenen Aufgabe, jedes Einknicken vor Schülerfaulheit war für mich gleichzusetzen mit Verrat an meiner vom Leben gegebenen Aufgabe, die zu erfüllen mir Sinn, Glück und Erfüllung bedeutete – mochte die Schulrealität noch so trist sein.

Das erklärt meinen Zeiteinsatz von 60–70 Stunden pro Woche für Schule, Schülerzeitung, Veröffentlichungen, Bücher, neue Ideen, Sendungen, Mails. Und all die, die mich jetzt bedauern, über Jahrzehnte nur Schule gekannt zu haben, beruhige ich, es ist beglückend, einer Aufgabe im Leben hundertprozentig gedient zu haben, zu keinerlei Halbheiten durch anderes gezwungen worden zu sein – in Stress zwischen den Aufgaben „switchend", zerrissen zwischen tausend Pflichten und langen To-do-Listen – mein Leben hatte nur eine Richtung.

Mein Verhältnis zur derzeitigen Schulausrichtung ist ein sehr kritisches, das weiß hier jeder. Meine psychische Zerrissenheit spiegelt eine Woche im Januar vor wenigen Jahren wider: in der gleichen Woche, in der ich als Deutschlehrer die 11. Klasse wegen meiner Leistungsanforderungen verlassen musste, erschien mein Deutsch-Abi-Trainer beim Bange-Verlag und die Cafeteria dieser Schule war gefüllt von angehenden Abiturienten aus der ganzen Region, die meine Ausführungen zur Pflichtlektüre hören wollten. Nach dieser inneren Zerrissenheit war die Schule nicht mehr Ort meiner Beglückung in Leistung, Anspruch und Aufgabenerfüllung. Die Schule als Ort der Lebendigkeit, der ständig neuen Ideen, des Aufgehens in ihr war mir nicht mehr gegeben, mir war alles genommen, was mich einst für Schule, Schüler und Aufgabe glühen ließ. Ich verschloss mich, mein ständiges Lachen verstummte, ich funktionierte wie ein Unterrichtsroboter.

Es merkte niemand, aber es interessierte auch niemanden – bis auf wenige Ausnahmen. Ich wurde zum Lehrer-Zombie, machte Dienst nach Vorschrift und mit der Nähe der Pensionierung, zu der ich mich dann entschloss, wurde die Vorschrift immer lockerer interpretiert. Es wurden die stressfreiesten Jahre meines Lebens, besonders das letzte Jahr war wohl das schönste! Meine Gleichgültigkeit deckte sich mit der Gleichgültigkeit meiner Schüler, keine Konflikte mehr, bei Unterrichtsverweigerung einfach null Notenpunkte, klare Sache, die selbst dem faulsten Schüler einleuchtete. In einem Schuljahr deutlich mehr Unterkurse als in zwanzig Jahren zusammen.

Es hatte etwas Befreiendes, nicht unbedingt Beglückendes, aber bei all dem lockeren Leben fehlte etwas: die Resonanz! Keine Saite in mir kam mehr zum Klingen, kein Leiden, keine Freude, stetes Funktionieren auf gleich niederem Level. Und erneut, ich bin nicht zu bedauern, ich bin zu beglückwünschen! Meine Resonanzfähigkeit gegenüber den kleinen Dingen des Lebens außerhalb der Schule wurde so stark wie noch nie in meinem Leben, es war eine ganz neue Form des Glücks, was ohne mein Zutun als reines Geschehen auf mich erfrischend regnete. Und als Lehrer-Zombie ist die Brücke in den Ruhestand breit und abschüssig! Aus meiner panischen Angst vor der Pensionierung, weswegen ich bis 70 unterrichten wollte, wurde eine stets wachsende Vorfreude auf die Befreiung aus meiner schulischen Resonanzlosigkeit.

Noch kurz ein paar **Worte zur Pädagogik**. Ich lehne die Fokussierung auf die Kunden- und Wohlfühlschule aus Überzeugung ab. Bei der Kundenschule ist der Kunde König, was ich in einer Personalversammlung als Tyrannei der Eltern und Schüler charakterisierte. Und wo es Könige gibt, gibt es auch Bettler! Der Kunde gleich König dient der Umsatzförderung, Schüler sind aber keine Kunden, sondern Menschen, für die wir eine Aufgabe zu erfüllen haben. Sie als Kunden zu definieren, die unsere Klassen füllen, heißt, sie zu instrumentalisieren, letztendlich zu Klassen-füllern zu entwürdigen. Gleiches gilt für die Wohlfühlschule. Eine Schule, die das Wohlgefühl als Werbe-Monstranz vor sich her trägt, verrät ihre Aufgabe!

Unsere Aufgabe: Schüler aus dem Wohlgefühl von Gleichgültigkeit, Desinteresse und Passivi-tät herauszuführen, notfalls herauszuzwingen, zur Lebendigkeit von Herausforderung, Anspruch und Sinn ohne Rücksicht auf deren Beharrungsvermögen in Faulheit und Trägheit. Die Aufgabe ist zigmal höher als das billige Absahnen von Schülersympathien. Die Aufgabe definiert sich von der Zukunft junger Menschen her, und das bestimmt die Gegenwart des Unterrichtens. Schulen, die nicht angemessen fordern, Schulen, die den Tanz um das goldene Wohlgefühl ihrer jungen Kunden vollführen, werden zu Verrätern an ihnen. Die billige Schülersympathie von heute wird zum Fluch von morgen. Niemals war Wohlfühlschule mein Ziel, sondern Sinn-Schule, wo Schüler im Gefordert-Werden den Sinn dahinter sehen und im Lehrer spüren, bereit gemacht werden, die Komfortzone der Wohlfühlschule hinter sich zu lassen, um in klar dosierter Leistungsanfor-derung im Grenzbereich des Möglichen, unterstützt durch Lehrer-Engagement, zu neuen Ufern aufzubrechen, um in Gegenwind, Schwierigkeit und Härte ganz überraschend Glück, Stolz und Selbstbewusstsein zu finden. Dies zu leben war mir nicht mehr möglich, also gehe ich!

Damit bin ich **bei meiner Zukunft**, der Zeit nach meiner Pensionierung. Alle ehemaligen Ka-näle der Schülerzeitung habe ich als Kleinunternehmer systematisch ausgebaut. Schule ist mein Leben und soll es weiter bleiben, aber nicht mehr vor Ort, sondern im Netz: dem Ort, an dem mir große Wertschätzung und viel Dank zuteil werden. Alle Kanäle haben die eine Million Klicks überschritten. Ich will in den nächsten Jahren erst richtig mit Unterrichtsvorbereitungen loslegen, regelmäßig neue Sendungen drehen, besonders zur Pflichtlektüre und klassischen deutschen Literatur – mir zur Freude und zigtausend Interessierten zum Gewinn. Meine Jugendseite bei der Stadt läuft weiter, ich plane bereits 2019 und 2020. Ich bin seit einem Jahr Pressewart des hiesigen Tennis-Clubs, über Ehrenamtsanfragen kann ich mich nicht beklagen. Vielleicht gibt es neue Bücher. Endlich wieder Schreiben, Schreiben, Schreiben, aber auch Lesen – oft in unserer Schweizer Zweitwohnung mit dem Blick von unserer Höhenterrasse nach oben – hinauf zu den Berggipfeln.

Schon vor den Pfingstferien habe ich fast alle meine Deutschordner einer ehemaligen Schüle-rin, jetzt Deutsch-Lehrerin, geschenkt, meinen hiesigen Kollegen-Freunden von der Religion all meine Reli-Ordner, sie stehen in Raum 111, der „Psychologie" alle Ordner mit den archivierten Artikeln und der Ethik-Abteilung mein selbst geklebtes Kennenlernspiel. Ich will in dieser Form meinem Kollegium dienen, um, von vielen Ordner-Metern befreit, entschlossen dem mir gemäßen Leben entgegen zu gehen.

> *„Es muß das Herz bei jedem Lebensrufe*
> *Bereit zum Abschied sein und Neubeginne,*
> *Um sich in Tapferkeit und ohne Trauern*
> *In andre, neue Bindungen zu geben."*
> (Hermann Hesse: *Stufen*)[74]

---

74   https://www.lyrikline.org/de/gedichte/stufen-5494

Genau das tue ich jetzt!

Interessierten an meinen Gedanken stelle ich sie selbstverständlich zur Verfügung, eine Mail genügt.

Dem Kollegium wünsche ich alles Gute und Gottes Segen!

Zvonko Pandzic: Abschiedsworte an den Kollegen Schenck (2018)

In einer gedanklich hoch differenzierten Rede wurde ich von der Religions-Fachschaft verabschiedet. Die Rede hielt mein katholischer Kollege Zvonko Pandzic, den ich stets ob seiner breiten Bildung und seiner Sprachkenntnisse bewunderte und auch ein bisschen beneidete. In meinen evangelischen Religions-Unterricht brachte ich stets seine Bücher mit, um ihn angemessen vor den Schülern zu würdigen. „Dieser Mann ist der Schlaueste von uns allen!", pflegte ich immer zu sagen. Wir unterhielten uns des Öfteren, saßen wir doch am gleichen Tisch im Lehrerzimmer. Er war für mich der genial gebildete Welt-Theologe, der besonders die philosophische Breite der katholischen Kirche verkörperte. Hier ein kurzer Auszug aus seiner Rede:

„... Die reformierten Protestanten in der Schweiz, Calvin und Zwingli, haben jedoch das Motto von Benedikt gewissermaßen vereinfacht und gleichzeitig radikalisiert: statt ora et labora galt nun orare est laborare, beten heißt arbeiten, Beruf ist Berufung und Gebet zugleich, der stärkste Ausdruck der verwirklichten Nächstenliebe, alles, was im Beruf erwirtschaftet wird, soll deshalb wieder der Allgemeinheit zu Gute kommen und nicht verjubelt werden. Max Weber, der Begründer der deutschen Soziologie, sah in diesem Ansatz die Entstehung der Kapitalakkumulation, des Bankwesens und des ökonomischen Fortschritts überhaupt.

Die berühmten deutschen Tugenden sind, obwohl nicht ausschließlich, doch auch durch diesen Ansatz und diese Lebensauffassung entwickelt worden. Die Schule sollte neben dem Elternhaus der Ort und der Hort des Erlernens und Praktizierens der Tugenden sein, obwohl das altmodische Wort Tugend heute in den Medien kaum vorkommt. Allerdings hat sich die Wendung „fördern und fordern" etabliert, eine Art Ersatzformel für die erfolgreiche Entfaltung persönlicher Tugenden, allgemeiner und beruflicher Bildung.

Meine Kollegen haben schon immer nach dem Motto „fördern und fordern" unterrichtet, auch dann, wenn es in einigen Fällen sehr frustrierend war feststellen zu müssen, dass dies bei manchen jungen Menschen nicht mit Erfolg gekrönt werden konnte. Bei Klaus war der rastlose persönliche Einsatz als Lehrer, das konnte und durfte ich aus der unmittelbaren Nähe Jahrzehnte lang nicht nur verfolgen, sondern auch hautnah erleben, nicht nur berufliche Pflicht, sondern ein wesentlicher Teil des erfüllten Lebens geworden, ganz im Sinne des obigen Mottos orare est laborare bzw. fördern und fordern. Viele seiner ehemaligen Schüler, die er anfangs scheinbar „zu hart angepackt" hat, sind ihm gerade deshalb bis heute dankbar geblieben. In etlichen Gesprächen mit den ehemaligen Schülern von unserem Gymnasium, die ich an der Uni Würzburg über die Jahre hinweg getroffen habe, haben mir dies unisono bestätigt ..."

Offener Brief an das Kollegium (2018)

Liebe Kolleginnen und Kollegen,

mit diesen Zeilen möchte ich euch sagen, wie wohl ich mich über viele Jahre bei euch gefühlt habe. Das mag nach meiner Rede überraschen, aber entspricht meinem Inneren. Manchmal hatte ich den Eindruck, euch lieber zu haben als umgekehrt, aber daran hatte ich mich gewöhnt, ich bin kein Sympathieträger, jedoch einer, der mit viel Sympathie und Wertschätzung seinen Kollegen, seinen Mitmenschen begegnen kann und diese Fähigkeit lebte ich viele Jahre bei euch aus, ich bin dankbar für diese Jahre!

Nur eines schmerzt mich, dass zum ersten Mal in meinem Lehrerleben Lehrer und Schüler ohne Abschlussfeier in die Ferien entlassen werden – eine Verarmung der Schulkultur. Mir waren Weihnachtsfeiern und Abschlussfeiern als Zäsuren wichtig, mag die Feier sein, wie sie will, für diese Feiern danke ich meinen Kollegenfreunden Zvonko und Christian von Herzen!
Ich wünsche euch alles Gute und innere Beglückung in unserem Beruf!

Klaus

Nach der Pensionierung: im Engagement glücklich (2018)

Die Pensionierung habe ich ein Jahr durchdacht vorbereitet. Die aktive Alterszeit von zwanzig Jahren ist zu lange, sie ziellos verblödend in den Sand zu setzen, aber auch lang genug, sich Überraschendem zu öffnen und schon jetzt überrascht zu werden: verbindliche Aufgabenstellung und unverbindliches Genießen im Gleichklang, Bindung und Freiheit in geschenkter Harmonie. Zeit für sich, Zeit für andere, intensives Erleben in der Zeit – mit sich und anderen. In den ersten Wochen wurde die Zeit so weit – aus Sehen wurde Wahrnehmen, aus Hören Lauschen, stille Hingabe beim Riechen an den hervorbrechenden Strom der Erinnerungen, sich neu als Einheit von Vergangenheit, Gegenwart und Zukunft zu spüren. Auch die Träume sind lebendiger, fassbarer; kreisen um Kindheit, Jugend, Elternhaus – ganz überraschend und schön, nicht als Sehnsucht zurück, sondern als Einheit, aus der man geworden, zu der man gehört, die etwas Beruhigendes in sich trägt. Diese träumerischen Begegnungen aus der Vergangenheit intensivieren die Gegenwart und öffnen zur Zukunft hin, das Festgelegte bekommt weichere Konturen. Das war das Überraschende der ersten Zeit: ein Glücklichsein mit Wenigem, Alltäglichem, ein Staunen darüber – gleich einem Nahtod-Erlebnis, aus dem tiefe Lebendigkeit erwächst.

Noch etwas anderes fiel mir auf, beunruhigte mich fast schon: Alles, was ich anpackte, klappte. Ich gab jedem Tag klare Aufgaben, aber alles geschah in größerer Konzentration, in intensiverer Gezieltheit, in einer Hundertprozentigkeit ohne ständige Ablenkung durch zahlreiche berufliche Alltagsverpflichtungen, durch hastig zu erledigende To-do-Listen, durch ein Gejagtsein. Das Wortspiel „Unruhestand" gefällt mir nicht, die ständige Unruhe war im schulischen Alltag, die jetzige Ruhe ist produktiver, zielgerichteter und letztendlich dadurch erfolgreicher.

Zu den bewusst fortgeführten Aufgaben gehören bei mir der Pressewart im Tennisclub, die Verantwortung für die Jugendseite im städtischen Amtsblatt, verbindlich die wöchentliche Männergymnastik, Abo-Termine von Theater und Konzerten bei gleichzeitiger Freiheit, sie bei Abwesenheit, Reisen mit einem Achselzucken ausfallen zu lassen.

Als Kleinunternehmer baute und baue ich meine drei unterschiedlichen Internet-Kanäle aus. Ständig neue Ideen, begeisternde Aufgaben, anzupackende Projekte, aber auch eine langfristige Perspektive: in „Couch-Tipps/Deutsch" die schulische Pflichtlektüre auch anderer Bundesländer zu interpretieren, in „Couch-Tipps/Psychologie" Schülern in ihrer Lebensbewältigung zu helfen. Kurz: Endlich wieder das zu sein, was mich beglückt und motiviert – Lehrer der Interessierten, die in Freiwilligkeit sich die Sendungen (meist wertschätzend) ansehen oder die Materialien herunterladen.

„actio" und „contemplatio": aktives Tun und passives Geschehenlassen; im Trubel sein, allein sein; in eloquenter Interpretations- und Gedankenflut vor den Schülern, in zurückgezogener Gedankenarbeit in der Stille; im Schulalltag volles PowerProgramm, in den Ferien absoluter Rückzug; in beiden mir vertrauten Lebensbereichen stets hundert Prozent, keine Halbheiten, sie sind mir verhasst. Diese absolut getrennten Lebensbereiche, bei denen der eine notwendig für den anderen ist, diese klaren, scharfen Konturen weichen sich seit meiner Pensionierung auf. Das anpackende Tun atmet zugleich die ruhige Gelassenheit, ich muss nicht mehr müssen, beweisen, zeigen. Ich darf es, ich darf powern, ich darf in Entschlossenheit mein Ding durchziehen, aber ohne das Zwanghafte, und das gibt Powern, Entschlossenheit, Anpacken „abgerundete Kanten" für mich und andere. Pensionierung heißt für mich zu dem kommen, was mir wichtig ist. In diesem Sinne genieße ich meine Pensionierung.

„Hybrid"-Lektüre: Artikel des **8. Kapitels** und weitere Beiträge finden Sie schnell und unkompliziert unter
→ **www.KlausSchenck.de/ks/lehrerbuch**

Hier finden sich auch die Artikel, die 2019 ins Netz gestellt wurden – ohne jede Veränderung. Diese sehr kritischen Schul-Artikel sind die Keimzelle, aus der dieses vorliegende Buch entstand:

→ „Einleitung"
→ „In der Hölle glücklich"
→ „Motivierende Leistungsschule als Ziel"
→ „Schul-Tyrannei von Eltern und Schülern"
→ „Statt Gesprächskultur – ‚Exekutionskultur'"
→ „Abende für schwächere Schüler"
→ „Ich sprech' hinein in den Interessenstod"
→ „‚Abi-Besäufnis' in der Schule – klare Regeln als Konsequenz"
→ „Abschiedsrede vor dem Kollegium"
→ „Billig-Noten-Anstalten – der Bildungsfluch"
→ „Geliebte Schule"

9. KAPITEL: FLÜCHTLINGS-UNTERRICHT

VABO: Meine neue Herausforderung

Ich habe mich gleich zum Flüchtlings-Unterricht gemeldet. Der Hintergrund ist einleuchtend: Fremdsprachenassistentenzeit in Frankreich, Goethe-Instituts-Erfahrung, jahrelanger Vollzeit-Unterricht „Deutsch für Aussiedler", ich fühlte mich für diese Aufgabe prädestiniert. Auch bin ich ein wenig der von vielen gut gemeinten „Flüchtlings-Propaganda" in der Presse aufgesessen. Ich las nur positive Berichte, von vielen Studierenden und Akademikern war die Rede, ein kleines „Goethe-Institut" an meiner Schule war so mein naiver Traum.

Die Silvesternacht 2015 in Köln zerstörte mein fast unerschütterliches Vertrauen in die deutschen Medien. Es entstand in mir der Eindruck einer gleichgeschalteten Presse, um uns die Willkommens-kultur einzuimpfen, dazu kamen die staatlichen Lügen von den Verantwortlichen in Köln. Der Einsturz des Stadtarchivs in Köln, die unendliche Geschichte des Berliner Flughafens, NSU-Morde, eine ständig unpünktliche Bundesbahn, Bildungs-Absturz von Baden-Württemberg, all dies war einst jenseits meiner Vorstellung und nahm mir die früher unverrückbaren Sicherheiten. Ich fühlte mich an so vielen Stellen getäuscht und enttäuscht, später dann, konkret Ende 2018, die für mich unvorstellbaren „SPIEGEL"-Re-lotius-Lügengeschichten auf Karl-May-Wahrheits-Niveau – Wasser auf meine Ent-Täuschungs-Mühlen.

Und nun in der Welt voller Enttäuschungen wollte ich 2016 den Flüchtlings-Unterricht richtig gut machen, er lag in meinen Händen, wenigstens in „meinem Haus" soll diese Herausforderung gemeis-tert werden, Zielvorgabe und Erwartung: bestmögliches Deutsch in kürzester Zeit, voller Einsatz beim Erlernen der Sprache – Disziplin, Durchhaltevermögen und der absolute Wille, sich hier dank guter Deutschkenntnisse schnellstmöglich auf dem deutschen Markt zu behaupten, zu integrieren, die große Säule gegen den Fachkräftemangel zu werden. Ich sah meine Aufgabe auch im nationalen Interesse.

Wir Lehrkräfte hatten uns richtig gut vorbereitet, in vielen Team-Sitzungen alles bis ins Kleins-te geplant und organisiert. Der Einstufungstag dann Chaos pur, für das wir nichts konnten. Wir glichen einer super trainierten Feuerwehr – und als es brannte, gab es kein Wasser und alles Trainieren war für die Katz'. So ungefähr fühlten wir uns. Die ersten Schulstunden: Ernüchterung.

Link zu der 14-seitigen Planungstabelle, die wir gemeinsam erarbeiteten und die zeigt, mit welcher Ernsthaftigkeit, mit welchem Engagement wir alles angingen: http://www.KlausSchenck. de/ks/downloads/g54-vabo-projekt-juni2016-ueberarbeitet-juni-2.pdf

Das wirklich Positive jedoch unser Dreier-Lehrerteam. Wir waren in unserer Unterschiedlichkeit ideal für die Aufgabe: die Kollegin übernahm die mütterliche Rolle, mein Kollege die mündliche Kommunikation und ich als Klassenlehrer die Grammatik und die Gesamtstruktur des Unterrichts. Wir ergänzten uns glänzend – in großer Harmonie und klarer gemeinsamer Ausrichtung.

Meine beiden Berichte sollen dank der Ehrlichkeit eine Hilfe sein, realistisch und damit er-folgreich alles anzupacken. Beschriebenes Scheitern in bestimmten Bereichen ist die Chance nachfolgender Lehrkräfte, dies zu umschiffen oder gleich im Vorfeld zu lösen. Kritische Flücht-lings-Berichte sind nicht der Ausweis fremdenfeindlichen Denkens, sondern das Bemühen, die Aufgabe im Interesse der Flüchtlinge optimal zu lösen.[75]

---

75   Alle Tabellen und Berichte finden sich unter dem Link http://www.KlausSchenck.de/ks/deutsch/deutsch---fremdsprache/index.html

VABO-Überlebenstraining

In den ersten Wochen und Monaten „VABO"[76] bin ich fast verzweifelt! Ich bin ein sehr geräuschempfindlicher Oberstufenlehrer, der einen disziplinierten, voll durchorganisierten Unterricht gewöhnt ist, der die Schüler auf Leistungslinie bei konzentrierter Stille bringt und hat … und plötzlich funktioniert nichts mehr. Alle schreien durcheinander, jeder will drankommen, dauernd beschwert sich jemand, jeder knallt seine Erwartungen und Forderungen deutlich auf den Tisch, jeder ist sich selbst der Nächste, es wird getrickst und gemogelt, was das Zeug hält. Ich kam mir vor wie der Hase und der Igel. Ich bin der Hase, der 'rumrast wie ein Blöder, um als Klassenlehrer alle Wünsche zu erfüllen – und komme ich an, sind die unerfüllten Forderungen schon da und ich renne weiter.

Ich musste lernen, mit unerfüllten Wünschen zu leben, mich von vielem zu distanzieren, teilweise auch einfach nicht mehr zuzuhören, sondern meinen Unterricht mit einem antrainierten dicken Fell durchzuziehen – und dieses VABO-Survivaltraining zwei Jahre vor meiner Pensionierung! Ungemein hilfreich war mir mein Freund, ein Wirtschaftsschul-Profi. Er kannte diese Welt des jugendlichen Chaos', des Durcheinanders und des permanenten Zerschellens der „genialen" Lehrer-Planungen an den Klippen des Schulalltags. Er amüsierte sich köstlich über meine Verzweiflung, sein Lachen tat mir gut und motivierte mich, dran zu bleiben, mein eigenes Scheitern zu akzeptieren ohne zu resignieren.

Nach zwei bis drei Monaten hatte ich endlich die Kurve gekriegt. Zwei Aspekte erwiesen sich für mich als besonders hilfreich: Erstens baute ich als Klassenlehrer intensiv die hauptamtlichen Betreuer mit ein und zeigte ihnen meine Wertschätzung. Ich fokussierte mich bewusst auf diese Gruppe mit klaren Verantwortungsstrukturen, Professionalität und keinem überzogenen Engagement, was mir teilweise bei Ehrenamtlichen begegnete. Zweitens schrieb ich zu meinen 2–4 Deutschstunden immer eine klare Unterrichts-Planung, an der ich mich trotz Chaos und technischen Widrigkeiten – mal war es der Computer, mal der Lautsprecher, mal der Beamer – orientierte und so die Richtung nicht verlor.

Ohne Deutsch ist alles nichts (2017)

„Wer um ein Warum weiß, erträgt jedes Wie", Zitat von Nietzsche. Dies kann als Richtschnur der beiden Deutschlehrer Klaus Schenck und Uwe Daub in der Flüchtlingsklasse VABO-2 (Vorbereitungsjahr Arbeit und Beruf ohne Deutschkenntnisse) an der Kaufmännischen Schule Tauberbischofsheim angesehen werden. Klassenlehrer Schenck formuliert klar die Forderung nach Eigeninitiative der jugendlichen Flüchtlinge: „Wer nicht bereit ist, Deutsch als Eingangstür zur beruflichen Integration zu begreifen, ist umsonst hier!" Deutsch-Unterricht müsse keinen Spaß, Deutsch-Unterricht müsse Sinn machen und dadurch erfolgreich sein. Ständig wird den Schülern durch Klassenarbeiten und Vokabeltests ihr Stand, aber auch ihre Lücken vor Augen geführt mit dem Ziel verstärkten Engagements. Dazu kommen klare Regelungen, die als berufliche Vorbereitung konzipiert sind: Unpünktlichkeit, fehlende Hausaufgaben oder Handy im Unterricht werden sanktioniert. In diesem fordernden Umfeld werden die Jugendlichen gezielt auf die berufliche Integra-

---

76 VABO: Vorqualifizierungsjahr Arbeit/Beruf mit Schwerpunkt Erwerb von Deutschkenntnissen. Vgl. https://www.schule-bw.de/themen-und-impulse/migration-integration-bildung/vkl_vabo/vabo

tion vorbereitet, gleichzeitig wird ihnen auch deutlich vermittelt, dass es ihr Leben hier in Deutschland ist, für das sie und nicht die Lehrkräfte die Verantwortung tragen, diese pädagogische Abgrenzung ist beiden Deutschlehrern wichtig.

Das Ziel heißt bestmögliche Deutschkenntnisse als alleinige Chance einer beruflichen Integration. Folglich haben schon fast alle Flüchtlinge ein Praktikum absolviert, organisiert vom Landratsamt. Julian Wegmann und Michael Mohr als Vertreter des Landratsamtes und Bernd Schaupp von der IHK Heilbronn wurden eingeladen, die beruflichen Anforderungen und Chancen in der Main-Tauber-Region den Schülern vor Augen zu führen.

Eine sehr originelle Idee der Motivation entwickelten Dr. Sabine Münch (Karosserie Münch) und Deutschlehrerin Nicole Mühleck. Dr. Münch ermöglichte, dass Meister Johann Kremer und Azubi Ali Asghar Rezaei in den Deutsch-Unterricht der Klasse kamen – der Meister Russlanddeutscher, der Azubi Afghane. Beide mussten erst Deutsch lernen, beide mussten beruflich Schritt für Schritt Fuß fassen, beide waren Botschafter einer anpackenden Lebensphilosophie. „Was wollt ihr denn hier in Deutschland?", fragte Kremer die Jugendlichen und machte ihnen klar, „ihr seid nicht eingeladen worden, ihr seid freiwillig hier!" „Leute, ihr müsst die Sprache lernen, sonst könnt ihr doch gar nicht mit Kunden reden!" Und Ali ergänzte: „Als ich an der Berufsschule anfing, habe ich fast nichts verstanden, die ganzen technischen Begriffe … Ich habe gelernt, gelernt, gelernt! Und B1-Niveau reicht kaum, B2-Niveau muss es für Berufsschule und Betrieb sein!" Und ehrlich fügte Ali hinzu: „Am Anfang bin ich fast verzweifelt!", aufbauend vom Meister: „Das wird immer besser mit der Schule, Ali! Wer will, der kann!"

Besonders Johann Kremer gab den Schülern klare Tipps: „Ihr müsst raus, nicht immer nur in der Muttersprache sich unterhalten. Geht in die Vereine, nehmt jede Chance wahr, Deutsch mit Deutschen zu sprechen, macht Praktika, seht regelmäßig deutsches Fernsehen, hört deutsches Radio! Ihr kommt um elf nach Hause, dann tut doch was, hängt euch rein!" Ali berichtete, dass er sich an jedem Morgen Vokabeln auf die Hand schreibt, um sie zu lernen, dazu kommt abends noch eine Stunde Deutsch-Pauken. Und noch etwas hämmerte der Meister den Schülern ein: „Seid pünktlich, immer vor dem Lehrer da sein, immer zwei Minuten davor und nie zu spät kommen!" Udo Mader, an der Schule für VABO verantwortlich, lobte am Ende die Flüchtlinge: „Ihr macht ständig beachtliche Fortschritte!"

Die Klasse erarbeitete danach einen Fragebogen für den Besuch im „BiZ", Agentur für Arbeit Tauberbischofsheim. Andreas Göttfert und Carolin Krank ließen dank ihrer klaren Ansage und den deutlichen Informationen manchen irrealen, an unserer Leistungsgesellschaft komplett vorbeigehenden Wunschtraum platzen und vermittelten in aller Deutlichkeit, was Sache, Forderung und Ziel ist. Wieder klare Information und damit Motivation, Deutsch als Schlüssel für alles zu erfassen, Selbstinitiative zu ergreifen und von den ständigen Ausreden wegzukommen, zusammengefasst: ohne sehr gute Deutschkenntnisse ist alles nichts!

An den Projekttagen zu Schuljahresende organisiert Deutschlehrer Daub eine Fahrt ins Technikmuseum nach Sinsheim. Dieses Projekt war zunächst klassenintern konzipiert worden, bevor auch andere Schüler aus normalen Klassen daran teilnehmen konnten – wieder eine Chance, Deutsch mit Deutschen zu reden, das Gelernte anzuwenden und neue Kontakte zu knüpfen.[77]

---

77   In: *Fränkische Nachrichten*, 30.7.2017.

Gedanken, Gefühle, Tipps aus der VABO-Realität (2017)

Die Reihenfolge ist eher zufällig, es ergab sich aber automatisch doch eine: von zunächst allgemeinen Tipps hin zu grundsätzlichen Sinn-Fragen und Lösungs-Antworten.

→ Setzen Sie die Leute in Zweier-Reihen und lassen Sie die Oberstörer ohne Nebensitzer, es wird allen sehr guttun.

→ Die Fehltage – getrennt nach „entschuldigt" und „unentschuldigt" – sollten unbedingt im Zeugnis aufgeführt werden, um so Schwänzen und mögliches Schwarzarbeiten zu reduzieren oder gar zu verhindern.

→ Bei manchen Aufgaben wollen alle drankommen und schreien wie wild durcheinander. Es ist komplett sinnlos, irgendein System 'reinbringen zu wollen, es hält nur auf und führt zu Diskussionen zu System und Schwachstellen. Als Systematiker habe ich mir gerechte Tabellen usw. ausgedacht, total realitätsfern! Ins Geschrei hinein einen Abzählvers („Enne-menne-mu …") und der, der „raus" ist, kommt dran. Mit lauter Stimme deutlich abzählen. Das wird als höhere Gerechtigkeit akzeptiert. Oder einfach im Zahlenraum der Kursteilnehmer in Gedanken zählen, einer sagt Stopp, die Nummer wird genannt und dann nachgeschaut, wer es ist. Ich fange bei den Zahlen irgendwo an – oder auch rückwärts.

→ Ich arbeite sehr stark mit klarer Gestik. Wer an der Reihe ist, dem wird das durch eine unmissverständliche Handbewegung signalisiert und damit werden die anderen abgeblockt, notfalls mit klarer Gestik der anderen Hand.

→ In meinem gesamten Unterricht, also auch in der VABO, gebe ich bei mehreren Meldern in klarer Sprache mit klarer Handbewegung jedem eine Nummer gemäß Meldung und arbeite so die Nummern ab. Das wird als gerecht angesehen und keiner wird übergangen. In der VABO-Klasse ist das System eigentlich Dauerzustand.

→ In VABO-Klassen ist es sehr schwierig zu vermitteln, dass, wenn einer an der Reihe ist, die anderen zu schweigen haben. Da bin ich früher total ausgeflippt, es bringt nichts! Es hat Monate gedauert, dies halbwegs hinzubekommen, aber nur durch ganz klare, kurze Botschaften, verbunden mit einer genauso klaren Gestik und dem Realismus, dass Rom nicht in einem Tag gebaut und VABO-Disziplin nicht in einer Woche erreicht wird.

→ Wenig Mitleid haben die jungen Flüchtlinge mit Lehrer und Schüler, wenn aus irgendwelchen Gründen Schwächen auftreten. Diese werden gnadenlos ausgenutzt, Lehrerschwäche bedeutet Schülerchaos, Lehrerunklarheit bedeutet Riesenpalaver. Die Mitleidlosigkeit ist keine Charakterschwäche, sondern die Überlebensstrategie auf der Flucht: „survival oft the fittest" – ganz wörtlich genommen. Das musste ich erst lernen.

→ Womit ich ganz große Probleme habe, ist das oft lautstarke, extrem fordernde Fordern, wie ich es von deutschen Schülern in dem Maße noch nicht erlebte. Die oft rührselig berichtete Dankbarkeit macht wohl einen Bogen um meine Klasse. Ich musste mir abschminken, dass sie doch sehen müssen, wie ich mich mühe, wie ich mich „abdackle", wie ich mich engagiere – null, vergessen! Dann schaue ich nur zum Fenster 'raus und denke: „Ich werde bezahlt!", das schafft die nötige Distanz, bringt mich nach unten und lässt mich ruhig weiter unterrichten. Diese kurze „Auszeit" habe ich mir antrainiert, um meine Emotionen in den Griff zu bekommen. Umgekehrt sind selbst die Schwänzer sehr freundlich, wenn sie mich auf der Straße sehen, schütteln mir die Hand und erzählen „was vom Bär", weshalb sie schon seit Tagen/Wochen nicht mehr im Unterricht waren. Diese Freundlichkeit kenne ich von meinen anderen Schülern nicht.

→ Was mir sehr zu denken gab, war ein Zitat aus dem *BLV-Magazin*[78]: „Andere VABO-SuS arti-kulieren ganz offen, dass sie nicht Deutsch lernen wollen, da aus ihrer Sicht keinerlei Not-wendigkeit bestehe, denn sie bekämen ‚als refugees‘ immer alles, was sie bräuchten: … und falls dieses nicht reiche, könne man auch ohne Sprachkenntnisse legal und illegal arbeiten." Unser Staat als ausquetschbare Zitrone, von dem man alles fordert, dem man aber nichts schuldet? Das empört mich, eine ungemeine Wut steigt in mir auf und ich denke nur: „Jun-ge, schwimm zurück!" Und: Abschiebung, und zwar rigoros in Blick auf diese Staatsausbeu-ter und Missbraucher unseres guten Willens. Dieses Zitat aus der Lehrer-Zeitung aber hilft mir, Reaktionen und Engagement-Verweigerungen nicht gegen mich, gegen meinen Einsatz zu verstehen, sondern als eine in diesen Ländern übliche Einstellung zu akzeptieren – nicht zu tolerieren, aber mit einer Portion Distanz damit umzugehen. Das Scheitern dieser Flücht-linge ist meist vorprogrammiert, und zwar bei der Ausbildung, beim Berufsschulunterricht nach unserer VABO-Zeit. Also engagiere ich mich gegen dieses Scheitern für die Willigen, in meiner Klasse bilden sie die Mehrheit, und bändige meine Emotionen gegenüber den Unwilligen und ihrem deutlich gezeigten Desinteresse.

→ Es wird geschummelt, gemogelt und getrickst, was das Zeug hält. Bei Tests auf jeden Fall alle Handys wegnehmen und das ständige Fragen und auch oft kurze Rufen in der Mutter-sprache unterbinden, was deutlich schwieriger ist als ich dachte. Kurz, gleiches Verhalten wie alle Schüler, nur einen Tick härter, entschlossener und selbstverständlicher. Dazu kommen die Diskussionen nach der Rückgabe, da werden einem Buchstaben weisgemacht oder notfalls kurz ‘mal radiert und dann mit richtiger Lösung protestierend nach vorne mar-schiert. Keine Chance für den Lehrer! Regel: Tests müssen mit Kugelschreiber geschrieben werden, notfalls muss man als Lehrer Kulis in Reserve haben, da oft behauptet wird, nur Bleistifte dabeizuhaben. Es ist nahezu unmöglich, die schnelleren Abgeber der Klassenarbeit ruhig zu halten, sie stören die anderen, sprechen oder gehen durch die Klasse. Meine neue Masche: Wer abgibt, bekommt sein Handy, aber er muss mucksmäuschenstill sein und auf seinem Platz bleiben. Jetzt habe ich während der Klassenarbeit Ruhe und wären es Stunden. Meine Lehrerautorität ist nichts gegen die Autorität der Handynutzung, das habe ich irgend-wann kapiert.

→ Für die Schnelleren im Unterricht kopierte ich Übungsblätter mit Lösungen aus einer anderen Grammatik. Der Kurs beschwerte sich, warum ich nur für die Besseren kopierte und nicht für sie? Ein bis zwei Wochen wurden die Übungen abgearbeitet, dann hieß es, sie seien zu leicht. Also kaufte ich eine Grammatik für B1-Niveau, kopierte wieder die Ubungen und die Lösungen konnten bei mir eingesehen werden. Es bestand aber bald kein Interesse mehr. Ich brachte die gelesene Zeitung des Vortags in den Unterricht und jeder, der mit der Übung fertig war, konnte sich Teile von ihr nehmen. Beschwerde: „Warum ist die Zeitung von gestern und nicht von heute?" Man sitzt lieber unbeschäftigt im Raum, ruft aber alle na-selang: „Ich bin schon fertig, ich bin schon fertig!" und erwartet, dass ich nun weitermache nach dem Motto „schneller, schneller, schneller"! Nebenbei, die sogenannten Guten sind ansatzweise im Sprechen gut, aber nicht im Schreiben und schon gar nicht in Alltagssitua-tionen, die außerhalb des „Unterrichts-Biotops" sind. Eine normale Lautsprecherdurchsage während des Unterrichts wurde nicht ansatzweise verstanden. Ihre Selbstüberschätzung ist so groß wie ihre Sprachfähigkeit klein ist. Die Blindheit gegenüber der eigenen Unfähigkeit

---

78 Berufsschullehrerverband, 1-2017, S.29.

ist Teil des Problems. Nur wer seine eigene Unvollkommenheit und Bedürftigkeit akzeptiert, wird zur Kraftanstrengung der Änderung bereit sein und für diese alles geben. Ich unterlasse nun allen Zusatz-Schnickschnack, mache systematisch die Übungen, das „schneller-schneller"-Gerufe prallt jetzt an mir ab, der Klassenarbeitsschnitt liegt zwischen 3,2 und 4,2, und das erdet die ständig „schneller"-Rufer. Mit einem klaren Grammatik-Unterricht kommt wirklich viel 'rüber, wichtig ist der Druck der ständigen Tests/Klassenarbeiten, der wirkt mehr als alle Worte. Zweimal die Vokabeln der Lektion nicht übersetzt ins Vokabelheft geschrieben, ergibt eine Stunde „Arrest" im Unterrichtsraum mit meinen Abiturienten, auch das wirkt – und so läuft es nun richtig gut mit klaren Fortschritten.

→ Betrachte ich mein Tun als sinnvoll? Bei klarer Leistungsanforderung, dank Tests und Noten, durch „klare Kante" und sofortige Klassenbucheinträge und Sanktionen bei Verstößen geht es gut voran, nicht jeder wird aber den Anforderungen der Ausbildung gerecht werden. Viele werden an drei Dingen scheitern: fehlende Deutsch-Kenntnisse, fehlende Eigeninitiative, fehlende Sekundärtugenden. Wir tun alles, dies ihnen klar zu machen – mit wechselndem Erfolg. Ich stehe hinter einem konsequenten Abschieben, in Asylanten-Augen macht sich unser Staat lächerlich und bietet sich zum Ausbeuten an. Wenn wir uns auf die Bedürftigen und die Willigen konzentrieren könnten, wäre es machbar – mit mehr Deutsch-Unterricht, Hausaufgaben-Betreuung, Zusatzunterricht an der Berufsschule während der Ausbildung. Freiwillig oder unfreiwillig werden früher oder später auch Schüler von uns wieder in ihrer Heimat landen. Sie haben in Deutschland andere Umgangsformen, andere Einstellungen und eine andere Sprache kennengelernt, das wird sie verändern und mit dieser Veränderung in Kopf und Herz kehren sie zurück und werden in ihrer Heimat zu Keimzellen einer dortigen Veränderung, eines Brückenkopfes zu uns. Und genau aus dieser Vision schöpfe ich meine Kraft zu engagiertem, zielorientiertem Unterricht, diese Vision macht mich unabhängig von meiner starken Skepsis einer gelingenden Berufsintegration: Ja, mein Deutsch-Unterricht macht Sinn!

→ Rückmeldung von der Arbeitsagentur nach einem „BiZ"-Vormittag: „… Ihre Klasse war ein Highlight meiner BiZ-Besuche bisher! Toll, wie diszipliniert und sprachlich weit die Jungs waren. Ich hoffe, Sie behalten Ihr Engagement bei, auch wenn der ein oder andere Schüler das nicht zu schätzen weiß …"

Meine Botschaft zum Schluss an alle VABO-Lehrkräfte: Finden Sie Ihren Stil – auch gegen die extrem arbeitsintensiven, super-tollen, super-engagierten Vorschläge von Fortbildnerinnen, Medien-Gurus und Methoden-Fuzzis. Auf den Lehrer kommt es an und der sind Sie! Sie haben neben Flüchtlingen noch viele andere Schüler, die Sie brauchen, die ein Recht auf Ihr Engagement haben. Ihr authentischer Unterricht überzeugt, auch wenn dieser sich deutlich von dem der Kollegen und irgendwelchen Teams unterscheidet, fordern Sie Ihr Recht auf eigenständigen Unterricht und machen Sie Ihr auf Sie zugeschnittenes und dadurch erfolgreiches „Deutsch-Ding" – zum Wohle der Schüler, zur Befriedigung für Sie![79]

---

79   VABO-Überlebenstraining. In: *BLV-Magazin*. 2-2018. S. 46–49.

VABO-Lösungs-Kultur – Der dritte Weg (2019)

Persönliche Erlebnisse sind nicht zu verallgemeinern, strukturelle Probleme sollten aber wenigstens zur Kenntnis genommen werden.

Willkommens-Realismus im VABO-Unterricht

In „VABO-Überlebenstraining" stellte ich die ersten VABO-Monate ausführlich dar. Rückblick: holpriger Start. Extrem positiv aber der nachmittägliche Nachhilfe-Unterricht im Wohnheim durch eine angehende Lehrerin, die jedoch im zweiten Halbjahr in ihr Referendariat ging, folglich endete die Nachhilfe. Wir kamen mit dem Unterricht gut voran. Wir drei Lehrkräfte waren stolz auf unsere Schüler, aber auch auf unseren erfolgreichen Unterricht. Er war straff, zielorientiert und hatte nur einen Schwerpunkt: Deutsch, Deutsch, Deutsch!

Im zweiten Halbjahr änderte sich das schleichend. Die fehlende Deutsch-Nachhilfe machte sich immer stärker bemerkbar, wir konnten unser Tempo nicht mehr einhalten, auch wuchs die Renitenz gegen den straffen Unterricht. Es fehlte die Rückendeckung der Betreuerinnen für unser Unterrichts-Engagement. Schülerklagen über unseren Deutsch-Anspruch und Mitleid der Betreuerinnen, die sich teilweise als „Mutti" anreden ließen, vermischten sich zu einer unterrichtsfeindlichen Einstellung – deckungsgleich mit dem schulfeindlichen Block von Kindern und Eltern gegen uns.

Die A2-Prüfung stand an. Alle wollten daran teilnehmen, wir hatten jedoch das A2-Buch bis auf die erste Lektion noch gar nicht unterrichtet. Auch bestand null Interesse, die deutlich anspruchsvolleren Vokabeln zu lernen. Aufgrund dieser Verweigerungsschiene gingen wir nicht davon aus, dass es überhaupt eine Chance des Bestehens gab. Es fehlte letztendlich der gesamte Stoff von A2.

Die schriftliche Prüfung kam zentral von Stuttgart, wir trauten unseren Augen kaum: alles extrem leicht und die Hälfte des Kurses bestand, ohne das grundlegende Wissen von A2 zu haben. Eine Form des staatlichen Sprachprüfungsbetrugs. Unsere Glaubwürdigkeit als Lehrkräfte war dahin und die Flüchtlinge fühlten sich in ihrer Überzeugung bestärkt, auch ohne lernen, auch ohne das entsprechende Niveau zu haben, Prüfungen zu bestehen.

Dieser „Prüfungsbetrug" ist kein Betriebsunfall, sondern hat eine klare Zielsetzung: die Flüchtlinge schnellstmöglich durch die Sprachkurse zu schleusen, um die Heranwachsenden dann den Berufsschulen „aufzuhalsen". Es ist ein Sprach-Verschiebebahnhof auf Kosten der Flüchtlinge, der ihnen zunächst entgegenzukommen scheint, in Wirklichkeit aber die Integration aufgrund mangelnder Sprachkenntnisse extrem erschwert bis verunmöglicht.

Im Widerspruch dazu erlebte ich drei Jahre später eine positive Überraschung. Bei einer Recherche für die Jugendseite der Stadt begegnete ich einem Flüchtling aus meinem ersten Kurs. Er machte nun erfolgreich eine Lehre zum Kfz-Lackierer. Sein Lehrer lobte sein Engagement für den angestrebten Beruf, das zentrale Handikap des Afghanen sei natürlich sein Deutsch, wobei er jetzt freiwillig zusätzlich Deutsch-Nachhilfe besuche. Ich hatte den Sprachschüler in seiner Lernverweigerung damals komplett anders erlebt und war nun von seiner Einsatzfreude und Entschlossenheit tief beeindruckt.

Zurück zum VABO-Bericht: Im neuen Schuljahr starteten wir mit 16 neuen Flüchtlingen, die eigentlich nur bis 21 Jahre alt sein durften, aber das sah wohl keiner so eng. Nach dem ersten Tag reduzierte sich gleich 'mal die Zahl, da sich der Sprachunterricht als nicht kompatibel mit der Berufstätigkeit mancher erwies. Sprachunterricht gegen Aushilfsjob, die Leute konnten zwar kein

Deutsch, aber für den Job reichte es. Einen Tick härter in einem anderen Sprachkurs: Im Unterricht fehlen über eine längere Zeit alle Afrikaner, die wenigen Anwesenden klären die Lehrkraft auf, dass alle bei einer Leihfirma im Moment arbeiten. Auch ohne Deutsch-Kenntnisse sei das kein Problem, ein Afrikaner könne ein wenig Deutsch, der „verklickere" es den anderen. Der Betreuer wird folglich korrekt von der Lehrkraft wegen fehlender Entschuldigungen angeschrieben. Mail-Antwort des Betreuers ohne Anrede: „Zur Kenntnisnahme: Schule macht krank!" Der engagierte Deutschunterricht ist schuld, was hier die Kluft zwischen Lehrkräften und Betreuer zeigt.

Noch weitere VABO-Schüler verschwanden spurlos. Der eine an dem Tag, an dem er die Schulbescheinigung bekommen hatte, wir sahen ihn nie wieder. Nach einigen Monaten tauchten Verschwundene plötzlich wieder auf, sie hätten die B1-Prüfung und wollten nun an unserem Unterricht teilnehmen, der Hintergrund war klar: das Schulgeld. Da ihre Deutschkenntnisse richtig schlecht waren, übersetzten Leute aus unserem Kurs, die noch keine A2-Prüfung hatten. Eine Klassenarbeit auf A2-Niveau stand an, einer schrieb gleich mit. Ergebnis: glatte Fünf. Wieder eine Form des Betrugs und zwar immer auf Kosten der Flüchtlinge und der Integration, auch wenn die Heranwachsenden über das Prüfungs-Durchwinken und -betrügen begeistert sind.

Wir hatten bald mit einem für uns neuen Phänomen zu kämpfen: dem systematischen Unterrichtsschwänzen. Über Wochen und Monate wussten wir nicht so genau, wie viele Schüler wir noch hatten. Diese systematische Schwänzerei bedeutete im zweiten Halbjahr, dass von einem geordneten Unterricht nicht mehr die Rede sein konnte. Zwei bis drei waren meist da, die Schwänzer kamen ab und zu, um dann festzustellen, dass sie nicht mitkamen, also kamen sie irgendwann auch nicht mehr. Von einem Kommen und Gehen konnte bald keine Rede mehr sein, wir freuten uns, wenn die üblichen drei bis vier anwesend waren.

Auch wenn in dem „Tränendrüsen-Journalismus" stets der Satz steht: „und alle lernen intensiv Deutsch", so ist dies schlicht und ergreifend meist eine Lüge. Genau das tun sie nicht, auf jeden Fall nicht die männlichen „Wesen" in unseren Kursen. Vom Deutschlernen her hätten die Familien ihre Töchter schicken sollen, dann sähe es mit Lernen und Fleiß deutlich anders aus. Bei uns war – über den Daumen gepeilt – das Desinteresse männlich und das Engagement weiblich, aber wir hatten natürlich auch Gegenbeispiele. Wir ließen uns echt etwas einfallen, brachten Tageszeitungen mit, boten den Schnelleren leichte Bücher und spezielle Übungen mit Lösungen an, es half wenig. Mit der katholischen Kirche organisierten wir ein Treffen mit Bewohnern eines Seniorenheimes. Beim ersten Mal war ich noch dabei, beim zweiten sollten unsere Schüler selbst hingehen. Das taten sie auch, schauten verstohlen in den Speiseraum, sahen, es gab dort keine anderen Flüchtlinge, also schlichen sie leise wieder davon. Wieder eine Sprach- und Integrations-Chance vertan!

Ein letzter Aspekt: die Einstellung zu Disziplin, Pünktlichkeit, Genauigkeit, Engagement. Sie ist ein Riesenproblem – bei den meisten nicht gelöst. Wir im Sprachunterricht können achselzuckend darüber hinweggehen: Wer da ist, ist da, wer nicht, nicht! Ganz anders verhält es sich bei den Betrieben. Sie müssen nicht nur die mangelnden Deutschkenntnisse ausbaden, sondern besonders die mangelhafte Einstellung zu Sekundärtugenden, die wir nicht vermitteln konnten – trotz allem Engagement. Bei den Betrieben macht sich Ernüchterung bis Frustration breit, vielleicht extrem ausgedrückt: Flüchtling – nein danke! Der Aufwand stehe in keinem Verhältnis zum Ergebnis, da verzichte man lieber gleich.

Nach den Gesprächen mit Firmen schrieb ich folgende Mail an die „Agentur für Arbeit" mit der Bitte um Auskunft:

→ Um wie viel Prozent haben die Praktikumsplätze der Firmen für Flüchtlinge abgenommen?
→ Um wie viel Prozent stellen Firmen weniger Flüchtlinge ein?

→ Wie viel Prozent der Flüchtlinge machen eine Lehre und wie viel Prozent brechen diese
   wieder ab?
→ Wie viel Prozent sind bis jetzt nach der Lehre eingestellt worden?
→ Wie hoch schätzen Sie die Prozentzahl der Flüchtlinge, die einen Sprach-Abschluss nach
   einem hiesigen Deutschkurs vorweisen, aber in keiner Weise die Sprache auf dem angege-
   benen Niveau beherrschen?
→ Wie hoch schätzen Sie das Schwänzen vom Deutsch-Unterricht ein?

Bis heute bekam ich weder eine Antwort, geschweige denn Zahlen.
Wir überfordern die geflohenen Jugendlichen aus einem falsch verstandenen Mitleid. Wir wollen
es ihnen schön machen, doch das ist nicht unsere Aufgabe! Mitleid ohne Verantwortung ist ver-
antwortungsloses Mitleid. Wir sollten es ihnen nicht schön machen, wir sollten es für sie sinnvoll
machen. Sinnvoll ist ein zielorientierter Deutschunterricht, der wirklich verpflichtend ist, unent-
schuldigtes Fehlen wird mit finanziellen Abzügen und Meldung beim Arbeitsamt sanktioniert.
Drei- bis viermal pro Woche nachmittags verpflichtende drei Stunden konzentrierte Stillarbeitszeit
ohne Handys – unter Aufsicht – zum Vokabellernen, für Hausaufgaben, für Fragen, für selbstän-
diges Lesen der Tageszeitung, einer Illustrierten. Es mag die Gut-Mensch-Seele streicheln, jugendlichen Flüchtlingen viele Freiheiten zur Selbstbestimmung zu lassen, nur überfordern wir sie
damit. Wir überfordern sie mit dem leicht gemachten Schwänzen des Unterrichts, wir überfordern
sie aber auch mit der Hochschätzung des Spracherwerbs, der Bildung an sich – für Schul- und
Bildungsferne gar nicht nachvollziehbar – und wir überfordern sie drittens mit dem Anspruch an
Selbstdisziplin: unter Wohnheimbedingungen, zwischen Kumpels, in ihren Familien zu wiederholen, zu lernen, Hausaufgaben zu machen. Unsere Verantwortung fordert, jugendlichen Flüchtlingen in einem verpflichtenden Ganztagsunterricht die deutsche Sprache zu vermitteln – wofür
die Anker-Zentren möglicherweise besser geeignet wären.

Die verschlungenen Rechtfertigungen eines Sprachlehrers (2019)

Nein, ich hüpfte nicht vor Begeisterung, als 2015 die Flüchtlinge unkontrolliert nach Deutschland strömten. Dieses Unkontrollierte machte mir Angst – Angst vor Terrorangriffen, Angst vor
Kriminalität, Angst vor einer Überforderung unseres Landes. Die „Willkommens-Kultur" erschien
mir euphorisiert naiv und blind für die Realität und die kommenden Probleme, aber ich blieb
optimistisch, hatten wir doch das Wort der Kanzlerin: „Wir schaffen das!" Und ich vertraute ihrer
höheren Einsicht. Auch erhoffte ich für Deutschland junge, leistungsorientierte Menschen, die
alle Probleme hier leicht meistern würden, hatten sie doch schon ganz andere gelöst. Ich meldete
mich sofort zum Sprachunterricht, ich glaubte der Kanzlerin und wollte meinen Teil zum „Wir
schaffen das" beitragen.
   Oktober/November 2015 kamen wir in „Religion" in meiner 13. Klasse auf Flüchtlinge. Und
dann öffneten sich die Schleusen an Wortmeldungen und Erzählungen – nur negative Berichte
über Erlebnisse mit Flüchtlingen. Ein sehr zurückhaltender Junge erzählte, wie seine Freundin
gegen 2 Uhr morgens an der Autobahntankstelle tankte, nach dem Bezahlen saßen plötzlich vier
Schwarze in ihrem Auto, die sie aufforderten, sie in einen kleinen Ort der Umgebung zu fahren.
Die herbeigerufene Polizei machte nichts, sie durften die Schwarzen nicht anfassen. Um vier Uhr
konnte die junge Frau endlich allein weiterfahren. Ich war total schockiert, noch nie hatte ich von
solchen Vorfällen etwas gehört und gelesen. Die Presse war noch auf dem Willkommens-Trip.

Am Ende der Stunde kam ein Schüler: „Danke, Herr Schenck, dass Sie uns zugehört haben! Das tut nicht jeder!"

Dann kam Köln mit der Silvesternacht[80]. Und wieder glaubte, hoffte ich, es wären Kleinkriminelle gewesen, auf jeden Fall keine Flüchtlinge. Dann die bewussten Lügen des Polizei-Präsidenten, der Eindruck, die Presse sei „gleichgeschaltet": pro Flüchtling und verlogen. Für mich brach eine Welt zusammen, der naive Glaube, unsere Presse sei neutral, berichte Fakten, sei vertrauenswürdig. Alle kommenden Presse-Artikel zu Flüchtlingen, besonders im Lokalteil, liefen bei mir danach unter „Tränendrüsen-Journalismus", der mich in seiner plumpen Form nur noch anwiderte und schnell überblättert wurde. Es war alles so durchschaubar, wir sollten zur Willkommens-Euphorie erzogen werden – im Netz wurde aus Willkommens-Blindheit Willkommens-Hass; der Hass, der entsteht, wenn die Realität nicht klar benannt werden darf, „political correctness" als Brand- und Hassbeschleuniger.

Die Sprachlehrkräfte meiner Schule und ich gingen auf Fortbildungen, wir bereiteten uns vor, kauften ein, taten alles, um einen sehr guten Sprachunterricht zu bieten. Trotz aller Zweifel hoffte ich noch immer inständig, wenigstens bei uns würde alles sehr erfolgreich laufen. An meiner Schule musste ich mich ständig rechtfertigen, weshalb ich mich für den Flüchtlingsunterricht gemeldet hätte. In meinem privaten Umfeld, eigentlich überall, schlug mir Willkommens-Skepsis bis -Hass entgegen, auch wenn oft hinter vorgehaltener Hand. Die Kluft zwischen veröffentlichter und öffentlicher Meinung hätte nicht größer sein können – und ich dazwischen. Noch immer hoffte ich. Der Einschulungstag zu Schuljahresbeginn lief mit den Flüchtlingen mehr als chaotisch, die Verantwortlichen fehlten.

Zwischen Willkommens-Blindheit und Willkommens-Hass wurde ich fast zerrieben. Jeder sah in mir seinen Gegner. Ich propagierte in der Gesamtlehrerkonferenz und überall meinen Weg, den dritten Weg, den Weg der Lösungs-Kultur. Mit meinem vollen Engagement für den Flüchtlingsunterricht wollte ich nicht nur den Flüchtlingen dienen, sondern genauso meinem Land. Ich wollte zur Lösung des Problems beitragen. An Migration als Chance glaubte ich schon nicht mehr, aber mit der Lösungs-Kultur im Herzen gab ich alles.

Inzwischen sind wir ein gespaltenes Land: hier die Willkommens-Blinden, die bei jedem Flüchtling mit Betreuungs- und Eltern-Reflex und tausend Entschuldigungen reagieren, dort die Willkommens-Hasser, die einem „Merkel muss weg!" in einer Emotionalität entgegen schleudern, die mich fassungslos macht. Ein Schwarz-Weiß-Denken: die Gut-Menschen mutieren beim Thema „Flüchtlingen" zu Bös-Menschen, die die Andersdenkenden mit „Fremdenfeind", „Rassist" „AfD-ler", gar „Nazi" überkübeln. Die Willkommens-Hasser zahlen mit Beleidigungen, Verletzungen, Hass zurück. Die einen bewegen sich in der Presse, die anderen im Netz – und ich stehe mit meiner Lösungs-Kultur einsam da. Ich will einen guten Unterricht für Flüchtlinge machen, ich will meinem Land dienen, ich bin nicht emotional aufgeheizt für die eine oder andere Seite, ich sitze nur zwischen zwei Stühlen. Nein, ich liege zwischen zwei Stühlen, und alle sehen feindlich auf mich herab.

Ist es nicht für die Willkommens-Euphoriker möglich, auf die Willkommens-Realisten zuzugehen und wahrzunehmen, dass auch diese viel für Flüchtlinge leisten aus einer distanzierteren Position? Mit ihnen nicht über Willkommens-Kultur zu streiten, auch nicht über Abschiebung und nicht mit tausend Entschuldigungen für die Flüchtlinge zu kommen, sondern einfach auch die realistische, distanzierte Lehrersicht als Möglichkeit der Lösungsstrategie sehen!

---

80 In der Silvesternacht 2015/2016 kam es zu zahlreichen sexuellen Übergriffen in der Kölner Innenstadt durch Migranten. Vgl. auch https://www.spiegel.de/panorama/justiz/koelner-silvesternacht-ernuechternde-bilanz-der-justiz-a-1257182.html

Den Willkommens-Realisten sollte die Zukunft gehören, jenseits aller blinden ideologischen Gräben! Diese Realisten haben eine Aufgabe, die sie nach Kräften erfüllen wollen; diese Realisten haben einen klaren Blick für Probleme, die sie lösen wollen; diese Realisten haben die nötige Distanz, um in Entschlossenheit, notfalls Härte, die Probleme der Flüchtlinge in Chancen für sie zu verwandeln: durch einen streng verpflichtenden Ganztagesunterricht mit Unterrichtsphasen und Phasen der Stille, der den Deutsch-Unterricht zum Erfolgsfaktor macht. Mit angemessenen Sprachprüfungen, mit klaren Sanktionen. Gleichzeitig sich aber auch klar zur anderen Medaillenseite der Integration bekennen: zur konsequenten Abschiebung derer, die bewusst diese Chance nicht ergreifen wollen, wobei Amtsärzte die Abschiebetauglichkeit feststellen sollten.[81]

„Hybrid"-Lektüre: Artikel des **9. Kapitels** und weitere Beiträge finden Sie schnell und unkompliziert unter

→ **www.KlausSchenck.de/ks/lehrerbuch**

---

81   In: *BLV-Magazin*. Berufsschullehrerverband. 4-2019.

Liebesbrief an die Schule (2018)

Geliebte Schule,
leicht hast du es mir nicht gemacht, aber sinnvoll – und dafür danke ich dir! Du gabst mir Raum, meine Berufung zu meinem Beruf zu machen – Berufung in eine Aufgabe, die in mir zu einer Einheit von Beruf, Verantwortung und Tun verschmolz, letztendlich zu mir wurde. Eins zu sein mit sich selbst – in sich und in seiner Aufgabe – ist ein großes Geschenk, gibt dem Leben Richtung, Struktur und Sinn und damit eine ungemeine Kraft. Rückschläge, Anfeindungen, eigenes Versagen als persönliche Herausforderungen anzunehmen, an ihnen zu wachsen, um immer wieder Schritte hin auf **die** Persönlichkeit zu tun, die man als eigenes Idealbild von Anfang an in sich trug.

Geliebte Schule, was mich an dir so erfüllte, war der Freiraum, den ich mit so vielen Ideen, mit Engagement und Kreativität füllte. Was mich begeisterte, war das Tun, das Tun vor dem Unterricht – die Vorbereitung, die Planung, die Gestaltung. Es war dieses konzentrierte Einssein im Tun, unabhängig vom Schülerlob, unabhängig von allem Äußeren, Einssein im schöpferischen Wirken, im kreativen Schaffen – in vollster Konzentration, Leidenschaft und Begeisterung. Das war mein Lehrer-Flow, meine Beglückung. Und ich hatte sie oft. Ich strebte die Perfektion an, das Hundertprozentige – im Grenzbereich des Möglichen. In diesem Augenblick war es ein durch mich in mir geschaffenes Glück, was noch rein war, diese Hundertprozentigkeit atmete das Glück, das in diesem Moment nur mir allein gehörte. Diese beglückende Unabhängigkeit – im Engagement für Schüler – war möglicherweise meine stärkste Kraftquelle.

Geliebte Schule, du fragst mich jetzt vermutlich: Hat sich das gelohnt? Schüler-Kommentar: „Halb so viel hätte doppelt für uns gereicht!" „Ja, euch, aber nicht mir!", die Antwort. Ich habe folgende Frage nicht gestellt: Lohnt es sich für die Schüler? Ich hatte immer ein Idealbild der Schüler vor Augen, für dieses Schüler-Ideal gab ich alles. Ich ging nicht von der Realität aus, von dem Schüler, der gerade Mathe geschrieben hatte, dessen Freundin mit ihm Schluss machte, der zu Hause Stress hatte, der komplett durch Videospiele übermüdet an seinem Platz saß. All diese Gründe waren nicht der Maßstab, an dem ich mein Engagement ausrichtete. Diese Schüler waren mehr, als was sie mir cool signalisierten, mehr als ihre Gleichgültigkeit, mehr als ihre Aggression, die ich immer wieder zu spüren bekam. Diese Schüler trugen unsichtbar ein Ideal in sich – jenseits aller Erfahrungen im konkreten Unterricht, ein Ideal, zu dessen Verwirklichung ich ein Stück beizutragen habe – gegen alles Sichtbare. Dieses nicht fassbare Ideal der Schüler in mir gab dem vollen Engagement seinen Sinn, nicht die Realität. Die Überzeugung, die desinteressierten, gleichgültigen Schüler in den Bankreihen vor mir sind nur eine Momentaufnahme im Heute, machte mich gegen die Demotivation des Erlebten, Erlittenen meist immun. Es war die große Unabhängigkeit von den Schülern und Eltern, ohne die ich dieses kräftezehrende Engagement nicht durchgehalten hätte.

Geliebte Schule, du willst ein Beispiel? Ich hatte vor Jahren einen Schüler in Deutsch/Oberstufe, der mir in seiner Faulheit ein Brechmittel war. Ich konnte ihn nicht ausstehen in seiner mir ständig vor Augen geführten Gleichgültigkeit. Dies besserte sich zwar Richtung Abitur, mehr aber auch nicht. Beim Abi-Ball stellte sich mir die Mutter mit Namen vor und ich ging innerlich sofort in „Kampf-Position". „Herr Schenck, Sie werden es mir jetzt nicht glauben! Mein Sohn hat Sie als Vorbild genommen, er will Lehrer werden, Deutsch studieren und so unterrichten wie Sie! Da Sie mir nicht glauben werden, wird mein Sohn es Ihnen nochmals persönlich sagen." Ich war baff und beschämt zugleich: baff über die Aussage, beschämt über mein Vorurteil diesem Schüler gegenüber. Einige Wochen nach dem Abi-Ball bekam ich eine entsprechende Mail. Die Jahre vergingen. Wieder 'mal war ich zur Einführung mit einer 12. Klasse an der Universitätsbibliothek. Beim Hochgehen in den Lesesaal kam mir genau dieser ehemalige Schüler entgegen, umarmte mich und sagte: „Ich komme direkt aus dem schriftlichen Staatsexamen, Thema „Kafka", das war damals Ihr Unterricht mit *Der Prozess*."

Geliebte Schule, mit Liebe allein wirst du dich nicht abspeisen lassen, du willst eine klare Aussage zu meiner pädagogischen Richtschnur. Meine persönlichen Säulen sind Ehrgeiz, Wille, Fleiß. Ich setzte nicht auf Änderung irgendwelcher Strukturen, auf irgendwelche Gerechtigkeitsideale, ich setzte auf das Individuum, das mit Ehrgeiz, Wille, Fleiß eigenen Defiziten in Begabung, Gesundheit, Familie mutig die Stirn bietet. Nicht die vermeintlich gerechten Strukturen interessierten mich, sondern das Vertrauen junger Menschen in ihre Fähigkeiten, in ihre Selbstwirksamkeit, in ihr Tun und Handeln. Deshalb die Ansprüche, deshalb die Hausarbeiten als Disziplintraining, deshalb die Präsentationen mit Headset, Film-Kamera und Foto. Und die Möglichkeit des steten Mail-Kontakts mit mir war die Absicherung, an den Herausforderungen nicht zu scheitern, sondern mit unterstützenden, helfenden Mails zum Erfolg geführt zu werden – zu neuem Selbstvertrauen, letztendlich zu Selbstbewusstsein und Persönlichkeit.

Geliebte Schule, dein Rahmen war so flexibel, dass er Raum für meine Ideen bot. Die Schülerzeitung ist wohl die vielseitigste Chance, Schülerinnen und Schüler in ihren individuellen Fähigkeiten abzuholen, ihr Engagement in den Mittelpunkt zu stellen und sie in ihrem Tun zu würdigen. Und es sind die Redaktionsmitglieder, die in ihren eigenen Schwerpunkten die Richtung bestimmen, unsere ging schon sehr früh Richtung Internet und YouTube-Kanal mit Schulsendungen und Unterrichtspräsentationen. Und meine Fach-Kreation „Psychologie" bot neben der Persönlichkeitsbildung durch Präsentations-Herausforderungen noch die Chance, in einem selbst gewählten Thema psychologisch Interessantes, psychisch Belastendes in der Distanz einer Präsentation zu bearbeiten und vielleicht sogar zu lösen – und das vor dem Schritt in einen neuen Lebensabschnitt.

Geliebte Schule, ich will dich ja nicht groß kritisieren, aber etwas habe ich doch vermisst: Lob, Dank, Anerkennung! Klar, ich wurde bezahlt, aber manchmal sehnte ich mich doch nach einem „guten Wort", es wäre ein Sonnenstrahl in das Grau des Schulalltags gewesen, eine besondere Kraftquelle. Das „gute Wort" fehlte mir besonders an den Elternsprechtagen, das „kritisierende Wort" hörte ich dort umso mehr. Weißt du, geliebte Schule, eine Einheit ist zerbrochen, die Einheit von Eltern, Lehrern, Schülern, sie zerbrach in zwei Fronten: Eltern und Schüler als Block gegen Lehrer. Wobei Eltern und Schüler aktuell noch einen Dritten im Bunde haben: die Schulleitung, die um die Kundschaft bei angemessenem Fordern fürchtet.

Schule, jetzt 'mal ganz ehrlich, das macht keinen Spaß mehr! Schule, meine Liebe zu dir speist sich aus der Vergangenheit. Ob ich in Gegenwart und Zukunft noch von „geliebter Schule" spräche, weiß ich nicht. Ich bin seit Kurzem pensioniert, ich trug meine Liebe die meiste Zeit in mir, es war eine erfüllte Zeit, ich danke dir!

Bestätigung meines „Schüler-Ideals" (2017)

Schönen Guten Tag, Herr Schenck,

ich schreibe Ihnen heute mit der Absicht Ihnen meinen Dank
auszusprechen, auch wenn ich damit sicherlich nicht der Erste bin.
Vielleicht erinnern sie sich noch an mich, den etwas verpeilt wirkenden
und mehr durch Abwesenheit glänzenden Christian. Dies alles ist nun schon
fast 10 Jahre her und ich bin endlich dort angekommen, wo ich immer hin
wollte, auf den großen Containerschiffen dieser Welt.
Seit nunmehr 7 Jahren bin ich auf den Weltmeeren in verschiedenen
Funktionen und Rängen unterwegs. Zwischenzeitlich habe ich noch die ein
oder andere Schule besucht und habe es zum Ingenieur für
Schiffsbetriebstechnik gebracht, jedoch habe ich auf keiner Lehranstalt
einen Wissensvermittler Ihrer Motivation und Menschlichkeit angetroffen.

Ich wollte Ihnen auf diesem Wege einfach noch einmal danken – für all
das vermittelte Wissen und auch dafür, dass Sie als Mensch immer
Verständnis für die persönliche Situation Ihrer Schüler gezeigt haben.

Vielleicht ergibt sich einmal die Situation, dass ich mich in
Tauberbischofsheim aufhalte und Sie noch Platz für einen kleinen
Gastvortrag über Seefahrt und Erfahrungen aus aller Welt haben. Ich
erinnere mich, dass Sie im Religionsunterricht der 11ten Klasse ein sehr
weites Verständnis zur Meinungsbildung junger Köpfe hatten und
vielleicht passt dies irgendwann einmal in Ihren Plan?

Mit freundlichen Grüßen
Christian Reum

Geben Sie Engagement-Ermutigung! (2019)

Sehr geehrte Schulleiterin, sehr geehrter Schulleiter,

ich weiß, Sie sehen keinen Handlungsbedarf. Sie loben angemessen, indem Sie die Projekte der
Kollegen und ihre Namen in Konferenzen nennen und damit ist die Sache für Sie abgehakt. Letztendlich spüren die Kollegen aber weder Ihr Interesse noch Ihre Wertschätzung durch ein Kommen
zur Aufführung, zum Wettkampf, zur Eröffnung. Das, was diese Begeisterten mit ihrem Herzblut
ins Leben rufen, am Leben erhalten, zu etwas Großartigem machen, geht in Ihrem Alltag von
Einsprüchen, Notenanfechtungen, Disziplinproblemen, Sonderwünschen unter. Oft geschehen die
Vorbereitung, das Training, die Planung im Verborgenen, ein unauffälliges Nischen-Engagement,
und doch macht dieses Ihre Schule lebendig, vielfältig und beglückend.

Bitte Schulleiter, bitte Schulleiterin, pflegen, hegen, wertschätzen Sie gerade die, die vielleicht mit ihrem Engagement nerven, die Schüler anspruchsvoll fordern, die sich dem Billig-Schul-Tarif verweigern; pflegen, hegen, wertschätzen Sie die, die Ihrer Schule ein Gesicht, ein besonderes, unverwechselbares geben, die mit dem Kollegenneid leben und den spöttisch abfälligen Bemerkungen im Lehrerzimmer. Nein, die Angepassten, Gleichgültigen, die Job-Lehrer stressen nicht, weder Schüler, Eltern noch Sie. Diese Totengräber jeder lebendigen Schule fallen in ihrer Farblosigkeit, Konturlosigkeit, Kantenlosigkeit nicht auf, sie sind nicht die „troublemaker", sie machen keinen Ärger, sie hinterlassen keine Spuren in der Seele junger Menschen und keine Spuren in Ihrem Büro, sie funktionieren wie geschmiert, ideal für Sie und Ihre Zeit! Machen Sie, ich bitte Sie, machen Sie Ihre Schule zu einem Ort des Lebendigen, zu einem Ort der Engagement-Außenseiter, die für ihre Sache ihr Herz „in die Schule" werfen, die für eine kleine Gruppe von Schülern einzigartig werden, sie für ihr Leben prägen, sie für ihr Fach begeistern, viele Stunden opfern. Stunden, die dann für immer im Schüler-Gedächtnis bleiben, die zu Lebensentwürfen werden oder wenigstens werden können. Für den Unterricht werden wir Lehrer bezahlt, Hunderte von Stunden schaffen Wissen, aber was tief bleibt, sind die wenigen Stunden, Tage des Außergewöhnlichen und diese dank derer, für die Schule zu einem Raum der eigenen Leidenschaft und Begeisterung, einem Ort der Beglückung von Leistung jenseits der Noten, des Lehrplanwissens, des taktisch klugen Schielens nach Ersatz von Abi-Prüfungen wird, diese Lehrkräfte holen junge Menschen in ihren ganz speziellen Begabungen ab, fördern sie und zeigen ihnen, wie großartig sie in dieser individuellen Nische sind: in Musik, Kunst, Sport, bei der Schülerzeitung oder ganz anderen Projekten.

Marquis von Posa fleht Philipp II in Schillers *Don Carlos* an*: „Ein Federzug von dieser Hand, und neu erschaffen wird die Erde. Geben Sie Gedankenfreiheit."* Eine sichtbar gezeigte Wertschätzung von Ihnen schafft eine neue, eine lebendige Schule. Geben Sie Engagement-Ermutigung![82]

Weg vom Wehklagen – hin zum Handeln! (2019)

Mein Lehrerleben war nicht leicht, aber bei allem – es war immer mein Leben, und das machte es für mich lebenswert, beglückend und letztendlich sinnvoll. Das Ziel dieses Anti-Jammer-Buchs: ehrlich und ungeschönt den Schulalltag Revue passieren zu lassen, einen Schulalltag des Tuns, Handelns, Anpackens, ohne permanente Absicherung, ohne lähmende Fragestellung: Lohnt sich das Ganze? Das Leben gleicht einer Brücke über einen Abgrund, die bei jedem Schritt entsteht, den wir gehen. Wir müssen nur gehen! Es ist ein Mutmach-Buch, ein Anpack-Buch, ein Power-Buch, ob nun die Idee groß oder klein, glückte oder scheiterte, stets unser Weg – Lehrer und Schüler! Der ideale Zeitpunkt war nicht der ideale Zeitpunkt, der ideale Zeitpunkt war das damalige Heute! Und im Gehen wurde er zum idealen Zeitpunkt!

Die konservative pädagogische Ausrichtung heißt Bewährtes bewahren, Neues nicht nur wagen, sondern in innerer Begeisterung vorantreiben – in Disziplin, Anspruch und Durchhaltevermögen. Stärkung der Persönlichkeit durch Herausforderung und Ermutigung: nicht Kuschelecke, sondern Engagement-Raum, nicht Komfort-Zone, sondern Wagnis-Welt, nicht permanentes Entschuldigen, sondern klare Ansage, nicht Jugendwahn, sondern Erwachsenen-Widerstand, nicht

---

82   Zum internationalen Weltlehrertag 2019.

der Jugend nachlaufen, sondern der Jugend Vorbild sein, nicht bei der Jugend sich einschleimen, sondern die Jugend als Gegenüber ernstnehmen. Und dann gemeinsam gehen!

Nicht den Klage-Ritualen im Lehrerzimmer gehört die Zukunft, sondern dem Realismus, in eine nicht ideale Schulwelt einen Engagement-Strahl Änderung zu bringen, nicht mehr, nicht weniger, aber das wenigstens zu tun! Nicht zum Ideal hinträumend fliegen und scheitern, sondern das Machbare tun und stolz darauf sein.

Dieses Buch ist eine Sammlung von immer neuen, teilweise verrückten Ideen, von Erfolgen, Scheitern und der Überzeugung, es lohnt sich zu gehen. Credo: Die Brücke über die Schul-Realitäts-Frustration entsteht bei jedem Schritt, den wir gehen! Gehen wir![83]

Klaus Schenck

Aktion „Lehrer-Dank"

„Hybrid"-Lektüre – Kombination aus Buch und Internet
Den Ordner „Aktion **Lehrer-Dank**" finden Sie auf meiner Homepage unter dem Link:
→ **http://www.KlausSchenck.de/ks/aktion-lehrer-dank/index.html**

Machen Sie bitte mit!

Engagierte, anspruchsvolle Lehrkräfte sind die, die sich abrackern, ihren Schülern viel geben, aber wenig bis keinen Dank bekommen. Diese Lehrer sind oft nicht beliebt und stehen im Schatten der Spaß-Lehrer – lustig, gute Noten, wenig Substanz. Diese sahnen die Sympathie ab, für die anspruchsvollen bleibt nicht viel übrig an Lob, Dank und Anerkennung.

Meine Motivation war die Überzeugung vom schulischen Zukunfts-Engagement für junge Menschen – an Uni, Fachhochschule und im Beruf. Vom Großteil meiner Schüler höre ich nach dem Abi-Ball nichts mehr: kein Interesse; vergangen ist vergangen … – das Lehrer-Engagement ohne Bestätigung und Ermutigung!

Für mich ist jetzt nach meiner Pensionierung Anerkennung schön, aber nicht mehr besonders wichtig. Anders verhält es sich bei Kolleginnen und Kollegen im aktiven Dienst. Sie sollen spüren, was sie im Rückblick ihren Schülern gegeben haben.

Hier die Idee:
Auf meiner eigenen Homepage (www.KlausSchenck.de) schaffe ich eine neue Rubrik „Lehrer-Dank", dorthin stelle ich die Dankeszeilen ehemaliger Schüler an ihre Lehrer.

---

83   Oktober 2019.

Anforderung:
→ Vor- und Zuname des ehemaligen Schülers/der ehemaligen Schülerin (ggfs. Geburts-Name)
→ Vor- und Zuname der Lehrkraft mit Schule, Fach und Unterrichtsjahr/e
→ Länge: wenige Sätze bis zu einer DIN A 4-Seite Arial 12, aber nicht länger!

Der Dank-Text wird so übernommen, wie er mir geschickt wird. Texte mit beleidigenden Passagen werden selbstverständlich nicht ins Netz gestellt. Die Aktion heißt „Lehrer-Dank", der Dank steht im Zentrum, die Ermutigung, vielleicht auch die Überraschung, was ehemaligen Schülern im Rückblick bedeutsam wurde.

   Mein Traum ist, dass diese Dank-Sammlung immer länger wird und offenbart, was wirklich vom Unterricht Bedeutung, Stärkung, gar Berufsentscheidung gewinnt. Nicht nur, um das Vergangene zu würdigen, sondern auch um im Gegenwärtigen möglicherweise neue Schwerpunkte zu setzen. Folglich ist auch ein Dank an Pensionäre möglich, sogar an verstorbene Lehrkräfte, die so nochmals zu Boten des Besonderen ihres Unterrichts werden, Botschaften an die Lebenden, diesen oder jenen Aspekt zu berücksichtigen, dieses oder jenes Engagement zu bewahren und auszubauen.

Nehmen Sie sich diese Zeit, denen zu danken, denen Sie vieles verdanken![84]

Dank an meinen Religionslehrer (2019)

Dr. Helmut Jendreiek[85], ev. Religion (1970–72)
Hohenstaufen-Gymnasium Eberbach

Sehr verehrter Herr Dr. Jendreiek,
ich bin jetzt pensioniert, aber ich hatte Sie nie vergessen! Es ist mir, als wäre es gestern, wie Sie mir in evangelischer Religion die Welt öffneten. Es war weniger die religiöse, es war die Welt um mich, die durch Sie plötzlich Bedeutung gewann, durch Sie sich mir erschloss, auch wenn nur in Ansätzen. Sie hatten die Fächer „Religion", „Deutsch" und „Philosophie". Die halbe Schule, viele Lehrkräfte lauschten im Kursaal Ihren Vorträgen, denen ich als kleiner Mittelstufen-Schüler nur begrenzt folgen konnte. Aber Sie machten mir Lust auf das, was ich nicht verstand, auf die Welt, in der Sie sich brillant und eloquent bewegten. Sie ließen mich spüren, wie spannend dieses Unbekannte sein wird. Wie Sie wissen, studierte ich evangelische Theologie und Germanistik, Ihre Fächer, Ihre Welt, Ihr Zauberreich, das mich verzauberte, in Bann schlug. Sie seien „genial begabt" – so mein Vater. Sie unterrichteten ohne schriftliches Konzept, Sie standen vor der Klasse, Ihr Wissen floss wie ein ruhiger und doch lebendiger Strom, wir mussten uns Notizen machen, manchmal diktierten Sie auch frei den Stoff. Und ich war stolz, einen Lehrer zu haben, der Bücher schrieb. Sie wissen noch, wie Ihre Kollegen auf Ihr Brecht-Buch reagierten, Sie in die politische Ecke stellten und angriffen. Wohl eher ihre Pfeile aus dem Gebüsch hinterhältig und feige auf Sie abschossen, das entnahm ich Ihren Andeutungen. Ich weiß, Sie galten als arrogant, leicht selbstverliebt und falsch war dieser Eindruck nicht, aber Ihre Rhetorik, Ihr Wissen, Ihre Überlegenheit verführten wohl zu diesem Urteil.

---

84 Zum internationalen Weltlehrertag 2019. Mail-Adresse: Klaus.Schenck@t-online.de
85 Vgl. https://de.wikipedia.org/wiki/Helmut_Jendreiek (abgerufen am 4.9.2019).

Wir hatten nicht so viele persönliche Gespräche, obgleich wir die Schülerzeitung gemeinsam herausgaben. Eines blieb in mir: Ich hatte nach fünf Jahren Klassensprecher, wofür ich glühte, wofür ich alles gab und bekannt war, die Wahl verloren. Es traf mich schwer, viele in der Schule freuten sich voll Spott und Genugtuung: „Jetzt bist du wieder so wie wir, nichts Besseres!" Sie, lieber Herr Dr. Jendreiek, erfuhren das und nahmen mich mit auf den Gang. Dort gingen wir auf und ab, ganz langsam: „Weißt du, Klaus, die Guten, die alles geben, die Besonderen, die für etwas glühen, die einfach anders sind, sie werden niedergemacht – lustvoll, bösartig und hinterhältig. Klaus, das ist so, ich weiß, wovon ich rede. Es tut weh, aber lass dich nicht beirren, geh deinen Weg, glaub an dich, denn die Welt wird es dir schwermachen. Geh deinen Weg und vertrau dir und bleib dir treu!" Und ich blickte den Gang entlang und ich blickte zu Ihnen auf und war für Momente getröstet, ja glücklich, was Sie mir in diesem Augenblick sagten und gaben und wie Sie mich sahen. Und ich dachte: Ja, so ist es, das ist die Welt, auch seine Welt, und ich war ein bisschen stolz, mit Ihnen dies gemeinsam zu haben.

Wir blieben in Briefkontakt – bis zu Ihrem Tod, der mich tief traf. Ich solle Ihre Lehrer-Fackel weitertragen. Ich tat es meine ganze Lehrerzeit und auch jetzt in diesem Brief. Es ist ein Geschenk, so einen Lehrer als Vorbild zu haben, ich danke Ihnen!

Ihr Klaus Schenck
(September 2019)

LITERATURVERZEICHNIS

Baum, Thilo: *Meinungsfreiheit – wo sind die Grenzen des Sagbaren?* SWR2 Wissen/Aula. 29.3.2020.

Bueb, Bernhard: *Lob der Disziplin – Eine Streitschrift*. 8. Auflage. Berlin: Ullstein, 2017.

Gauck, Joachim: *Toleranz – einfach schwer*. Herder, Freiburg, 2019.

Hensel, Horst: *Die neuen Kinder und die Erosion der Alten Schule*. Verlag Kettler, 1993.

Holroyd, Sabine: *Ich weiß, was es heißt, ein Schüler zu sein*. In: *Fränkische Nachrichten*, 13. Juli 2019.

Kaube, Jürgen: *Ist die Schule zu blöd für unsere Kinder?* Berlin: Rowohlt, 2019.

Lohre, Matthias: *Das Opfer ist der neue Held*. In: *Psychologie Heute*. Heft 5, Mai 2020. S. 36–40.

Kohl, Walter: *Welche Zukunft wollen wir? Mein Plädoyer für eine Politik von morgen*. Freiburg: Herder Verlag, 2020.

Winterhoff, Michael: *Deutschland verdummt*. 2. Auflage. Gütersloh: Gütersloher Verlagshaus, 2019.

Winterhoff, Michael: *Warum unsere Kinder Tyrannen werden*. 1. Auflage. München: Goldmann, 2010.

Finden Sie sich!

Wir sind die ideale Werbeplattform für
neue Begegnungen mit zukünftigen ...

Abiturienten,
Auszubildenden
mit Abitur,
Studenten.

Diese klicken bei uns sich zum Erfolg –
bei Klassenarbeiten, Referaten und
besonders beim Deutsch-Abitur. Sie
stöbern in unserer Themen-Vielfalt ...
und haben doch eine Frage stets im
Hinterkopf:

Wie geht es mit mir weiter?
Welche Angebote gibt es?
Wer bietet mir Chancen?

Machen Sie mit Ihrem Banner auf unseren zwei Internet-Kanälen
jungen Menschen ein Angebot! Finden Sie sich zu Großem ...

zu neuen Ufern,
neuen Welten,
neuen Taten!